贵州师范大学博士科研启动费资助项目资助

基于市场产权的国家经济主权权能研究

杨明东 著

知识产权出版社

全国百佳图书出版单位

内容提要

　　本书通过市场产权及其权能边界的完整界定，以此强化国家经济主权权能，这对我国维护国内市场安全和国家经济安全提供一个新的视角。本书深刻剖析市场产权基本内涵，拟就扩展和深化市场理论和产权理论，这对我国市场理论和产权理论的深化发展有积极的推动作用。

责任编辑：王辉　　　　　　　　　　　**责任出版：刘译文**

图书在版编目(CIP)数据

　　基于市场产权的国家经济主权权能研究/杨明东著. —北京:知识产权出版社,2013.4
　　ISBN 978 – 7 – 5130 – 1918 – 7

　　I.①基…　Ⅱ.①杨…　Ⅲ.①国家—经济—主权—研究　Ⅳ.①D996

　　中国版本图书馆 CIP 数据核字(2013)第 037704 号

基于市场产权的国家经济主权权能研究

杨明东　著

出版发行：知识产权出版社有限责任公司			
社　　址：北京市海淀区马甸南村1号	邮　　编：100088
网　　址：http://www.ipph.cn	责编传真：010 – 82000860 转 8353
发行电话：010 – 82000893 82000860 转 8101	传　　真：010 – 82000893
责编电话：010 – 82000860 – 8381	责编邮箱：wanghui@cnipr.com
印　　刷：知识产权出版社电子制印中心	经　　销：新华书店及相关销售网点
开　　本：787 mm×1092 mm　1/16	印　　张：14.5
版　　次：2013 年 4 月第 1 版	印　　次：2014 年 3 月第 2 次印刷
字　　数：240 千字	定　　价：45.00 元

ISBN 978 – 7 – 5130 – 1918 – 7

摘　要

　　在经济全球化的背景下,为了提高资源配置效率以及增进国家利益最大化,发展中国家经济主权权能跨国让渡已是不争的客观事实。但是,伴随全球一体化市场进一步发展,国际经济组织急剧膨胀,国际经济行为体数量不断增多及其职能不断扩展,这对发展中国家政府经济职能的独立行使形成了一定的限制或替代,使其经济主权权能日趋弱化。并且,在西方发达国家主宰当前国际游戏规则的条件下,发达国家跨国公司依仗雄厚资金和优势技术,借助国际经贸规则的平台,轻易地绕过发展中国家经济主权壁垒,疯狂地蚕食发展中国家国内市场所有份额,跨国垄断频频发生。特别是发达国家跨国公司实施战略联盟进而积聚垄断优势力量在发展中国家市场的滥用,在相当程度上制约或左右发展中国家历史进程,发展中国家经济主权权能愈加弱化,国内市场安全和国家经济安全受到严重威胁。所以,在经济全球化日益深化的情境下,如何强化国家经济主权权能来维护国家经济安全成为发展中国家迫切解决的重大课题。

　　发展中国家出现国家经济主权权能弱化与国内市场跨国垄断的恶性循环,文章认为,其重要根源在于发展中国家国内市场存在产权制度缺口,即国家市场产权制度安排。如果发展中国家建立国家市场产权制度安排,严格控制国外市场经营主体在国内市场的占有率,规范国外市场经营主体在国内市场经济行为的权利与义务的匹配,以此强化国家经济主权权能,从而维护国内市场安全和国家经济安全,促进国民经济又好又快的发展。否则,国内市场跨国垄断不断扩大,国家经济主权权能进一步弱化,国内市场安全和国家经济安全的风险必将日益加大。因此,建立市场产权制度安排,强化国家经济主权权能,以此扼制跨国垄断的发生,这对发展中国家维护国内市场安全与国家经济安全无疑具有一定的理论意义和现实意义。

　　本文理论意义主要表现在:(1)试图通过市场产权及其权能边界的完整界定,以此强化国家经济主权权能,这对我国维护国内市场安全和国家经济安全提供一个新的视角;(2)深刻剖析市场产权基本内涵,拟就扩展和深化市场理论和产权理论,这对我国市场理论和产权理论的进一步发展有着积极的推动作用;(3)尝试考察和分析国家市场产权的历史演变过程,导出发展中国家之间积极组建区域市场产权制度安排的紧迫性和必要性,这对超发达国家在全球市场推行经济霸权主义的扼制提供一个新的方法。本文现实意义主要表现在:(1)建立市场所有权有利于强化国家经济主权权能,维护国内市场安全和国家经济安全;(2)建立市场占有权有利于阻止我国市场跨国垄断的发生;(3)建立市场使用权有利于我国规范市场经营主体经济行为权利与义务的匹配;(4)建立市场收益权有利于实现我国市场成本与收益的均衡;(5)建立市场处分权有利于强化我国市场的独立自主地位。由此,本文从市场产权的视角考察国家经济主权权能问题,这为我国维护国内市场安全和国家经济安全有一定的实践价值。

基于以上的逻辑思考,本文基本结构安排为:第一章是本文的导论部分。这一章主要介绍本文的写作背景和意义,在对国内外相关研究进行评价的基础上,指出当前研究中存在的不足,由此提出了本文的研究思路,并介绍了本文的主要内容和创新之处。第二章主要概述国家经济主权权能的历史演进,进而揭示国家经济主权权能基本内涵以及国家经济主权权能自主分离与跨国让渡的重要根源。第三章主要阐述国家经济主权权能跨国让渡产生的跨国垄断、市场负外部性以及国家经济主权权能弱化等问题,并试图提出解决这些问题的主要方法,进而提出国家经济主权权能的市场产权构想。第四章主要剖析市场产权的基本要素及其功能。通过市场产权及其权能制度安排的健全和完善,以此强化国家经济主权权能,从而促进国民经济的稳定、持续与和谐的发展。第五章主要分析市场产权在经济全球化推动下的演变过程,导出发展中国家积极组建区域市场产权制度安排的必要性和紧迫性,这为发展中国家扼制全球经济霸权主义以及维护本国经贸利益有一定的积极作用。第六章主要提出我国强化市场产权权能的对策与建议,要求我国尽快健全和完善政府经济职能,特别是健全和完善国家市场产权制度安排与区域市场产权制度安排,以此强化我国经济主权权能,这为我国维护国内市场安全、国家经济安全以及提升国家竞争力有着重要的现实意义。但是,我们必须正确认识和处理市场产权权能的正负效应,防止建立市场产权制度安排向贸易保护主义的方向流变。

本文在学术上的主要创新和突出特点体现在以下几个方面:

1.对国家经济主权权能具体涵义的诠释。本文在考察主权和国家经济主权的基本含义时发现,从权能主权而言,国家经济主权权能主要指国家对其全部财富、自然资源和经济活动的所有权,包括占有、使用、收益和处分等权能。通过对国家

— 2 —

经济主权权能具体涵义的把握,这为国家经济主权权能的分离与让渡提供一个新的解释。

2.阐述市场与产权的内在关系。市场在人们的理解中往往是无形的、没有边界的,但把它置于国家层面上,市场是有形的和有边界的,并且随着经济全球化不断发展其稀缺程度越来越明显,因而在国家层面上市场具有产权的本质特性。

3.市场负外部性的分析。市场负外部性概念来自于负外部性概念的演绎。市场负外部性是指一国市场所花费的建设成本和维护成本,在与他国市场经营主体发生市场交易行为没有得到相应的体现,使得该国市场收益向外流失或他国市场收益不断增大的现象。也就是说,市场负外部性是因于国外市场经营主体在东道国市场经济行为的负外部性而引发国与国之间市场的负外部性。本文通过对市场负外部性的深刻分析,这为国家市场产权的现实存在提供有力的论证。

4.对国家经济主权权能排他性与可让渡性的均衡分析。本文在分析国家经济主权权能跨国让渡时发现,国家经济主权权能排他性和可让渡性之间有一个“度”(均衡点)的把握,并且这个“度”是一个动态过程。它依据本国市场发展水平所决定,随着本国市场发展水平不断提高而不断变化。这就要求我们须以这个“度”来实施国家经济开放程度,才能做到在积极有效吸收全球资源的同时,切实维护国家经济主权和国家经济安全。

5.在研究方法上,采用了历史逻辑统一方法、演绎归纳法、成本收益分析法以及模型法等多种研究方法,并在此基础上广泛借鉴了马克思主义经济学、新制度经济学、国际经济学、国际经济法学以及法理学等多重理论视角进行综合研究。

本文尚需进一步研究的问题:由于市场产权理论及其应用价值还处于起步和探索阶段,需要发展和完善的地方很多,就本文研究的视角来看,需要进一步研究的问题主要有:理论上,对市场、产权以及市场产权的认识还有待进一步深化;实践上,对具体经济问题的研究还有待进一步细化;模型构建上,国家经济主权权能排他性和可让渡性的均衡模型尚待进一步研究与建构;制度建设上,关于国家经济主权权能的政策措施体系、行政组织设置和法律法规建设等方面的研究亟待进一步加强。

关键词:市场产权;国家经济主权;市场产权权能;权能演变;对策建议

Abstract

In the background of economic globalization, it is an objective fact that developing countries transfer the rights and functions of national economic sovereignty in order to improve the efficiency of its resource allocation and enhance the maximization of its nation interests, but this is counterproductive after its rights and functions have been transferred. Because the amount of international economic organizations is increasing as a global integrated developing market, and its functions are expanding day by day, then the economic functions of governments was replaced and weakened in the market of developing countries, therefore the rights and functions of national economic sovereignty become increasingly puny. At the same time, the TNC_s of developed countries have rounded the barriers of developing country sovereignty with the platform for international rules, and have monopolized all the market share with the use of the advanced technology and abundant capital and the phenomenon of transnational monopoly is appearance in the developing country market, especially the TNC_s have abused many markets with making Strategic Alliance and accumulating the force of monopolization predominance, the development of developing countries has been confined and clagged in the global market, and its national economic sovereignty and national economic security had been threaten by the TNC_s. Altogether, in the background of economic globaliztion, it is important problem that developing countries should protect the national economic security with strengthening the rights and functions of national economic sovereignty.

According to the article, the emergence of transnational monopoly and the puniness of national economic sovereignty are in the developing country markets, it was an important reason that developing countries have a property system gap, which is the institutional arrangement of market's property rights. If developing countries have established the institutional arrangement of market's property rights in the markets, it will have regulated the behavior rights and obligations of TNC_s and will have strengthened the rights and functions of national economic sovereignty, then the cost — benefit of domestic market would get to the state of equilibrium, and the national ecomic sovereignty and the national economic security will stick up, then the development of country economy will be promoted primarily and quickly. Therefore, we will constitute the institutional arrangement of market property rights and strengthen the powers and functions of national economic sovereignty in that it has important theoretical and practical meaning how to protect the security of home market and national economy security.

Theoretical meaning of this paper is mainly manifested: Firstly, the article attempts to constitute the institutional arrangement of market property rights and strengthen the rights and functions of national economic sovereignty, which will provide a new perspective for protecting our domestic market security and national economic security. Secondly, the thesis wants to analyse the basic content of market property rights and discuss the theory of property and the theory of market because it has a positive meaning that we will study deeply the theory of property and market in our country. Thirdly, this paper attempts to examine and analyze the historical evolution of national market property rights, which deduces to constitute the institutional arrangement of regional market property rights in the middle of developing countries, it will offer a new approach that we will prevent economic hegemonism of super — developed countries from expanding in the global market.

Practical meaning of this paper is mainly manifested. Firstly, we shall establish the institutional arrangement of market's ownership in our country so that we can strengthen the rights and functions of national economic sovereignty and safeguard the security of home market and national economy; Secondly, we shall constitute the rights of market's possession, we can limit market share of the TNC_s and control the occurrence of international monopoly in the markets; Thirdly, we shall constitute the rights of market's use and we can match the rights and obligations to the TNC_s in the home market; Fourthly, we shall establish the market's usufruct so that we can get to achieve cost — benefit balance of the home market; Fifthly, we shanll constitute the rights of market's punishment and we can strengthen the independence position of the home market. Altogether, the author's purpose is to offer a new angle to resolve the problem which the rights and functions of national economic sovereignty is strengthened by caving up the market property rights, it has important practical significance to protect the security of home markets and national economy.

Based on those logic, this dissertation's structures are as fllows:

Chapter I in this dissertation analyses the writing background and the significance, reviews the status quo of theoretical study on basic property rights at home and abroad, makes a brief assessment of it, explains several closely related important concepts of the contents in the paper, and points out the basic ideas, innovations and research methods. Chapter II introduces the historical evolution about the rights and functions of national economic sovereignty, studies its baise definition and analyses the important reason of its separating and transfer. Chapter III researchs the problem that transnational monopoly appears on the developing countries markets, which is the negative externalities and the puniness of national economic sovereignty, points the way of solve this problem and tries to index the thoery of market's rights. Chapter IV is the core part in this dissertation. This chapter focuses on the factors and functions of market property rights. Chapter V is the reasearch on the relationship between the state market property rights and the regional market property rights. The author thinks that developing countries must constitute the institutional arrangment of regional market property rights and this helps to protect our national benefit in the globally markt. Chapter VI is the reasearch on the method that we want to strengthen the rights and functions of national economic sovereignty. According to the article, we must transfer the economic functions of government, establish the institutional arrangment of state market property rights and regional market property, and strengthen the rights and functions of national economic sovereignty and in this way we can protect the security of home market and the advantage of national economy in the globally market.

In this dissertation, the main academic innovations and outstanding characteristics are reflected in the following aspects:

Fistly, this paper attempts to define the rights and functions of national economic sovereignty, thinking that the rights and functions of national economic sovereignty means the ownership of national treasure, natural resource and economy activity, which includes the rights of possession, the rights of use, the rights of lucre and the rights of punishment. After we define its basic content we can deeply explain the separation and transfer to the rights and functions of national economic sovereignty.

Secondly, the article mainly explain the relationship between markets and property rights. Many people think that markets have not a shape in reality so markets ought to have not the boundary of property rights. In fact, markets have a boundary of property rights among of states, and the boundary of market property rights is more and more as the development of economic globalization, so markets have the character of property, we should to institute the boundary of property rights.

Thirdly, this dissertation discusses the market's negative externality. The concept of market negative externality derives from the thoery of externality. The article thinks that market negative externality is the economic phenomena for the revenue of the home markets inflowing to the outside markets, because the TNC_s invest in the home markets and grab large of material interests, and the cost of home markets has not obtained to be compensate with trading, so its cost greater than its benefit and the phenomena of market's negative externality happen in the mid of state markets. In other words, market's negative externality is triggered by the negative externality of market – players behavior. As we explain the means of market's negative externality, it should provide a strong argument about the existence of market property rights in reality.

Fourthly, the article analyzes of the equilibrium about exclusion rights and transfer rights of national economic sovereignty. When we study the transformation about the rights and functions of national economic sovereignty, we find that exclusion rights and transfer rights have an equilibrium point in the course of movement, and this paper points out that the equilibrium point is determined by the level of market's development. So we need handle this equilibrium point as we open the door of national economy in order to protect the national economic sovereignty and the national economic security in the course of attractive investment.

Fifthly, the researching methods apply to including the historical and logical unification, deduction and induction, cost – benefit analysis and model method. On top of them, multiple theory perspectives such as Marxism economics, new institutional economics, international economics, international economic law, nomology and etc. are used in the researches.

Issues to be researched further: As the theory and application of the market property right are still in the primary and exploring period, there are many aspects to be developed and improved. From the visual angle of this paper, the follwing issues are to be researched furtherly: In theory, the cognition of the market, the property right and the market property right has to be drill down. In practice, the researches of specific economic issues has to be refined. For the model construction, the equilibrium model for exclusion rights and transfer rights of national economic sovereignty has to be studied and structured. On the system construction, the policies and measures system, the administration setup, laws and regulations development and etc. need to be researched urgently and furtherly.

Key words: Market property rights; National economic sovereignty; The rights and function of market property rights; The evolution of rights and function; Strategy and Advice

目　　录

第一章 导 论

第一节 选题的背景

2009年3月18日,美联储宣布购买3000亿美元长期国债和1.25万亿美元抵押贷款证券,试图印发大量美元挽救美国现时经济衰退,刺激美国经济增长。但消息刚宣布,顿时引起世界各国特别是发展中国家的强烈谴责。我国国务院发展研究中心金融研究所所长夏斌指出,美国大量发行美元救危机,想急于结束衰退,其效果如同打一针强行止痛药而已。药性过后,滞胀、衰退的恶劣局面将出现。[①] 要从长远来拯救美国金融危机,大量印发美元不是解决的根本办法,并且这一方案对美国本身和世界各国都不利。但美国不顾世界各国舆论与谴责,仍然按自己意志开出拯救美国经济衰退的处方,大量印发美元而企图独善其身。美元大量印发的后果导致美元大贬值,本质上把美国经济危机的损失以传递方式转嫁给全球,以致世界各国长期以美元作为储备货币的价值大幅度缩水。就中国外汇储备存量资产而言,截至2008年年底,中国就是美国第一大债权国,拥有近1.4万亿美元资产,占全部外汇储备的70%,持有7274亿美元国债,[②]美元贬值将使中国大量以美元计价的资产面临明显的汇兑损失。为此,中国人民银行行长周小川提出超主权国际货币储备的构想,试图创造一种与主权国家脱钩并能保持币值长期稳定的国际储备货币,使得世界各国脱离以美元作为储备货币和清算货币所面临美元贬值的风险。[③]

从这一事实表明,在美国次贷危机背景下,我国外汇储备币保值压力日益加大,政府调控国民经济稳定运行难度加深,国家经济安全风险日趋增大,这意味着

---

① 山西新闻网–山西日报,2009年03月23日。http//finance.sina.com.cn.

② 新华网,2009年04月23日。http://news.xinhuanet.com/globe/2009－04/23/content_11240771.htm.

③ 中国人民银行网站,2009年03月23日。http://www.sina.com.cn.

我国经济主权的独立性和自主性在一定程度上正经受全球一体化市场的严重威胁。

一、经济全球化背景下国家经济主权面临重大挑战

21 世纪初,经济全球化以强劲态势风靡全球,它加速了全球资本的流动,提高了资源的配置效率,增强了全球经济的竞争与合作,从而对世界各国的经济增长和社会发展产生了非常积极的作用。尤其是我国,借助经济全球化带来的历史性机遇,在经济、政治和社会发展方面取得了举世瞩目的成就,极大地改变了我国在世界各国的地位和形象。但是,我国入世以来,与世界经济相互依赖进一步加深,经济利益日益相互渗透,调控国民经济稳定性的难度也随之加大。这主要表现在:一方面,随着经济全球化不断发展,我国政府对市场的调节和管理在很大程度上让位于跨国组织,在世界市场之前往往显得无能为力。特别是国际经济组织不断增多及其职能不断扩展,使得我国经济主权权能在经济领域受到严重的限制与侵害;另一方面,富可敌国的跨国公司不仅操纵经济全球化的历史进程,也在相当程度上制约或左右我国经济发展势头,政府调控市场的稳定性和可持续性更加严峻。国际政治经济学家苏珊·斯特兰奇曾指出:"国家的权威主要表现在三个方面:第一是防务,即确保社会免于暴力;第二是金融,即维持货币的存在,使之成为可靠的交换手段、结算单位和保值工具;第三是提供福利,确保大量财富的某些收益能转到老弱贫穷者手中……而在大多数国家,政府在这三方面的权力都严重的衰落了。"①因此,在经济全球化蓬勃发展的今天,民族国家的防务、金融和社会福利等措施的制定与行使在很大程度上受到了严重削弱,意味着民族国家经济主权的独立性和自主性面临巨大挑战。

二、国家经济主权权能研究早已提到议事日程

经济全球化是当今世界政治经济发展的历史潮流,但经济全球化也是一把"双刃剑"。它在增进世界各国特别是广大发展中国家经济利益和社会进步的同时,也加大了对民族国家经济主权权能产生极大的冲击。首先,在全球一体化市场的推动下,国际经济行为体数量不断增多及其职能不断扩展,这对发展中国家经济主权权能行使形成了一定的限制或替代。特别是经济、环境等全球问题的出现,不仅推动全球人民意识的提升,而且对国家解决跨国界的经济与环境问题的能力提出了

---

① 载王列、杨雪冬:《全球化与世界》,中央编译出版社,1998 年,第 118－120 页。

质疑,迫使发展中国家被迫让出部分国家经济主权权能,以致国家经济主权行使的空间越来越窄,其权能也变得越来越弱化。其次,在市场力量不断扩张的条件下,民族国家权力边界日趋模糊,跨国组织对民族国家政治生活的影响日益增大,在相当程度上左右发展中国家的国内政治生活,发展中国家在权力体系的核心地位受到一定的动摇,国家经济职能日益失去了其自主性和独立性。再次,一些重要的国际政治经济规则日益具有普遍约束性,违反这些规则所要承受的代价不断加大,因而得到越来越多民族国家的遵守。在他们让渡部分经济主权权能与认可国际规则的过程中,发展中国家经济主权权能受到严重地制约。最后,资本的全球流动和跨国公司的全球活动客观上要求冲破领土和主权的束缚。当国家的领土疆界和主权性质与资本的全球扩张相矛盾时,跨国公司和其他跨国组织就会想方设法使国家主权要求服务于资本扩张要求。当发展中国家的制度安排与跨国资本的利益要求发生冲突时,要么发展中国家的政府自愿地改变国内相关制度和政策,允许全球资本享有特殊的政策待遇或制度环境,以吸引这些国外资本;要么跨国公司直接插手国家内部事务,强制性地改变发展中国家的权力结构或国内政策。发展中国家无论采取何种情况,其经济主权权能必定受到很大的限制。可见,在经济全球化迅猛发展及全球一体化市场强烈冲击的情境下,发展中国家经济主权权能的独立行使正经受跨国组织和跨国公司的严重侵蚀,国家经济安全受到严重威胁。所以,如何强化国家经济主权权能来维护国家经济安全成为发展中国家迫切解决的重大课题。

在1997年亚洲金融危机之后,对国家经济主权的研究已引起国内部分学者的高度重视。有学者用计量经济方法分析外商直接投资(FDI)与我国经济增长的相关性;有学者从市场的视角分析FDI与市场成本收益的相关性;也有学者从国际"游戏规则"相互博弈的角度分析我国经济潜在风险与国家经济安全的相关性。但他们普遍从微观层面揭示和考察国家经济主权问题,对国家经济主权的权能研究尚不多见,因而对国家经济主权本质问题的研究还不够深入。因为国家经济主权权能的独立行使是国家经济主权切实维护的根本。只有国家经济主权权能独立行使得以保障,国家经济主权的维护才能从根本上得以解决。基于这样的思考,本文着重从市场产权的角度考察国家经济主权权能问题,试图通过市场产权的界定以此规范和完善市场经营主体或FDI的权利与义务,实现市场成本收益的匹配以及国家收支的均衡,从而切实维护国家经济主权和国家经济安全。所以,在美国经济危机不断蔓延的背景下,基于市场产权考察国家经济主权权能问题,对我们来说就尤为迫切和重要。

第二节 研究的理论意义和现实意义

一、本文研究的理论意义

经济增长是宏观经济学的永恒主题,也是经济学家一直追求的目标。在1966年,发展经济学家 H. 钱纳里和 A. M. 斯特劳特在《外援与经济发展》文中提出了双缺口模型,[①]认为发展中国家经济发展面临的主要困难是资金缺口,即储蓄缺口(投资大于国民储蓄积累)和外汇缺口(进口大于出口)。两大缺口的存在造成发展中国家的生产要素得不到有效利用,从而遏制经济发展。如果双缺口能够利用外资来填补,这对发展中国家缺乏资金带来的发展瓶颈的打破具有非常重大意义。一方面,利用外资可以增加一国的出口能力,从而有利弥补外汇缺口;另一方面,利用外资可以通过投资来增加一国的收入水平,在一国一定时期内收入分配结果相对稳定的情况下,收入增加可以相应地增加其储蓄水平,从而填平储蓄缺口。所以,FDI 作为一种外国储蓄,它能提高投资总额和储蓄率,并且外资投资效率高于国内平均投资效率,从而促进本国经济增长。诚然,发展中国家在这一理论的牵引下,纷纷打开国门掀起引资热潮。但介于当时快速推动经济增长的目的,发展中国家对于引资带来的隐患和风险却没有引起足够的重视。

随着发展中国家市场开放领域日益拓宽,开放程度日益深化,发达国家跨国公司的投资规模日益加大。况且,它们凭借自身各种优势以及规模效应在发展中国家市场形成了种种垄断,在很大程度上制约或左右发展中国家历史进程。尤其是跨国公司聚拢垄断优势力量在发展中国家市场的滥用,对该国产业结构的调整、升级及其发展形成了很大的阻碍,国内市场失衡现象更为严重,发展中国家产业安全、市场安全以及经济安全受到严重威胁。之所以产生这样的后果,其关键点在于市场。由于发达国家跨国公司在 WTO 规则的庇护下,以先进技术的给予和经济增长的推动为诱饵,并以资本无国界的强劲势头模糊发展中国家的主权边界与市场权利边界,以致轻易地获取市场垄断地位和权利,进而引来其经济行为的权利与义务的脱节。一旦它们权利与义务脱节的程度被放大自然引来市场的失衡,市场紊乱及其无序状态因此发生,发展中国家的市场安全和经济安全受到严重威胁。假

[①] 载任春玲:《双缺口模型与东北老工业基地的引资战略选择》,《商业研究》2006 年第 10 期。

如我们在国家市场设置一个产权制度安排——市场产权,通过市场产权的权利边界以此规范跨国公司的权利与义务,发挥市场产权的排他性来降低跨国公司或FDI进入市场的潜在风险,以此强化政府调控市场的独立性、自主性与稳定性,进而维护国内市场安全和国家经济安全。同时,利用市场产权的可让渡性确保全球资源的自由流动,提高资源配置效率,从而促进国民经济又好又快的发展。因此,构建市场产权制度安排,对发展中国家维护国家经济安全及其发展无疑具有重大的理论意义。

关于市场产权的研究,曾繁华教授已开先河,至今在学界上没有引起足够的重视。但市场产权概念的提出及其应用价值已得部分教授的高度评价,武汉大学资深教授谭崇台指出,"市场产权问题的提出,是首次在国内产权研究方面的一个大胆尝试","填补了产权理论研究领域的一个空白","市场所有权作为经济学的一个基本范畴有着较为广阔的应用前景"[1]。陈正教授认为,"提出市场本身也具有所有权属性的观点,对深化产权理论研究是大有裨益的"[2]。曾繁华教授在总结市场产权的理论价值时提及,"市场产权"作为经济学的一个基本范畴,有丰富的理论内涵与实践基础,开展和深入对市场产权理论的研究,对于丰富和发展政治经济学、世界经济学和国际贸易学等学科体系建设,均大有裨益[3]。本文沿袭他的理论基础,以市场产权维度探析国家经济主权权能问题,拟就扩展和深化市场理论和产权理论,也为我国在市场化进程中如何强化国家经济主权权能问题提供一个崭新的视角。

二、本文研究的现实意义

改革开放三十多年来,我国经济均以近两位数的速度在增长。但伴随我国经济快速增长的同时,FDI投资规模也逐年扩大,每年均以19.8%速度在提高。它一方面给我国经济增长注入了雄厚资本,活跃国内市场竞争氛围,对我国经济建设有着巨大的推动作用;另一方面也给我国内生经济增长埋藏了潜在隐患,即它们利用知识产权的保护,迟迟没有把核心技术转让给中国,以致我国生产技术步入世界先进水平之后尘,"这同我们'市场换技术'的初衷还有相当大的差距"[4]。与此同时,

---

[1] 谭崇台:《评曾繁华博士的＜中国企业技术成长机制及竞争力研究＞》,《经济研究》2002年第5期。

[2] 陈正:《"以市场换技术"的战略相关性——＜中国企业技术成长机制及竞争力研究＞评介》,《中南财经政法大学学报》2002年第1期。

[3] 曾繁华,鲁贵宝:《基于市场产权的国家竞争优势研究——一个新的经济全球化"游戏规则"及其博弈框架》,经济科学出版社,2008年,第2页。

[4]《21世纪经济报道》,2005年02月16日,http://finance.sina.com.cn。

FDI 或跨国公司给我国市场健康发展带来严重的影响,尤其对市场生态环境的破坏,它们负有不可推卸的责任。并且,跨国公司实施战略联盟,凭借手中技术优势垄断我国市场所有份额,甚至演变为垄断优势力量在国内市场的滥用,这对我国产业调整、产业升级以及市场可持续发展形成很大的障碍。此外,我国引进外商投资国别数量越来越多,规模越来越大,因而在经济领域派生不确定因素不断增多,政府调控国家市场稳定性的难度也进一步加大。所以,构建市场产权制度安排,强化国家经济主权权能,以此规范和完善市场经营主体经济行为的权利与义务,实现市场成本收益的匹配以及国家收支的平衡,这对我国维护国家经济主权与国家经济安全无疑具有重大的现实意义。

第一,界定市场产权有利于强化国家经济主权权能,维护国家经济安全。从产权角度而言,狭义的市场产权本质上是市场所有权,包含市场占有权、市场使用权、市场收益权和市场处分权等权能。[①] 界定市场产权就是界定市场所有权,明晰市场配置资源的权利边界,严格规范市场产权主体(国家或政府)与市场经营主体(企业)的权利与义务关系,实现市场成本收益的匹配以及国家收支的均衡,维护国内市场安全和国家经济安全。

第二,界定市场占有权有利于阻止跨国垄断现象的发生。界定市场占有权,就是明确规定市场经营主体占有国家市场与地方市场的市场份额的基本权利。因为国家市场由各个地方市场所组成,并且各个地方市场发展水平呈现很大的差异。如果以国家市场单一指标度量市场经营主体的市场占有率和控制率,易于引致市场经营主体在某地方市场完全垄断而在国家市场没有构成垄断的分离格局,进而助长地方市场的垄断行为。只有通过国家市场与地方市场的市场占有率和控制率的双重指标度量外资企业或跨国公司占有市场份额,才能有效扼制外资企业或跨国公司的跨国垄断行径。

第三,界定市场使用权有利于维护市场成本收益的均衡。界定市场使用权主要是指国家或政府严格规定市场经营主体在时空上进入和使用市场的权利与义务的制度安排。在全球一体化市场的推动下,国家市场时空边界日益模糊,引发市场经营主体进入和使用市场的权利与义务发生脱节,市场供需失衡普遍发生,特别是市场经营主体之间的相互依赖日益加深使其权利与义务难以界定,导致义务承担"真空"的出现,而这一义务的费用必将由国家市场来承担,从而加大市场建设成本和维护成本,市场成本收益发生严重失衡。

---

① 曾繁华:《论市场所有权》,《中国工业经济》2002 年第 5 期。

　　第四，界定市场收益权有利于维护市场发展的可持续性。市场收益权是国家市场所有权在经济上的实现形式，主要指国家或政府以契约的形式把国家市场让渡予以市场经营主体占有和使用而获取法定收益的权利。建立市场收益权意旨通过成本收益相匹配的原则来衡量市场经营主体的市场进入、占有和使用的经济行为，从而实现市场成本收益的匹配以及国家收支的平衡，切实推进市场可持续发展的历史进程。

　　第五，界定市场处分权有利于我国政府经济职能独立行使的强化。市场处分权是市场所有权的最核心权能，它不仅包含对国家市场的构建、发展以及安全享有独立处置的权利，还包含对国内市场各个市场经营主体经济行为享有处分的权利。当然，界定市场处分权，并不是搞贸易保护主义，而是在 WTO 规则基础上根据我国实际情况采取维护我国市场安全和经济安全的一系列制度安排。这就要求我国充分认识和利用 WTO 规则及其例外原则的相关规定，有效制止外资企业或跨国公司过多过度占有和使用国内市场，强化我国市场独立自主地位，从而强化我国经济主权权能的独立性和自主性，维护国家经济安全。

　　当然，界定市场产权是有成本的，但相对于世界经济危机所给全球经济与各国经济的巨大损失，其成本相对较小。因而建立市场产权，规范市场经营主体占有和使用市场的权利与义务，健全和完善市场收益权和处分权的制度安排，对全球市场的稳定与各国经济又好又快的发展均有重大的现实意义。

第三节　国内外研究现状及评价

一、国外研究现状及评价

（一）关于国家经济主权的研究

　　对主权概念的阐述，一般都追溯到 16 世纪法国学者博丹（Jean Bodin，1530—1596）那里。他在《论共和国六书》中首次提出主权概念，认为"主权是一种绝对的和永恒的国家权力"[①]，绝对性、永恒性和不可分割性是主权的内在属性。在 1648 年的威斯特伐利亚和约中，博丹的主权概念及原则被国际法所认同。此后主权概

---

　　① Jean Bodin , On Sovereignty : Four Chapters from the Six Books of the Commonwealth，剑桥政治思想史原著系列（影印本），中国政法大学出版社，2003 年，第 1 页。

念及原则不仅是国内政治的一项基本准则,而且也是建构国际秩序的基础。① 进入 20 世纪后,经济全球化的不断发展,全球一体化市场的强劲推动,国家间相互依赖日益加强,经济利益相互渗透日益深化,国家间的对话与合作达到空前的繁荣。为此,部分学者为了加速全球一体化程度而纷纷提出国家经济主权"过时论"的观点,另一部分学者为了捍卫国家经济主权的独立性和自主性而积极推行国家经济主权"强化论"的观点。国家经济主权"过时论"与"强化论"的激烈交锋成为经济全球化时代的重要主题。

　　1. 国家经济主权"过时论"。国家经济主权"过时论"一直为美国国际法学界对主权的理论取向,其核心在于维护和强化美国经济主权,同时为美国全球经济霸权战略服务。从 20 世纪 40 年代中期到 90 年代中期,从杰塞普(Philip Jessup)到亨金(Louis Henkin)的半个多世纪中,国家经济主权"过时论"、"淡化论"、"模糊论",一直是美国国际法学界的主流意识和主导观点。② 美国著名的国际法学者和人权法权威路易斯·亨金认为,主权被用以论证和界定各国的"私事",各国的政治独立和领土完整,各国的权利及各国人民的权益不受干涉,各走自己的路。这是主权一词被误引滥用,阻碍了国际公法的现代化和健康发展。③ 美国大战略理论家布热津斯基在其《大棋局》书中直言不讳地指出:"今天美国全球力量的范围和无所不在的状况是独一无二的。美国不仅控制着世界上所有的洋和海,而且还发展了可以海陆空协同作战控制海岸的十分自信的军事能力。这种能力是美国能够以在政治上有意义的方式把它的力量投送到内陆。美国的军事部队牢固地驻扎在欧亚大陆,还控制着波斯湾。美国的仆从国和附庸国分布在整个欧亚大陆,其中一些还渴望与华盛顿建立更加正式的联系。""美国在全球至高无上的地位,是由一个的确覆盖全球的同盟和联盟所组成的精细体系所支撑的。""美国至高无上的地位就这样地制造出一个新的国际秩序。这个新的国际秩序不仅在国外重复了美国体系本身的许多特点,而且使这些特点固定了下来。"④ 布热津斯基这样描绘美国在当今世界的地位和作用,其主旨否定国家政治主权和经济主权的权力边界,从而推行美国新型(新干涉主义、新炮舰主义和新殖民主义)的霸权政策。与此同时,英国的詹克斯、阿诺德·汤因比、艾德利等也几乎一致认为,造成国际社会无政府状态和国际法无法发挥作用的根源在于"危险的、陈腐的、荒谬绝伦的、具有破坏力的政

---

① 江国华:《主权价值论》,《政治学研究》2004 年第 2 期。
② 陈安:《美国单边主义对抗 WTO 多边主义的第三个回合》,《中国法学》2004 年第 2 期。
③ 徐泉:《国家经济主权论》,人民出版社,2006 年,第 192 页。
④ 布热津斯基:《大棋局》,中国国际问题研究所译,上海人民出版社,1998 年,第 31、33、38 页。

治教条——国家主权",因此,国家主权概念应该抛弃或代之以新的字眼。①

2. 国家经济主权"强化论"。国家经济主权"强化论"主要是发展中国家及其学者的主流观点。经济全球化的不断发展,国家间相互依赖日益加深,经济利益日益相互渗透,无论是在法律规范的制定上还是在制度的形成上,传统主权原则都正经受着前所未有的挑战。"尽管国家仍然是国际事务中的主要活动者,它们却也在某种程度上失去主权、职能和权力"②,国家主权面临着不断弱化的趋势。"国家在世界市场的无政府状态前面束手无策的实例几乎可以任意地举下去。全世界各国政府逐渐地失去了控制它们国家发展的能力。"③尤其"各国政府在相当大的程度上已失去了控制资金从他们的国家流入和流出的能力,而且越来越难以控制思想、技术、商品和人员的流动。简而言之,国家边界已日益变得容易渗透"④。长期以来,民族国家的主权一直是其经济和政治得以独立存在的基石,但经济全球化的日益深化使得国家经济的主要活动和事务超出这一主权的范畴,尤其资本、商品和劳务以更大的规模和更快的速度在国与国和洲与洲之间自由流动,并且可以轻易地绕过国家的疆界壁垒,传统的国家经济主权和边界变得日益模糊。但是,也不能因为国家经济主权的日益模糊以及发达国家经济霸权的威胁,由此就否定国家经济主权的存在,或者相信国家经济主权的消失,这种思想肯定是"巨大的错觉"⑤。所以,在经济全球化迅猛发展及全球一体化市场强烈冲击的条件下,发展中国家为了有效阻止全球经济霸权的推行,切实维护本国根本利益,必须强化国家经济主权。

(二)关于国家市场的研究

关于国家市场发展的研究,或者关于国家市场独立性和自主性的研究,主要代表的观点有汉密尔顿的国家市场自主思想、李斯特的国家市场保护理论和普雷维什的国家市场依附理论。

1. 汉密尔顿的国家市场自主思想。汉密尔顿根据美国当时农业占主导地位、工业相当落后的条件下,提出发展制造业以此扩大国内市场需求从而稳定国民经济发展的重要思想。他在《关于制造业的报告》中指出:"考虑到新殖民地区的飞快发展和巨大进步必定会增加剩余农产品,并且认真掂量一下在欧洲多数商业国家盛行的这种制度的发展趋势,那么任何依靠都可以寄托在自然情况的效力上以

---

① 陈安主编:《国际经济法论丛》第4卷,法律出版社,2001年,第81页。
② [美]塞缪尔·亨廷顿:《文明的冲突与世界秩序的重建》,周琪等译,新华出版社,1999年,第16页。
③ [德]哈拉尔特·舒曼、汉斯-彼得·马丁:《全球化陷阱》,中央编译局出版社,1998年,第291页。
④ [美]塞缪尔·亨廷顿:《文明的冲突与世界秩序的重建》,周琪等译,新华出版社,1999年,第16页。
⑤ [英]安东尼·吉登斯:《民族、国家与暴力》,胡宗泽、赵力涛译,王铭铭校,生活·读书·新知 三联书店,1998年,第333页。

抵消人为政策的影响,看起来有充足理由认为国外对剩余农产品的需求是极靠不住的,并希望以发展广阔的国内市场来取代它。"①所以,美国农业产品要在一个日益有限的商业体系的世界里生存,别无选择,只有采用美国自己的一个严密的经济体系,培育一个国内市场来保证本国农产品的稳定销路。而制造业的发展,一方面为农产品提供稳定的需求市场,另一方面扩大了不仅为国内已习惯于大量生产的那些物品提供市场,而且对陌生的或者产量很少的产品也产生了需求。总之,发展制造业不但能够满足已有的市场需求,而且创造了新的市场需求。

2. 李斯特的国家市场保护理论。弗里德里希·李斯特是德国著名的经济学家和社会活动家,以"生产力论"和"国家经济学"为立足点,批判英法古典经济学派奉行的自由贸易学说,阐述自己独具民族特色的国家市场贸易保护理论。他认为,解释经济现象除"价值理论"以外,还必须考虑一个独立的"生产力理论"。由于生产力犹如树之根本,可以生产出更丰硕的财富果实,能结果实的树其价值远比果实本身的价值更大,归根结底"国家的状况决定于生产力的总和"②,而国家生产力提高的关键,在于工业力量的增长。因而通过市场贸易保护来维护本国工业的发展是国家生产力发展的前提。然而,工业上落后的国家,在与先进工业国家进行完全自由竞争的市场制度下,如果对本国市场幼稚工业缺乏保护,听任强大外国资本竞争者自由毁坏,那么"这样的'自由'会使我们成为受外国摆布的可怜虫"③。尽管市场贸易保护政策很可能造成国内市场工业品短缺,引起价格上涨,但这是短暂的,临时的。如果国内市场工业生产力得到充分发展,生产成本降低,价格反而会下降,甚至低于进口商品价格。保护关税假如使价值有所牺牲的话,它却使生产力有所增长,足以抵偿损失而有余,由此使国家不但在物质财富的量上获得无限增进,而且一旦发生战事,可以保有工业的独立地位。

3. 普雷维什的国家市场依附理论。普雷维什针对发展中国家在国际贸易环境下逐渐恶化而提出一系列政策主张和发展模式,形成他的"中心——外围"的国家市场依附理论。他认为,在当今全球中可分为两种类型的国家,即中心国家和外围国家。中心国家是西方七国集团,它们代表着现代世界经济和政治的中心。其特点是经济发展全面,自主出口工业品或高附加值产品,进口原材料和初级产品,垄断技术创新成果并占有技术进步带来的几乎全部利益。而外围国家是世界上绝大多数没有实现工业化或"工业化畸形"的发展中国家。它们处于世界政治、经济中

---

① 司美丽:《汉密尔顿转》,中国对外翻译出版公司,1999 年,第 454 页。
② [德]弗里德里希·李斯特:《政治经济学的国民体系》,陈万煦译,商务印书馆,1981 年,第 126 页。
③ [德]弗里德里希·李斯特:《政治经济学的自然体系》,杨春学译,商务印书馆,1997 年,第 23 页。

心的边缘,其特点是经济有增长无发展,严重受制他国。当中心国家与外围国家发生经贸往来时,中心国家凭借自身的优势掠夺外围国家的技术进步利益并从政治上控制外围国家,使得外围国家成为中心国家倾销产品、转移危机的场所,迫使外围国家以廉价的原材料和初级产品的出口谋求发展。中心国家和外围国家在贸易上呈现出表面上的平等,实质上暗含着政治经济利益的不平等。一旦"外围"有意无意地损害了这种政治和经济利益时,中心国家往往就会采取惩罚性的措施,在极端的情况下甚至会动用军事干预的手段进行报复。因此,中心国家与外围国家的格局之所以存在,主要是外围国家的市场从属于中心国家的市场。要打破这种中心与外围之间的市场依附关系,外围国家出路在于工业化实行适度和适当的保护政策,实现国家市场独立自主在发展进程中的主导作用。

(三)关于产权的研究

科斯在《企业的性质》和《社会成本问题》中集中阐述了产权、交易成本和外部性的相互关系,形成了被人们言为所谓的"科斯定理"①。约瑟夫·费尔德把"科斯定理"概括为:(1)在没有交易成本的情况下,可交易权利的初始配置不会影响它的最终配置或社会福利;(2)当存在交易成本时,可交易权利的初始配置将影响权利的最终配置,也可能影响社会总体福利。其必然推论为:与较小交易成本相联系的产权制度安排,是较优的产权制度安排;与较大交易成本相联系的产权制度安排,是较差的产权制度安排。(3)当存在交易成本时,通过明确分配已界定权利所实现的福利改善可能优于通过交易实现的福利改善。② 继科斯之后,阿尔钦、E. G.菲吕博腾和 S. 配杰威齐、登姆塞茨和诺思等人又进一步发展了产权理论。

阿尔钦认为,经济学研究的对象是产权。"……在本质上,经济学是对稀缺资源产权的研究……一个社会中的稀缺资源的配置就是对使用资源权利的安排……经济学问题,或价格如何决定的问题,实质上是产权应如何界定与交换以及应采取怎样的形式的问题。"③

E. G. 菲吕博腾和 S. 配杰威齐认为,产权不是指人与物之间的关系,而是指由物的存在及关于它们的使用所引起的人们之间相互认可的行为关系。产权安排确定了每个人相应于物时的行为规范,每个人都必须遵守他与其他人之间的相互关

---

① "科斯定理"这个术语最初是斯蒂格勒(1966)创立的,并非科斯本人所概括。参见 Stigle. 1966. Theory of price。

② 孙宽平主编:《转轨、规制与制度选择》,社会科学出版社,2004 年,第 42-48 页。

③ 转引 E. G. 菲吕博腾和 S. 配杰威齐:《产权与经济理论:近期文献的一个综述》,载科斯等著:《财产权利与制度变迁:产权学派与新制度学派译文集》,刘守英等译,上海人民出版社,1994 年,第 205 页。

系,或承担不遵守这种关系的成本。因此,对共同体中通行的产权制度可以描述的,它是一系列用来确定每个人相对于稀缺资源使用时的地位的经济和社会关系。①

登姆塞茨认为,产权是一种权利。"产权的所有者拥有他的同事同意他以特定的方式行事的权利。一个所有者期望共同体能阻止其他人对他的行动的干扰,假定在他权利的界定中这些行动是不受禁止的。"②"要注意的很重要的一点是,产权包括一个人或其他人收益或受损的权利。"③登姆塞茨在界定产权为一种权利的同时,指出产权与外部性问题是紧密联系的,"当内在化的所得大于内在化的成本时,产权的发展是为了使外部性内在化。内在化的增加一般会导致经济价值的变化,这些变化会引起新技术的发展和新市场的开辟,由此而使得旧有产权的协调功能很差。"④所以"产权的一个主要功能是导引人们实现将外部性较大地内在化激励"⑤。

道格拉斯·C.诺斯认为:"理解制度结构的两个主要基石是国家理论和产权理论。"⑥由于国家的定义具有三个基本特征:一是,国家为获取收入而以一组被称之为"保护"和"公正"的服务作为交换;二是,为使收入最大化而为每一个不同的集团设定不同的产权;三是,面临其他国家或潜在统治者的竞争。⑦ 所以,国家有两方面的目的,它既要使统治者的租金最大化,又要降低交易费用以使全社会总产出最大化,从而增加国家税收。由此,要使交易费用得到降低而实现租金最大化,其主要方法为产权得以界定进而使经济组织运转更有效率。因为"有效率的经济组织是经济增长的关键;一个有效率的经济组织在西欧的发展正是西方兴起的原因所在"⑧。诺斯还进一步认为,历史上的产权没有做到使个人收益与社会收益相等,其原因就在于没法阻止"搭便车"行为,或是创立和行使产权的费用超过了收

---

① E.G.菲吕博腾和 S.配杰威齐:《产权与经济理论:近期文献的一个综述》,载科斯等著:《财产权利与制度变迁:产权学派与新制度学派译文集》,刘守英等译,上海人民出版社,1994 年,第 204 页。
② 转引卢现祥:《西方新制度经济学》,中国发展出版社,2003 年,第 163 页。
③ 登姆塞茨:《关于产权的理论》,载科斯等著:《财产权利与制度变迁:产权学派与新制度学派译文集》,刘守英等译,上海人民出版社,1994 年,第 97 页。
④ 同上,第 100 页。
⑤ 同上,第 98 页。
⑥ [美]道格拉斯·C.诺斯:《经济史中的结构与变迁》,陈郁等译,上海三联书店,1991 年,第 17 页。
⑦ [美]道格拉斯·C.诺斯:《经济史中的结构与变迁》(译者的话),陈郁等译,上海三联书店,1991 年,第 14 页。
⑧ 道格拉斯·诺斯,罗伯特·托马斯:《西方世界的兴起》,厉以平译,华夏出版社,1989 年,第 1 页。

益。① 为了防止搭便车的行为,实现个人收益等于社会收益,就要处理好这样的三个变量:(1)对经济活动产生动力的产权;(2)界定和实施产权的单位——国家;(3)决定个人观念转化为行为的道德和伦理的信仰体系——意识形态。只要这三个变量得以解决,个人收益就会等同社会收益,进而推动整个社会发展与进步。由此,产权理论、国家理论和意识形态理论,成为奠定诺斯制度变迁理论的三大基石。②

(四)总体评价

博丹主权理论揭示了国家主权的内在属性,在很大程度上为民族国家独立以及国家领土和主权神圣不可侵犯提供了理论武器。但博丹把主权的绝对性和不可分割性推向极致,着重强调国家主权的排他性,而忽视国家主权的可让渡性,易于把国家推向闭关自守的现状,在一定程度对国际合作与国际经贸往来产生了阻碍作用。然而,历史事实表明,进入资本主义社会后,"资产阶级,由于一切生产工具的迅速改进,由于交通的极其便利,把一切民族甚至最野蛮的民族都卷到文明中来了。""过去那种地方的和民族的自给自足和闭关自守的状态,被各民族的各方面的互相往来和各方面的互相依赖所代替了。"③在政治、经济领域方面,国与国之间的主权由绝对排他性向可让渡性发生了某种程度的转变。到20世纪中期,发达国家跨国公司的迅速崛起,它们依仗雄厚资本与技术优势,借助全球一体化市场的平台以更快的速度和更大的规模布满全球,在很大程度上使国家之间相互依赖逐渐加强,经济利益日益相互渗透,国家经济主权边界也日趋模糊。在这一时期,国家经济主权的可让渡性已成为不争的客观事实。虽然部分发达国家积极倡导国家主权"过时论"、"模糊论",其目的为了推动跨国公司在全球市场的加速发展,进而垄断和控制发展中国家市场及全球市场份额,企图聚敛全球人民的大量物质财富。并且这些理论导向及现实在某种程度对传统国家主权理论提出新的挑战,也对发展中国家怎样维护国家经济主权的独立性和自主性提出了严峻挑战。但是,我们也不能因为全球一体化市场的迅速发展、国家疆界和主权边界的日益模糊以及经济霸权主义的盛行,由此就否定国家经济主权的存在,或者相信国家经济主权的消失,这种思想肯定是"巨大的错觉"。

---

① [美]道格拉斯·C.诺斯:《经济史中的结构与变迁》(译者的话),陈郁等译,上海三联书店,1991年,第10页。
② [美]道格拉斯·C.诺斯:《经济史中的结构与变迁》(译者的话),陈郁等译,上海三联书店,1991年,第12页。
③ 《马克思恩格斯选集》第一卷,人民出版社,1972年,第255页。

随着经济全球化的迅猛发展,全球市场的不确定因素日益增多,全球性经济危机频频发生,世界各国经济利益因此受到损失也愈来愈大。虽然部分专家和学者为了杜绝海外市场的强烈干扰,稳定国内市场的有序发展,提出国家市场自主理论和国家市场保护理论,这对国家市场安全和国家经济安全的维护有着重大的理论意义和现实意义。但是,经济全球化是当今世界发展的历史潮流,而这一潮流迫使全球一体化市场的加快形成,使得各国市场相互依赖日益加深。特别是全球污染问题和全球气候变暖问题的出现,仅靠一国政府及其市场力量难以解决,迫使国际合作日趋加强。也有部分专家和学者另辟蹊径,提出产权理论,试图通过产权的完整界定规范市场经营主体的经济行为,以此扼制国家市场和全球市场的紊乱局面,促进国家经济和全球经济的繁荣发展。可是,由于各国政治经济发展的不平衡以及市场发展水平的参差不齐,各国政府和市场的权利边界难以统一界定,市场失灵和政府失灵相应发生,因而建立全球统一的产权制度安排难以推行,国家经济安全问题和国家经济主权问题依然没有得到切实维护和解决。

总之,传统国家主权理论、国家市场自主理论和国家市场保护理论以及产权理论,虽然在解决经济全球化历史进程所引发的各种问题,还存在一定的不足,但它们对维护国家经济主权和国家经济安全的研究提供了丰富而宝贵的经验。特别是它们对国家主权理论、市场理论和产权理论的深刻阐述,对本文基于市场产权的国家经济主权权能研究提供了巨大的帮助。

二、国内研究现状及评价

(一)关于国家经济主权的研究

近年来,国家经济主权一直是我国理论界关注的热点问题。尤其在我国加入WTO之后,如何应对国际间的经济主权让渡以及合理处理国家经济权力的分配问题,就必然成为我国理论界和实务界所关注的焦点。然而,关于国家经济主权概念最早由谁提出,并无从考证,但对国家经济主权概念的界定,国内学者依然存在较大分歧。其主要观点有:

第一种观点认为,国家经济主权原则是指国家对自然资源永久主权原则。姚梅镇认为,"国家对自然资源永久主权的原则就是国家经济主权原则在国际经济法上的具体体现,这个原则特别表现为国家对国有化的权利。"[①]余劲松、吴志攀也认为,"国际主权原则在国际经济法领域表现为国家对自然资源的永久主权,也即国

---

① 姚梅镇:《国际投资法》,武汉大学出版社,1985年,第27页。

家主权原则。国家的经济主权原则是国家主权不可分割的部分,是新的国际经济秩序的基础。"①他们表达国家经济主权原则为国家对自然资源的永久主权原则的同时,指出国家经济主权原则是国际经济秩序构建的基础。

第二种观点认为,国家经济主权原则是国家主权在经济领域的具体体现。曾华群认为,"经济主权原则是国际经济法中的首要规范,是国家主权对经济领域的体现,构成了国际经济新秩序的基础,是国际经济法基本原则中最重要的原则。"②徐泉认为,经济主权是指国家主权在经济领域的表现,国家经济主权的概念,可以从狭义和广义两方面加以界定。狭义的经济主权,是指主权国家对其自然资源的永久主权。广义的经济主权,是指国家在国际经济活动中,有选择国家经济制度和参与、协调国际经济秩序等重大经济问题的最高独立决策权。③

第三种观点认为,国家经济主权是指国家对境内一切事务具有自主决定的权利。曹建明、陈治东认为,"在国际经济法领域内,所谓经济主权和国家对自然资源的永久主权原则是指,国家决定其经济制度,拥有、使用和处置其境内全部财富和自然资源,管理其境内各种经济活动和参与国际经济交往的自主权和独立权。而所谓经济主权和国家对自然资源永久主权原则,就是要求各国在经济交往中彼此尊重这些权利。"④刘颖、邓瑞平认为,"国家经济主权原则是指每个主权国家对其全部财富、资源和经济活动享有永久的主权,包括拥有、使用、处置和自由行使的权力,这些权力集中体现于立法、司法和行政上的管辖权。"⑤

第四种观点认为,国家经济主权是指国家对境内以及与境内相关的境外经济事务享有自主的权利。陈安认为,"经济主权指的是国家在本国内部和本国对外的一切经济事务上,都享有独立自主之权,当家作主之权。"⑥孟国碧认为,"经济主权是国家主权不可分割的重要组成部分,没有经济主权,国家主权就是不完整的。因此,对经济主权的最直接的认识就是经济和主权的组合,即一个国家独立自主地处理自己对内对外经济事务的最高权力。"⑦

第五种观点认为,国家经济主权就是等同于国家在国际经济活动中的主体资格。杨紫烜认为,"经济主权不仅对发展中国家具有特殊而重要的意义,对任何一

①　余劲松、吴志攀主编:《国际经济法》,高等教育出版社,2003 年,第 22 页。
②　曾华群:《国际经济法导论》,法律出版社,1997 年,第 162 页。
③　徐泉:《国家经济主权论》,人民出版社,2006 年,第 11 页。
④　曹建明、陈治东主编:《国际经济法专论》第 1 卷,法律出版社,1999 年,第 112 页。
⑤　刘颖、邓瑞平:《国际经济法》,中信出版社,2003 年,第 34 页。
⑥　陈安主编:《国际经济法专论》(上篇 总论),高等教育出版社,2002 年,第 265 页。
⑦　孟国碧:《经济全球化时代的经济主权研究》,吉林人民出版社,2002 年,第 44 页。

个国家而言,它都是该国独立的基本条件。经济主权实际上也是一个国家在国际经济活动中成为主体的资格。没有经济主权,就等于没有参与国际经济活动的主体资格,也就无从谈起国际经济利益的问题。"①

（二）关于产权的相关研究

20世纪80年代后期,西方产权理论开始进入中国。产权理论作为一门独立的研究学科在中国经济体制改革中逐渐兴起。自90年代以来,中国逐步产生了产权理论研究的高潮。这一期间,中国学者对产权理论的研究主要集中在产权的定义、内容、权能、结构,国有企业产权制度改革,产权理论与经济改革发展的关系,产权理论与市场经济理论等基本问题进行了研究,并取得了一定的理论成果。

首先,关于产权的定义。刘大生认为,产权大于所有权,产权除了包括占有、使用、收益、处置等所有权四项权能外,还包括财产获得权,财产利用权等所有权之外的权利。② 刘伟、平新乔认为,产权应具有广义和狭义之分,广义产权包括:所有权和债权。而狭义产权实际上就是债权,"是所有权在市场关系中的体现,本质上,它是在市场交易过程中财产作为一定的权利所必须确立的界区"③。吴宣恭认为,"所谓财产权,就是广义的所有权,简称产权。"④程恩富也认为,"广义的产权和广义的所有权在内涵上可以相等"⑤,产权就是所有权。从整体上说,认为产权就是所有权的观点,是中国产权理论界最为流行的观点。

其次,关于产权的内容和权能问题,理论界也存在"三权能说"和"四权能说"的分歧。"三权能说"的学者则以《民法通则》的表述为依据,将产权分为三类:财产所有权和与财产所有权有关的财产权、债权和知识产权。在这里,财产权是指以所有权为实质内容而形成的一系列有内在联系的综合权利,包括经营权、收益权、相邻权等权利。而"四权能说"的主要代表黄少安(1995)则认为,产权作为广义的所有权,具体包括财产归属权、占有权、支配权和使用权四个方面内容。这里所谓归属权是指狭义的所有权,它和占有权、支配权和使用权一起构成广义的所有权,即产权。造成产权内容和权能的分歧,实际上与对现实中国有企业改革的不同理解有关。

再次,关于国有企业产权改革问题。国内的研究侧重于论述和证明产权明晰

① 杨紫烜主编:《国际经济法新论——国际协调论》,北京大学出版社,2000年,第103页。
② 刘大生:《产权基本内容研究》,《唯实》1999年第8期。
③ 刘伟、平新乔:《经济体制改革三论:产权论、均衡论、市场论》,北京大学出版社,1990年,第2页。
④ 吴宣恭:《论法人财产权》,《中国社会科学》1995年第1期。
⑤ 程恩富:《西方产权理论评析》,当代中国出版社,1997年,第74页。

对企业微观效率和资源配置的重要性,产权理论的提出和发展始终与企业制度联系在一起的。胡岳岷、张志刚(1995)等人认为,国有企业缺乏市场竞争力的根本原因在于,国有企业的产权主体是虚置的,并且其产权边界是模糊的,与此同时国企的产权关系也没有理顺,导致政府往往用行政职能代替股东职能,对财产的关切度极低,使得国有资产大量流失。这样国企产权不明晰,使得国企负盈不负亏,国家对国企承担无限责任,是国企改革的一大障碍,因而明晰国企产权是非常必要的。黄少安(1990)认为,承包制与股份制实际上是同一思路在不同阶段上的具体表现,它们都以"两权分离"为依据,都必须以产权制度改革为条件,明确的产权制度改革只是承包制的深化。1995 年以后,国内对产权的研究出现了新的气象,不再只讨论明晰产权的好处和如何明晰产权上。李稻葵(1995)的"模糊产权"理论放弃了产权清晰界定的前提,论证了在市场机制不完善、政府干预频繁的条件下,模糊产权(就是借助政府之力)是一种最佳安排。田国强(1996)提出的内生产权所有制模型,该模型针对不具备产权清晰界定前提的转型经济建立的,说明从社会福利效益角度评价的最优产权安排与经济自由程度和市场体系完善程度相对应,产权安排是对制度环境的回应。这两个模型的贡献在于从实证的角度分析产权的界定,不再固守产权明晰的教条。汪丁丁(1996)在《产权博弈》一文中尝试以均衡分析来研究演进过程,他认为产权成为博弈的结果,而不是博弈的前提。这实际上是对阿姆拜克产权理论的深化。李军林(1998)的产权模型真正引入了政府行为,不过,政府的作用是界定产权。这个模型首先假定了一个多人的囚徒困境,其均衡结果是没有人愿意遵守别人的"产权"。在引入政府行为之后,博弈变成了一个两阶段动态博弈。其实,李军林的模型只是证明了政府保护一个人对其他人的产权的行为是一个均衡结果,然而他并没有考虑到政府侵犯产权。

最后,关于产权制度与市场经济关系。对产权与市场的关系,卢现祥教授认为,市场经济是一种产权经济,市场经济的产生和发展与新的产权制度有着内在联系,市场经济的建立实质上是一个产权制度的建立过程。[①] 刘伟认为,作为一种历史的生产方式,产权制度与市场机制是统一整体,产权制度为市场机制的存在创造基础,市场运动不过是产权的实现形式。[②] 程启智教授认为,建立现代产权制度是完善社会主义市场经济体制的核心。其理由是:社会主义市场经济体制的制度基础的核心是现代产权制度;产权制度是一个社会经济制度结构中最主要的、核心的

---

① 卢现祥:《论产权失灵》,《福建论坛》2002 年第 10 期。
② 刘伟:《经济学导论》,中国发展出版社,2002 年,第 23 页。

制度;市场经济的一切制度安排都与产权制度相联系;一国的兴衰和经济增长状况与其产权制度高度相关;当前中国改革和发展面临的主要体制性障碍,其核心是产权制度。①

虽然产权问题是经济学的一个古老话题,但就我国来说,对产权理论与实践问题的研究则是改革开放以后的事情。总的来说,我国经济学界对此问题的研究还存在一些不足:首先是把产权制度的内容看得过于狭窄,"把产权制度仅仅局限于企业制度上,似乎产权制度只是指企业产权制度"②;其次,注重了对有形产权如对各种实物财产所有权的研究,轻视了对各种无形财产所有权的研究。最后,没有进一步拓宽对产权理论与实践研究的视野,特别是只注重对微观产权问题的研究。③

(三)关于市场产权的研究

随着产权研究领域的不断扩大,对产权的研究并不只局限在有形产权的研究上,越来越多的学者开始了对无形产权的研究。近年来,中南财经政法大学曾繁华教授带领其博士生们进行了有关市场产权理论与应用的系列研究,其中在有关国家经济安全、区域经济发展、政府间关系等研究中,不仅强调了市场产权的重要性,而且对市场产权理论范式进行了初步的实证研究。曾繁华在《论市场所有权》(2002)一文中首次提出了市场所有权理论,并对其构成要素、基本特征、基本形式等作了分析;在《市场所有权的起源与归宿》(2002)一文中探讨了市场产权的起源与归宿,并在《市场产权成本及其经济学意义》(2006)论文中论述了市场产权成本构成及其经济学意义,在《国家经济安全的维度、实质及对策研究》(2007)一文中提到,维护国家经济安全的软规制是"重视市场产权制度建设"。随后,吕红梅(2008)从市场产权的角度阐述了国家干预市场的理由、目的及干预的根据,认为国家拥有市场所有权,就不仅应该明晰界定产权,构建市场环境,处理好政府与企业之间的关系;而且应增强中国民族产业的国际竞争力,以最小的投资成本,实现市场产权收益的最大化与分配的合理化。鲁贵宝(2007)通过对市场产权理论的研究,分析了我国市场产权制度现状及其对国家经济安全的影响,指出了健全市场产权制度是维护国家经济安全战略的主要对策。龙苗(2008)通过建构了一个市场产权的分析框架,对地方保护主义进行了研究。其相关研究成果见表1-1。

---

① 程启智:《建立现代产权制度是完善社会主义市场经济体制的关键》,《学习论坛》2004年第8期。
② 魏杰:《仅有产权清晰是不行的》,《改革与理论》1998年第1期。
③ 曾繁华:《论市场所有权》,《中国工业经济》2002年第5期。

表1-1 与市场产权相关的文章数量统计 时间跨度:1999-2008 年

序号	篇目	作者	刊名	发表时间
1	论市场所有权的起源与归属	曾繁华	财政研究	2002 年
2	论市场所有权	曾繁华	中国工业经济	2002 年
3	应重视对市场产权的研究	曾繁华	财政监督	2003 年
4	市场产权与经济效率	杨宏翔	广西社会科学	2004 年
5	市场产权成本及其经济学意义	曾繁华	财政研究	2006 年
6	论市场产权及其成本构成要素	曾繁华	中南财经政法大学学报	2007 年
7	国家经济安全的维度、实质及对策研究	曾繁华	财贸经济	2007 年
8	基于市场产权的中小企业国际化经营分析	鲁贵宝	宁夏大学学报 (人文社会科学版)	2007 年
9	从市场产权视角看我国和谐社会构建	鲁贵宝	经济问题探索	2007 年
10	基于市场产权的政府宏观调控理论依据再探讨	鲁贵宝	江南大学学报 (人文社会科学版)	2007 年
11	基于市场产权角度的国家经济安全分析	鲁贵宝	江西财经大学学报	2007 年
12	从市场产权角度看我国政府经济职能的调整	吕红梅	中国市场	2007 年
13	基于市场产权的国家干预新论	吕红梅	江苏商论	2008 年
14	政府经济职能的定位:基于市场产权的视角	吕红梅	时代经贸(下旬刊)	2008 年
15	市场与地方保护主义:一个基于市场产权的分析框架	龙苗	商业研究	2008 年

(四)总体评价

关于国家经济主权及其原则的界定,我国理论界至今尚未达成共识。但从研究的成果来看,他们对国家经济主权的定义、基本原则以及行使权力都进行了系统论述,特别是对国家经济主权与 WTO 规则的相关性研究,在相当程度上为我国经济主权理论的构建奠定了坚实的理论基础,逐步成为颇具中国特色的国家经济主权理论体系。而遗憾的是,他们普遍从政治学、法学和国际法的角度分析国家经济主权问题,往往停留于国际规则的诠释和制定上,对国家经济主权在市场经济领域的应用没有深入阐述,特别是在全球一体化市场的背景下对国家经济主权的权能问题、国家经济主权与国家市场的相关性问题的系统研究尚不多见,因而在市场经济条件下怎样维护和强化国家经济主权的问题就没有从根本上得以解决。诚然,曾繁华教授在此方面已开先例,即从市场产权的角度分析国家经济安全、区域经济发展与政府间关系。他不仅强调了市场产权的重要性,而且对市场产权理论范式进行了初步的实证研究,并提出维护国家经济安全的软规制是"重视市场产权制度建设"的创造性观点。这对国家经济主权的强化及国家经济安全的维护无疑具有重大的理论意义和现实意义。本文沿袭他的理论基础,试图从市场产权角度分析国家经济主权权能问题,进而在经济全球化日益发展的背景下提出维护和强化我国经济主权权能的对策与建议,这为市场安全、国家经济安全及国家经济主权的维护与强化的研究提供了一个新的视角。

第四节 研究思路、研究方法与创新不足之处

一、研究思路

经济全球化是当今世界发展的历史潮流,任何一个国家不能避开这一潮流谋求发展,必须积极地融入这一历史潮流之中。然而,由于世界各国市场发展水平参差不齐,在全球一体化市场的背景下,各国在全球市场的利益分配严重失衡。因为发达国家跨国公司依仗技术优势逐步蚕食全球市场以及发展中国家市场所有份额,发展中国家国内市场跨国垄断现象频频发生。特别是发达国家跨国公司实施战略联盟进而积聚垄断优势力量在发展中国家国内市场的滥用,使其国内市场成本收益失衡更为严重,在相当程度上阻碍和限制发展中国家的发展进程,国家经济主权和国家经济安全受到严重威胁。所以,在经济全球化迅猛发展和全球一体化市场强劲推动的条件下,维护国家经济主权和国家经济安全是发展中国家迫切解决的重大课题。这就要求发展中国家强化国家市场和国家经济主权权能的独立性和自主性,建立市场产权制度安排,严格规范市场经营主体(特别是发达国家跨国公司)经济行为在国内市场的权利与义务的匹配,实现市场成本收益的均衡,从而切实维护国家经济主权和国家经济安全,促进国民经济又好又快的发展。

基于以上的逻辑思考,本文的基本结构安排为:第一章是本文的导论部分。这一章首先提出了本文的写作背景和意义,在对国内外相关研究进行评价的基础上,指出了当前研究中存在的不足,由此提出了本文的研究思路,并介绍了本文的主要内容和创新之处。

第二章主要介绍国家经济主权权能的基本内容及其权能分离的根源。文章认

为,国家经济主权权能基本内容主要指国家对其全部财富、自然资源和经济活动的所有权,包含占有、使用、收益和处分等各个权能。在生产力不断发展、商品经济高度发达以及社会分工日益细化的条件下,为了加快国家资源流动速度,提高国家资源配置效率,促进国家经济迅速发展,国家经济主权各个权能逐渐从国家所有权分离出来并自主有限地让渡予以市场经营主体,即国家资源在国家所有权的前提下,把国家资源的占有权、使用权、收益权和处分权以自主有限方式让渡给予市场经营主体,以此提高国家资源的配置效率以及国民经济的快速增长。然而,随着国家间经贸往来日趋频繁,我国国家资源所有权各个权能让渡给予的对象不仅包含国内市场经营主体,还包含国外市场经营主体,进而引发了国外市场经营主体在WTO规则庇护下依仗技术优势在我国市场的跨国垄断行为,使得我国经济主权和经济安全受到极大威胁。

第三章主要论述国家经济主权权能跨国让渡存在的问题及其分析。当我国国家资源所有权各个权能发生跨国让渡之后,发达国家跨国公司实施战略联盟进一步强化它们在我国市场的垄断地位,特别是它们积聚垄断优势力量的滥用行为以致我国市场成本与收益严重失衡,国家市场负外部性频繁发生,我国市场维护和发展成本逐年增大,中央政府调控国民经济独立性、自主性和稳定性呈现弱化的趋势。本文认为,产生这一系列问题的根源在于国家市场权利边界的模糊所致。这就要求我国建立市场产权制度安排,强化国家经济主权权能,切实维护我国经济主权和经济安全。

第四章主要剖析国家经济主权权能的市场产权基本要素。文章认为,从产权角度而言,狭义的市场产权即市场所有权,包含市场占有权、市场使用权、市场收益权和市场处分权等基本要素。建立市场占有权就是建立国家对市场经营主体在市场份额的占有率和控制率的制度安排,通过它的健全和完善阻止跨国垄断的发生和蔓延;建立市场使用权就是建立国家对市场经营主体使用市场的权利与义务匹配的制度安排,通过它的健全和完善防止市场经营主体经济行为的权利与义务的脱节;建立市场收益权就是建立国家对市场经营主体占有和使用市场而享有法定收益权利的制度安排,实现市场成本与收益的均衡;建立市场处分权就是建立国家对市场经营主体占有和使用市场而享有法律上的处分的权利,通过它的健全和完善强化我国经济主权权能的独立性和自主性,切实维护国家市场安全和国家经济安全。

第五章主要分析市场产权在经济全球化推动下发生的演变过程。在全球经济一体化历史进程中,由于各国市场发展不平衡以及经济霸权主义的盛行,国际贸易利益分配严重失衡现象比比皆是,特别是发展中国家在国际经贸中应有利益受到极大的侵害。而产生这一结果的重要根源在于发展中国家综合国力弱小所导致。这就迫使发展中国家为了制衡外部霸权力量而进行区域联盟,以此增强国家整体实力从而强化其在其他国际组织的独立自主地位,正常地索取国际经贸中的应有利益。所以,在经济全球化日益深化的今天,发展中国家为了打破经济霸权主义的盛行以及维护和巩固本国根本利益,促进区域市场和区域经济组织的快速发展,从而促使国家市场产权向区域市场产权发生演变的历史进程。

第六章主要概述强化我国市场产权权能的对策与建议。首先,健全和完善我国政府经济职能,特别是健全和完善规则型政府经济职能和服务型政府经济职能,明确市场配置资源的权利边界和政府干预经济的权力边界,有效地防止市场失灵和政府失灵的普遍发生。其次,健全和完善国家市场产权制度安排,尤其是健全和完善国家市场占有权、国家市场使用权、国家市场收益权和国家市场处分权的制度安排。这将有利于制止发达国家跨国公司凭借种种优势在国内市场的跨国垄断行为,以及国外市场经营主体利用我国市场存在制度缺口而过度地无限制地开采、占有和使用自然资源,避免市场内部失衡和外部失衡的相互发生,实现市场成本收益的匹配以及国家收支的平衡,从而促进我国经济又好又快的发展。再次,积极组建区域市场产权,特别是积极组建与我国市场发展水平基本一致的区域市场产权,打破区域国家市场边界与壁垒,整合统一区域市场资源提高资源配置效率,提升区域资源在全球市场的竞争优势,从而遏制域外经济组织或国家的霸权行为,强化区域组织在其他国际组织的独立自主地位,切实维护区域组织经济利益以及我国人民的根本利益。最后,我们必须正确认识和处理市场产权权能的正负效应,防止建立市场产权制度安排向贸易保护主义的方向流变。

二、研究方法

(一)规范分析与实证研究相结合的方法

本文从大量的社会经济现象出发,以产权日益泛化为背景,以国内复杂的市场环境等实践为根据,提出"市场产权"理论假说,并对市场产权的概念与起源、形成机理、市场产权的构成要素与基本特征等进行理论研究。通过对大量经济现象和案例的实证剖析,进一步论证理论假说存在的基石及其普遍意义。

(二)因果分析法

因果分析法是本文采用的重要分析方法。本文在考察市场经营主体(FDI 或跨国公司)、国家市场与国家经济主权权能之间关系时发现,其关键点在于国家市场。因为国家市场权利边界在全球一体化市场强劲推动的条件下日趋模糊,富可敌国跨国公司借此扩大垄断发展中国家市场份额,使得市场建设成本和维护成本不断增大,导致发展中国家经济主权权能进一步弱化。所以,明晰国家市场权利边界,建立国家市场产权制度安排,在有效阻止跨国公司跨国垄断行为的同时,进一步维护国家市场安全与稳定,从而强化发展中国家经济主权的权能。可见,本文依据因和果的相互作用着重论证建立国家市场产权的重要性。

(三)制度分析法

制度分析法是论文采用的基本分析方法之一。本文站在马克思主义的基本方法、原则和立场,借鉴和吸收西方新制度经济学的部分理论成果,结合我国产权理论的新成果,分析国家市场产权制度安排的变迁路径,导出区域市场产权制度安排建立的理论依据和现实要求,这为我国在经济全球化迅猛发展背景下强化国家经济主权权能提供一个新的方法。

(四)文献分析法

本文所采用的资料主要有以下几类正式的法律文本、政党与政府的法规、文件等各种统计资料,如《国际经济法资料选编》、《中国统计年鉴》等;各种报纸如《人民日报》、《经济日报》以及其他报纸上的相关报道或评论;各种与决策相关的人物或学者的回忆录等中外研究成果,包括著作或文章;未出版的学位论文,包括硕士或博士论文等。虽然它们的研究基本上从法学、国际法学和政治学的视角来展开,但这些研究涉及国家经济主权权能的很多相关问题,为本文的研究提供了丰富的启迪。

此外,本文还运用了综合分析方法。如经济全球化下国家经济主权权能的排他性和可让渡性的均衡分析以及国家间在经济主权权能的可让渡性的一般分析。这些方法的运用其目的便于推导区域市场产权建立的主要依据,使基于市场产权的国家经济主权权能研究更能简洁地解释和说明。

三、创新之处

奥尔森曾说过:"……我一直在强调前辈和同辈人的贡献,本书理论取自别人成果的部分,以及无论自然科学还是社会科学领域的研究都具有累积性特征。……凡是对自己著作的创新和前人著作的不足过度自信的那些作者经常是最缺乏原创性的;……我宁愿在一座宏伟的大教堂上建一座塔楼、一个拱门甚至一点儿装饰,以期与之共存千年,而不愿独自建立一座小屋,以至于下一波知识风潮转变时就被吹得灰飞烟灭。"①创新是如此之难，作为一代大家尚且如此谦虚，我辈就不敢妄称创新之词。

本文的研究大部分是建立在前人研究成果基础之上，谈不上有多大新意。但本文对国家经济主权权能问题以及市场权利边界问题进行较为深入的阐述，在强化国家经济主权权能和维护国家经济安全的研究领域有一些新的启迪。

一是对国家经济主权权能具体涵义的诠释。本文在考察主权和国家经济主权基本含义时发现，从权能主权而言，国家经济主权权能主要指国家对其全部财富、自然资源和经济活动的所有权，包括占有、使用、收益和处分等权能。通过对国家经济主权权能具体涵义的界定，这为国家经济主权权能的分离与让渡提供一个新的解释。

二是阐述市场与产权的内在关系。市场在人们的理解中往往是无形的、没有边界的，但把它置于国家层面上，市场是有形的和有边界的，并且随着经济全球化不断发展其稀缺程度越来越明显，因而在国家层面上市场具有产权的本质特性。

三是市场负外部性的分析。市场负外部性概念来自于负外部性概念的演绎。市场负外部性是指一国市场所花费的建设成本和维护成本，在与他国市场经营主体发生市场交易行为没有得到相应的体现，使得该国市场收益向外流失或他国市场收益不断增大的现象。也就是说，市场负外部性是因国外市场经营主体经济行为在一国市场的负外部性而引发国与国之间市场的负外部性。通过对市场负外部性的深刻分析，这为国家市场产权的现实存在提供有力的论证。

四是本文在阐述国家经济主权权能的历史演变时发现，国家经济主权权能的排他性和可让渡性之间有一个"度"的把握。假如国家经济主权权能的排他性无限放大，易于导致闭关锁国状况的出现，从而阻止外来先进技术和管理经验的传入，国家境内资源配置效率大大降低；假如国家经济主权权能的可让渡性趋于无穷大，而排他性趋于无穷小，使得本国经济发展潜力依赖性逐渐增强从而失去国民经济发展的独立性和自主性，容易陷入"后殖民时代"的境况。所以，国家经济在实施对外开放政策时，需要把握经济主权权能的排他性和可让渡性的一个"度"，而这个"度"是一个动态过程，依据本国市场发展水平所决定，随着本国市场发展水平的提高而不断的变化。这就要求我国以这个"度"判定国家经济的开放程度，才能做到在积极有效吸收全球资源的同时，切实维护国家经济主权和国家经济安全。

---

① ［美］曼瑟·奥尔森：《国家的兴衰——经济增长、滞胀和社会僵化》，李增刚译，上海世纪出版集团，2007 年，第 186 页。

五是本文站在马克思主义的基本立场与原则,借鉴西方较为成熟的市场理论与产权理论的研究成果,从我国建设中国特色社会主义现代化的现实基础,阐述市场与产权之间的辩证关系,试图构建市场产权理论,以此丰富和完善市场配置资源权利边界以及政府干预经济权力边界的理论体系。

四、不足之处

本文在写作过程中掌握国内外相关文献还不够充分,而且由于本文所考察的对象具有自己的特殊性以及作者知识结构的限制,论文必定包含不足之处。

开始本文写作之时,笔者曾雄心勃勃地试图以市场产权理论为视角在研究国家经济主权权能方面进行某种程度上的"创新",目的是想运用所了解和掌握的经济学知识和经济分析手段弄清楚国家经济主权权能存在的种种问题。但当本文的研究工作具体展开和基本结束后,我才发现当初的想法是多么的幼稚。

主要有三个方面使我产生这样的认识。一是研究手段和分析方法的不足。因为国家经济主权权能是一个比较宽广的范畴,并且涵盖的内容十分丰富和复杂,但本文仅以摄取市场领域对此进行分析,意味着把国家经济主权权能的基本内容缩小为市场基本内容,这未免有以偏概全的倾向。二是市场所有权分析的不足。所有权是法学领域的一个基本概念,近年来逐渐被运用到经济学领域,并且所有权是一个较为复杂的概念,而本文仅依据《民法通则》对所有权的诠释,导出市场所有权包括市场占有、市场使用、市场收益和市场处分等各个权能,从而对其他权能没有给予分析。三是市场内涵与外延的界定不足。在现实生活中市场往往视为无形的和没有边界的,但把市场范围延伸到国家层面,市场是有形的,并且也是有边界的,本文在市场的无形和有形之间没有找到灵界点,因而对市场产权的界定存在很多不足。当然,这些问题虽然比较广泛而复杂,但依然没有打消我对它们探寻的兴趣,仍然作为我未来学习和研究的主要方向。

第二章　国家经济主权权能的历史演进

在国际法上,对于国家经济主权理论的探讨一直是个热点问题,而对国家经济主权权能的研究尚不多见。随着经济全球化快速发展,全球一体化市场日趋形成,国家间相互依赖进一步加深,国家间经济利益日益相互渗透,各国经济主权权能边界也日趋模糊,政府调控国民经济的独立性和自主性越来越不明显。如何强化国家经济主权权能已成为世界各国特别是发展中国家面临的重大课题。所以,重新梳理和审视国家经济主权的基本内涵,揭示国家经济主权权能分离与让渡的历史演进,这对国家经济主权权能强化的研究提供了理论基础。

第一节　国家经济主权权能的初探

一、主权的基本涵义与特征

主权是个颇受争议的概念,因而对它的界定是一个难以解决的问题。诚如有学者所言:"在国际法上没有比'主权'更令人困惑的概念。"①美国新现实主义理论的代表人物肯尼思·沃尔兹(Kenneth Waltz)甚至把主权描述为一个"令人厌烦"的概念②。我国著名法学家王铁崖也明确指出,"主权是国际法上最有争议的概念之一。"③"它困扰着我们的政治家们,困扰着公众和学者们。"④主权的定义问题是一个难以解决的问题。

(一)主权基本涵义的考察

"主权"一词源自拉丁文 Superanus,后演变为法文 Souverainet、英文 Sovereignty、

---

① Morton A. Kaplan and Nicholas B. Katzenbach, The Political Foundations of International Law, John Wiley & Sons, Inc. , New York 1961, p. 135.

② Kenneth N. Waltz, cited by Justin Rosenberg, The Empire of Civil Society, London: Verso, 1994, p. 127.

③ 王铁崖:《中国与国际法——历史与当代》,中国对外翻译出版公司,1992 年,第 66 页。

④ [英]约翰·霍夫曼:《主权》,陆彬译,吉林人民出版社,2005 年,第 1 页。

德文 Souveranitat 的意译。最早引用"主权"一词,可追溯到 1290 年版的《牛津英语词典》里。① 但"主权"一词传入中国是在 19 世纪末时期,即把 Sovereignty 从日文中的汉字"主权"转译而来。② 在中国文献较早出现"主权"二字,是严复先生在翻译孟德斯鸠(Montesqieu)的《论法的精神》,如"庶建乃真民主,以通国全体之民,操其无上主权者也"③。而"主权"概念的具体运用是在民国时期的《中华民国临时约法》,该约法第 2 条规定,"中华民国之主权属于国民全体"。此后,西方的"主权"概念就完整地进入了中国的政治和学术领域,并开始成为我国政治学和法学研究的重要概念之一。

然而,关于主权基本涵义的诠释,一般都溯源到法国著名思想家博丹那里。16 世纪初,资本主义生产方式的兴起以及欧洲民族国家的出现,这就需要扩大和加强君主权力以便全权统一国家,以及要求君主以最高权力的名义在国内实行统治和管理。正是在这一历史背景下,法国著名思想家博丹(Jean Bodin,1530—1596)在《论共和国六书》首次提出近代主权概念,认为"主权是一种绝对的和永恒的国家权力"④,主权是至高无上的,具有最高的权威性和独立性。他还进一步论证了(1)主权是不受限制的。它可以在自己统辖地区内拥有绝对地支配自己的国家和臣民的权力。(2)主权是一种永久的权力。虽然主权者生命有限,但主权却是永恒的。(3)主权是一种高于法律的权力。它不受法律的约束,法律只是主权者的命令,法律来源于主权。在布丹那里,主权是绝对的、不受限制的、永恒的和不可分割的,并且国家主权者拥有立法权、宣布战争权、缔结条约权、任命官员权、最高裁判权、赦免权、铸币权、税收权等各种权利。总之,布丹着重从主权的内在属性阐述主权的基本内涵。

与布丹生活同一时代的荷兰法学家雨果·格老秀斯(Hugo Grotius,1583—1645),则着重从主权外在属性的角度阐述主权的基本涵义。他在其著作《战争与和平法》中指出:"凡行为不从属于其他人的法律控制,从而不致因其他人意志的行使而使之无效的权力,称为'主权'。"⑤主权是国家的最高权力,这种权力包括颁

① See Sohail H. Hashmi ed. ,State Sovereignty:Change and Persistence in International Relations,the Pennsylvania State University Press 1997,p. 17.
② 杨泽伟:《国际法析论》,中国人民大学出版社,2003 年,第 290 页。
③ 自王沪宁:《国家主权》,人民出版社,1987 年,第 3 页。
④ Jean Bodin , On Sovereignty : Four Chapters from the Six Books of the Commonwealth,剑桥政治思想史原著系列(影印本),中国政法大学出版社,2003 年,第 1 页。
⑤ [荷]格老秀斯:《战争与和平法》,A. C. 坎贝尔英译,何勤华等译,上海人民出版社,2005 年,第 88 页。

布法律、司法、任命公职人员、征收捐税、决定战争与和平问题、缔结国际条约等。与此同时,他还把主权视为一种"所有权"(Proprietary Right),一种授予主权者决定战争的权利。格老秀斯把主权的内容划分为对内主权和对外主权,并从对外主权的方面发展和补充了布丹的主权理论。此后,国家主权的两根重要支柱——对内主权和对外主权——完全确立起来了,主权作为一个国家的最根本和最重要的属性,具有两重性。国家凭借这一最高权力可以以最高权威的身份和独立自主的方式处理它的一切对内对外事务,而不受任何其他国家或实体的干涉和影响。简而言之,主权是国家的对内最高、对外独立的权力。虽然后来有很多学者曾对主权概念下了很多定义,但都脱离不了布丹和格老秀斯对主权所下的经典定义,更离不开主权的两根重要支柱。

英国古典自然法学派代表托马斯·霍布斯(Thomas Hobbes,1588—1679),则从"国家契约"的视野论述国家主权的基本涵义,认为人们之间订立契约产生了国家,国家的灵魂是主权,而主权具有绝对的、不可分割的和不可转让的性质,它的构成要素包含:立法权、审判权、宣战和媾和权、任免权、奖惩权等。所以象征"国家契约"的君主被授予无限的权力。霍布斯的契约君主主权理论的最大贡献坚决否定了"君权神授"的观念①,后来被恩格斯评誉为18世纪的第一个近代唯物主义者。之后英国政治思想家约翰·洛克(John Locke,1632—1704)以自然法理论为基础,阐释了议会主权学说。他认为国家起源于社会契约,国家主权应该属于人民,而国家权力应当分为三个部分:立法权、行政权和对外权。行政权和对外权归属于国王,而立法权应该归属于受人民委托的议会,并且立法权是社会中的最高权力。洛克的议会主权理论已从君主主权发展到人民主权,不仅巩固了资产阶级在反对封建专制的斗争中获得的政治权力,而且也表征着主权理论的发展进入了一个新的转折点。法国思想家卢梭(J. J. Rousseau,1712—1778)以"自然状态"和"社会契约"理论为基础,系统地阐述了人民主权学说。他认为,人在自然状态下是生而自由的,而国家主权在社会契约的基础上才能形成,因而国家最高权力属于全体人民。卢梭的人民主权理论具有划时代的历史意义,它对法国大革命有着巨大的影响,被后人言为"人民主权学说的先声"②。后来德国古典哲学家黑格尔、英国法学家约翰·奥斯丁(John Austin,1790—1859)以及自然法学派和实在法学派等,对国家主权的基本涵义也有论述,但基

---

① 王沪宁:《国家主权》,人民出版社,1987年,第31页。
② 王沪宁:《国家主权》,人民出版社,1987年,第34页。

本上都在前人的框架内诠释。

进入 20 世纪后,关于主权概念的权威定义主要体现在以下的重要文献。《简明不列颠百科全书》把主权分为内外两个方面:对内主权"可以说是一种国家决策过程中最终负责者或权威";对外主权是"在国际法和国际关系中,主权就是一个国家不受外来控制的自由","在国际法上,主权意味着国家的自主或独立"①。《奥本海国际法》对主权的定义为:"主权是最高权威,这在国际上并非意味着高于所有其他国家的法律权威,而是在法律上并不从属于任何其他世俗权威的法律权威。因此,依照最严格和最狭隘的意义,主权含有全面独立的意思。无论在国土以内或在国土以外都是独立的。"②英国国际法学者布朗利(Ian. Brownlie)曾在其名著《国际公法原理》中指出,"主权主要表现为国家依据法律与其他国家(以及国家所组成的国际组织)之间的关系⋯⋯主权亦用于描述国家一般具有的法律权能,或指这种权能的某一特别功能,或为这种权能的某一方面提供理由。因此,'主权'或'主权权利'(Sovereign Rights)通常是指包括国家领土之上立法权限在内的管辖权。主权可以指获得领土所有权的权力和在行使这种权力中所形成的权利。有关尊重领土主权的相关责任、领土管辖权中的特权(主权或国家豁免权)均具有同样的含义。总之,主权表示出依赖于习惯法和独立于他国同意的权力和特权的特征。"③《中国大百科全书·政治学卷》指出,主权是"一个国家所拥有的独立自主地处理其内外事务的最高权力"④。《法学词典》认为,主权是"一国固有的处理其国内事务和国际事务而不受他国干涉或限制的最高权力。是随着国家的出现同时产生的。是国家区别于其他社会集团的特殊属性,也是国家作为国际法主体所必须具备的条件。就国际法的意义来说,它是一个国家不受外来控制,完整无缺、不可分割而独立行使的,是最高的权力和尊严。但不等于一个国家对于国际事务的处理可以随心所欲"⑤。《辞海》认为,主权是"国家对内的最高权和对外的独立权。在国际法上是国家的根本属性,是国家基本权利的基础。相互尊重国家主权和主权平等是国际法的基本原则之一"⑥。

从国内外诸多权威文献对主权的释义中表明,主权的基本涵义可概为:第一,

① 《简明不列颠百科全书》第九卷,中国大百科全书出版社,1986 年,第 533 页。
② [英]詹宁斯、瓦茨修订:《奥本海国际法》(第一卷第一分册),王铁崖等译,中国大百科全书出版社,1995 年,第 92 页。
③ [英]伊恩·布朗利:《国际公法原理》,曾令良、余敏友等译,法律出版社,2003 年,第 319-320 页。
④ 盛文军、王庆国、田银华:《经济全球化进程中的国家主权》,《社会主义研究》1999 年第 3 期。
⑤ 《法学词典》编辑委员会编:《法学词典》,上海辞书出版社,1989 年,第 235 页。
⑥ 夏征农主编:《辞海》(缩印本),上海辞书出版社,2000 年,第 1452 页。

主权即国家主权,是国家最重要的特征;第二,主权具有对内和对外的双重属性,是国家固有的在国内的最高权力和在国际上的独立权力;第三,主权意指权力意义的同时,也折射出权利的意义。然而,从主权包含权力和权利的内容来看,主权可分为身份主权和权能主权。"身份意义上的主权指代的是国家在国内社会及国际社会中的法律地位,是国家在共同体中与共同体其他成员的关系在法律上的集中和概括,是一种质的规定性。"而"权能意义上的主权(即主权权能)在国内社会关系中体现为对本国内外事务和本国人民及在本国领土上活动的外国人的控制力和支配力,并且是一种最高的政治权威"。"在国际社会中,权能意义上的主权并不体现为一国对于国际社会其他成员的控制和支配力,因而并不具有国家权力的本质属性。在国际关系中,主权概念强调的是国家在处理本国的内外事务时的自由意志,排斥外来干涉,这一特征正符合权利的本质规定性。"①所以,在主权的属性上,主权在国内社会体现为"权力",而在国际社会只能表征为一种"权利"。

从权力与权利的关系来说,"权力体现为一种控制与被控制、支配与被支配的关系,强制性构成权力的基本特征"②,而"权利是指法律关系的主体在法律规定的范围内为了满足特定的利益作为或不作为的自由"③。由此权利与权力的区别之处在于,权力强调的是对共同体中其他成员的控制和支配,而权利强调的是权利主体在为了实现特定利益而作为和不作为时,不受其他成员的干涉。所以,在国内社会关系中,"从社会契约论的观点出发,人民通过社会契约形成国家和政府,由后者对国家的内外事务进行统治和管理,以维护和实现公共利益"。④ 为此对内主权不仅包括身份主权的含义,还包括权能主权的含义,即"主权在表示国家身份的同时,内在地代表着权能(也可称之为权能主权),二者是不可能割裂的。否则身份意义上的主权将成为空洞的抽象"⑤。在国际关系中,国家间不存在支配与被支配、控制与被控制的地位,对外主权仅为权能主权的含义。由此可见,在国内社会关系中,主权包含权力和权利的双重涵义,而在国际关系中,主权仅有权利的意义。主权基本涵义的结构图如图2-1所示。

---

① 张军旗:《主权让渡的法律涵义三辨》,《现代法学》2005年第1期。
② 方向勤:《国际关系中的国家主权若干问题疑析》,《政治学研究》1996年第4期。
③ 李龙:《法理学》,武汉大学出版社,1996年,第183页。
④ 张军旗:《主权让渡的法律涵义三辨》,《现代法学》2005年第1期。
⑤ 张军旗:《主权让渡的法律涵义三辨》,《现代法学》2005年第1期。

```
                                      ┌── 身份主权(行使权力)
                    ┌── 对内主权 ──┤
                    │                 └── 权能主权(行使权利)
主权(国家主权) ──┤
                    │                 ┌── 身份主权(象征身份)
                    └── 对外主权 ──┤
                                      └── 权能主权(行使权利)
```

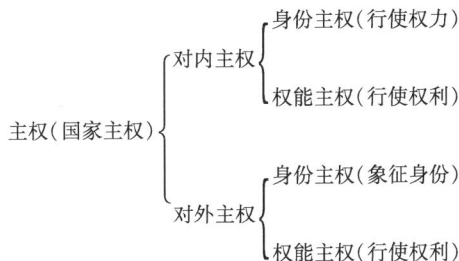

图 2 - 1　主权涵义的逻辑图

(二)主权的基本特征

尽管主权概念的界定纷繁复杂,但从主权基本涵义可导出,主权具有以下的基本特征:

1. 权威性。《奥本海国际法》指出:"主权是最高权威,这在国际上并非意味着高于所有其他国家的法律权威,而是在法律上并不从属于任何其他世俗权威的法律权威。"①美国国际法学者凯尔森(Hans Kelsen)认为,"主权在其原来的意义上意味着'最高的权威'"②。最高权威是国家主权的真正核心,是国家主权的本意。权威代表和行使主权,它不是一种赤裸的权力或暴力,而是一个合法行使权力的权利。因此,判断一个国家是否具有主权,就应衡量这个国家是否拥有绝对的、最高的和最后的权威。国家主权的这种权威主要是针对国内法而言的,即国家只有在国内才具有最高权威性。在国际法上,各国都是平等的国际法主体,不存在高于其他主体的权威。③

2. 合法性。马克思主义认为,国家主权的合法性来自于人民同意,人民是真正的国家统治者,国家主权只是人民权力的外在表现形式。因为"人民的主权不是从国王的主权中派生出来的,相反地,国王的主权倒是以人民的主权为基础的"④。因此,国家主权的合法性来自于人民的认同,是权威行使权力的前提条件。"就国内法而言,人民主权理论主张人民是合法政治权力的最终掌有者,人民才是国家权威行使主权权力的合法性来源。从国际法层面来看,一方面合法性意味着国家主权是得到国际法承认和受国际法保护的;另一方面,合法性则指国家主权的行使必

---

① [英]詹宁斯、瓦茨修订:《奥本海国际法》(第一卷第一分册)(第九版),王铁崖等译,中国大百科全书出版社,1995 年,第 92 页。

② [美]汉斯·凯尔森:《国际法原理》,王铁崖译,华夏出版社,1989 年,第 91 页。

③ 杨泽伟:《主权论——国际法上的主权问题及其发展趋势研究》,北京大学出版社,2006 年,第 8 页。

④ 《马克思恩格斯全集》第一卷,人民出版社,1956 年,第 279 页。

须在国家法规定的范围内。"①

3. 排他性。排他性是指"一事物不容许另一事物与自己在同一范围内并存的性质"②。在知识产权范畴里,排他性也称独占性或专有性,是指知识产权所有人对其知识或智力成果享有独占或排他的权利,未经其许可,任何人不得利用,否则,构成侵权。新制度经济学代表登姆塞茨认为,排他性是指决定谁在一个特定的方式下使用一种稀缺资源的权利。排他性的概念当然是从下面的意义中引申出来的,即除了"所有者"外没有其他任何人能坚持有使用资源的权利。③ 而从国家主权的基本涵义表明,"一个国家独立于其他国家之外且于法律上不受其他国家的渗透影响,以及国家的排他性的管辖权和对其领土与人民的政府权力的至高性。"④因此,在身份主权和权能主权的意义上,国家主权具有排他性的特征。

总的来讲,主权基本涵义及特征是一个动态历史过程,在不同的历史背景及不同的阶级范畴有着不同的诠释,并随着社会的不断发展而变得愈加丰富,即从对内主权向对外主权的拓展,也从身份主权向权能主权的深化。在经济全球化日益泛化的今天,国家间相互依赖进一步加深,经济利益相互渗透日益强化,国际合作得到空前繁荣,主权基本涵义不仅包括对内主权和对外主权的基本内容,而且包含身份主权和权能主权的基本内容,并且在对外主权的权能主权方面获得进一步发展,标志着权能主权在身份主权的基础上以各个权能的细化、量化和让渡的方式服务于身份主权,实现身份主权与权能主权的逻辑统一,进而显现身份主权的历史地位,从而丰富国家主权的基本内容。

二、国家经济主权的基本含义

国家经济主权是依据国家主权主体行使权力的对象或客体所划分出来的。关于国家主权主体的论述,从人民主权理论的视野看,人民是国家主权的真正掌有者。但人民是一个整体的抽象的概念,必须委托具体的国家合法机关与机构代理人民行使国家主权的权力和职能,因而国家合法机关与机构自然成为代理人民行使国家主权的主体。而按国家主权主体行使权力的对象或客体来划分,国家主权一般分为国家政治主权、国家经济主权和国家文化主权等类型。但有学者认为,国

---

① 杨泽伟:《主权论——国际法上的主权问题及其发展趋势研究》,北京大学出版社,2006 年,第 8 页。

② 《现代汉语词》,商务印书馆,2005 年,第 1017 页。

③ [美]科斯等著:《财产权利与制度变迁:产权学派与新制度学派译文集》,刘守英等译,上海人民出版社,1994 年,第 192 页。

④ Helmut Steinberger, Sovereignty, in R. Bernhardt ed. Encyclopedia of Public International Law, Amsterdam 1987, p. 404.

家主权的类型除了政治主权、经济主权和文化主权之外,还有信息主权①和环境主权②。也有学者针对欧洲联盟的发展变化,提出了"区域主权"的概念③。也有学者否认这种提法,认为按照欧洲联盟法的一项基本原则——从属原则,欧洲联盟的权力也是从属于其成员国的权力,④所以"区域主权"的概念有失主权的自主、独立的属性而变得不成立。随着经济全球化的不断发展,国际经贸往来日趋频繁,国际合作也大大增强,国家主权的类型必将被分得愈来愈多,涉及面也愈来愈广。但本文依据传统国际法的划分,认为国家主权的类型主要有政治主权、经济主权和文化主权。

(一)国家经济主权是一个历史范畴,经历了由隐而显的更替过程

在殖民主义盛行的时代,国家主权理论最初主要侧重于政治主权和领土主权的向度,对经济主权和文化主权涉及很少。这种状况一直持续到 20 世纪五六十年代。

在传统的主权理论中,欧洲国家被视为近代主权国家的摇篮,主权成为欧洲民族国家的专利,国际法的主体也主要局限于欧洲范围。在强调以基督文明为中心的西方文明中,大多数非欧洲国家都不被视为"文明国家",也就无从在这些国家中谈及主权。在它们看来,这些非欧洲国家的主权从来就不是自然产生的,而是由宗主国赋予的,因而其主权的获取往往以财产转让、割让土地为依据。⑤ 所以,在国家主权获取的向度上,整个亚、非、拉弱小国家的历史就是摆脱欧洲世界的压迫以获得政治主权的历史。

然而,伴随民族国家反对西方列强殖民掠夺的历史过程,主权理论开始从一个欧洲属性的理论发展成为一个世界性的理论,超越了狭隘欧洲政治文明的羁绊,以及欧洲地域范围、时空的限制,成为广大殖民地半殖民地国家和民族维护独立与生存的重要理论武器。因为国家主权理论一方面为殖民地半殖民地民族和国家摆脱了落后的、陈腐的、封建的国家观提供了理论依据,另一方面为反殖民主义的民族国家争取民族自决和国家独立奠定了新的目标。由此,民族国家在反殖民主义的

---

① 杨泽伟:《主权论——国际法上的主权问题及其发展趋势研究》,北京大学出版社,2006 年,第 11 页。

② See Sheldon Kamieniecki etc. , Eco – Cultural Security and Indigenous Self – Determination : Moving Toward a New Conception of Sovereignty, in Karen T. Litfin, The Greening of Sovereignty in World Politics, The MIT Press 1998 , p. 257.

③ 黄志雄:《从欧洲联盟看国际社会组织化与国际法的发展》,《中央政法管理干部学院学报》1998 年第 5 期。

④ 余民才、程晓霞编著:《国际法教学参考书》,中国人民大学出版社,2002 年,第 48 页。

⑤ 徐泉:《国家经济主权论》,人民出版社,2006 年,第 2 页。

历史过程,就是他们实践国家主权理论的历史过程,也是反殖民主义民族国家接受国家主权理论的历史过程。在"一战"爆发之后,俄国十月革命的胜利,坚定了民族国家反殖民主义的信念,掀起了民族国家反抗西方列强推行殖民主义的高潮,争取民族自决和国家独立成为世界性的政治潮流。

进入20世纪60年代后,民族国家纷纷独立,他们一方面继续维护主权的独立和完整而努力,同时更加注重从经济自主的意义上巩固其主权,积极争取和捍卫经济主权。由于发达国家改变了以往以军事暴力索取民族国家物质利益的手段,进而推行以雄厚资本和先进技术更为隐蔽的方式掠夺发展中国家的物质财富,试图挖掉发展中国家赖以生存和发展的经济基础,实现他们推行全球资本主义生产关系之目的,从而源源不断地搜刮全球人民的经济利益。在这一历史情境下,发展中国家如何争取在主权平等基础之上,与发达国家进行国际合作,成为发展中国家经济主权必须面对的新课题。所以,发展中国家在捍卫国家主权原则的同时,"不仅使得这个原则得到巩固,而且使它还有所发展。最明显的是,国家主权已经不再限于政治方面,而且扩展到经济方面,甚至文化方面,经济主权的概念已经开始树立起来了。"①

因此,在经济全球化日益深化的条件下,国家主权的内容已从传统的以政治和外交为主,扩及到经济、社会和文化的相关领域,成为了一个多维立体的概念,其适用范围也从陆地扩展到海洋甚至外层空间。由此国家经济主权的历史地位经历了由隐而显的更替过程。

(二)国家经济主权是政治主权和文化主权的基础

首先,经济主权是政治主权与文化主权的基础。马克思主义基本原理认为,经济是政治和文化的基础,有什么样的经济就有什么样的政治和文化与之相适应。在国家主权(经济主权、政治主权和文化主权之间关系)范畴里,其原理也是一样。但有人认为,从国家主权理论的实践表明,政治主权是经济主权的前提,经济主权是政治主权的保障。② 也有人认为,政治主权是国家主权最根本的组成部分,是国家主权的基础和核心。③ 本文认为这些提法值得商榷。在殖民主义盛行的年代,虽然争取民族独立和解放是时代的政治潮流,但不能因此弱化或否定经济主权的基础作用,无论在哪一个时代或者哪一个阶段,经济主权依然是政治主权和文化主权的基础。

---

① 邓正来:《王铁崖文选》,中国政法大学出版社,2003年,第42页。
② 徐泉:《国家经济主权论》,人民出版社,2006年,第8页。
③ 刘凯:《全球化发展背景下国家主权自主有限让渡问题研究》,《社会科学Ⅰ辑》2007年第1期。

其一,从帝国主义殖民化过程来看,民族国家遭受帝国主义殖民掠夺的重要根源在于他们生产力发展滞后的必然后果。在殖民主义盛行的时代,各个帝国主义依仗强大军事实力撕破民族国家疆土边界,将统一的民族国家瓜分成四分五裂,进而在其境内培植各种服务于它们的傀儡政权,民族国家国将不国,政治独立不复存在。在此条件下,推翻傀儡政权的统治地位、捍卫国家领土完整以及争取民族独立成为民族国家政治上的心声。但民族国家遭受帝国主义殖民掠夺的重要根源,在于民族国家生产力发展滞后所导致国内经济发展严重失衡,统一的独立的国民经济体系基本瓦解,这为各国帝国主义的侵略行径提供了突破口。其二,从民族国家反殖民化过程来看,民族国家反殖民主义的艰巨性和长期性,固然受到民族国家生产力发展水平所限制。在帝国主义殖民掠夺过程中,尽管民族国家在政治上分崩离析,但民族国家的经济发展并没有彻底消亡,只是被迫缩小到一个地区或区域,并且这些地区或区域的经济发展程度将决定着民族国家反殖民化过程的历史命运。由此,无论从民族国家遭受殖民掠夺的历史根源或是民族国家反殖民主义的艰巨性和长期性而言,都不能抹杀国家经济主权是政治主权和文化主权的基础地位。

其次,政治主权和文化主权是经济主权的反映,也是捍卫和维护国家经济主权独立自主的有力保障。政治主权是指"每一个国家都享有独立自主和不容剥夺的权利,可以根据本国人民的意愿,不仅选择本国的政治、社会和文化制度,而且选择本国的经济制度,不受任何形式的外来干涉、压制和威胁。"[①]简而言之,政治主权是指一国在外交、政治和法律等方面的主权权利和管理职能。[②] 从政治主权的基本含义表明,政治主权的主要功能在于维护国家选择本国社会制度的独立性以及参与国际组织活动的自主性,更好地服务于经济主权。但是,在经济全球化的背景下,全球一体化市场日趋形成和发展,国家间经贸往来日益频繁,经济合作进一步加强。西方发达国家借此机会在全球积极推行服务于资本主义制度的私有化和市场化的制度安排,这对民族国家特别是社会主义国家维护政治主权的独立自主地位带来巨大压力。尤其个别发达国家依仗强大的综合国力把本国的法律制度凌驾于具有普遍约束力的国际规则,视别国政治主权在国际规则的独立性和自主性于不顾,这对其他国家在国际规则的制定上和实践上带来恶劣的后果,其他国家政治主权的独立自主地位受到严重威胁。比如,美国把国内贸易法的"201 条款"和

---

① 陈安主编:《国际经济法学》(第二版),北京大学出版社,2001 年,第 61 页。
② 杨泽伟:《主权论——国际法上的主权问题及其发展趋势研究》,北京大学出版社,2006 年,第 11 页。

"301条款"强行列入国际法的基本准则，视其他国家政治主权在国际规则的独立自主地位于不顾，特别是发展中国家因于经济实力的劣势，在国际规则的制定上和实践上处于从属地位而被迫接受所谓的"国际规则"，使得发展中国家政治主权的独立自主地位受到极大威胁。所以，发展中国家因于经济实力的弱小在积极融入经济全球化历史潮流之中其政治主权面临巨大的挑战。

文化主权是国家主权在文化领域的表现，是指现代民族国家将本民族文化的习惯、信仰和价值观念上升为国家意志，对本民族文化所拥有的最高和独立的权力和权威。① 在20世纪中期之前，文化主权的独立性和权威性在国与国之间并不突出，主要是因为民族国家在反殖民主义运动中，政治独立是它们的首要目标。进入20世纪90年代之后，西方国家利用自己在经济全球化进程中的明显主导优势，试图把世界纳入西方文化和制度体系之中进而推行文化霸权，文化主权的问题才变得日益凸现而重要。与此同时，伴随经济全球化发展的历史进程，文化主权的基本内涵也变得越来越丰富，它不仅包括语言、宗教、价值观念等一般性文化个性，还包括复杂的普世文化基本要素。在此条件下，西方国家借助普世文化的掩护积极向全球推行文化霸权，致使各国本土文化的独立性和权威性受到猛烈冲击。所以，到21世纪之初，随着经济全球化的日益深化，保护本民族文化的独立自主地位愈来愈重要，文化主权与文化霸权在全球中产生了激烈的对抗。

西方国家文化霸权的积极推行在很大程度上对民族国家本土文化构成极大威胁，其目的是服务于他们的经济霸权和政治霸权的积极推行。有学者认为，"文化霸权主义一般是以一种'友好的'，'温情脉脉'的面目出现，但实质是在以实力'威慑'迫使别人就范的同时，通过文化的'感召力'达到'不战而屈人之兵的目的'，利用文化手段实现其利用政治、军事和经济手段难以达到的战略目的。"②美国学者弗兰克·宁柯维奇在《文化外交》书中也指出，"文化手段和政治、经济、军事手段一样，不但都是美国外交政策的组成部分，在大国间军事作用有限的情况下，特别是在现代核战争中无法严密保护本国不受报复的情况下，文化手段尤其成为美国穿越障碍的一种更加重要的强大渗透工具。"③亨廷顿也坦言，"西方实际上正使用国际机构、军事力量和经济资源管理世界，其做法是保持西方的优势，维护西方的利益，推行西方的政治经济价值观念"。西方国家"千方百计吸引其他国家的人民

---

① 朱健刚、张来治：《文化主权：今天主权斗争的焦点》，《复旦学报》1998年第1期。
② 张兴平：《经济全球化背景下的国家文化安全研究综述》，《宁夏社会科学》2006年第1期。
③ 俞睿：《"文明冲突"与美国的"文化霸权"》，《锦州师范学院学报》2003年第3期。

采取西方有关民主和人权的概念"①,实质上在于要求其他国家人民接受西方文化霸权主义,从而在心理价值取向上接受西方国家经济霸权和政治霸权的事实。从此表明,文化霸权主义的推行,本质上为西方国家推行经济霸权和政治霸权之服务,达到他们在经济上、政治上和文化上称霸全球之目的。这从另一角度更能说明经济主权是文化主权的基础,文化主权是经济主权的反映。

（三）国家经济主权是身份经济主权与权能经济主权之和

关于国家经济主权的本质规定性,国内理论界和实务界的分歧仍然较大。有学者把它论述为一种原则;有学者把它定义为一种权力;有学者把它界定为一束权利;也有学者把它阐释为既是一种权力又是一束权利。它们的代表性观点主要如下:

1. 把国家经济主权概念论述为一种原则的主要代表有姚梅镇、曾华群等。姚梅镇认为,"国家对自然资源永久主权的原则就是国家经济主权原则在国际经济法上的具体体现,这个原则特别表现为国家对国有化的权利。"②曾华群认为,"经济主权原则是国际经济法中的首要规范,是国家主权对经济领域的体现,构成了国际经济新秩序的基础,是国际经济法基本原则中最重要的原则。"③

2. 把国家经济主权概念定义为一种权力的主要代表有孟国碧和刘颖等。孟国碧认为:"经济主权是国家主权不可分割的重要组成部分,没有经济主权,国家主权就是不完整的。因此,对经济主权的最直接的认识就是经济和主权的组合,即一个国家独立自主地处理自己对内对外经济事务的最高权力。"④刘颖、邓瑞平认为,"国家经济主权原则是指每个主权国家对其全部财富、资源和经济活动享有永久的主权,包括拥有、使用、处置和自由行使的权力,这些权力集中体现于立法、司法和行政上的管辖权。"⑤

3. 把国家经济主权概念界定为一束权利的主要代表有陈安、刘智中与曹建明、陈治东。陈安、刘智中在他们主编的《国际经济法资料选编》中指出,"经济主权是指一个国家对其全部财富、自然资源和经济活动享有充分的永久主权,包括拥有权、使用权和处置权,并能自由地形式,它是国家在经济上享有的独立自主的权利。"⑥曹建明、陈治东认为,"在国际经济法领域内,所谓经济主权和国家对自然资

---

① Samuel P. Huntington: The Clash of Civilization? Foreign Affairs, Summer93, 72(3), p32-33.
② 姚梅镇:《国际投资法》,武汉大学出版社,1985年,第27页。
③ 曾华群:《国际经济法导论》,法律出版社,1997年,第162页。
④ 孟国碧:《经济全球化时代的经济主权研究》,吉林人民出版社,2002年,第44页。
⑤ 刘颖、邓瑞平:《国际经济法》,中信出版社,2003年,第34页。
⑥ 陈安、刘智中主编:《国际经济法资料选编》,法律出版社,1991年,第31页。

源的永久主权原则是指,国家决定其经济制度,拥有、使用和处置其境内全部财富和自然资源,管理其境内各种经济活动和参与国际经济交往的自主权和独立权。而所谓经济主权和国家对自然资源永久主权原则,就是要求各国在经济交往中彼此尊重这些权利。"①

4.把国家经济主权概念阐述为既是一种权力又是一束权利,其主要代表有杨泽伟和徐泉。杨泽伟认为,"经济主权是国家主权在经济领域的体现。经济主权是指一国政府在对外经济活动中的自主决策权,在一国国内,这种权利表现为对外经济活动的管制权和制定对外经济法规的自主权;在国际层面上,这种权利表现为自主参与国际经济活动的权利。"②徐泉认为,狭义的国家经济主权,是指主权国家对其自然资源的永久主权。广义的国家经济主权,是指国家在国际经济活动中,有选择国家经济制度和参与、协调国际经济秩序等重大经济问题的最高独立决策权。它主要包含"对本国经济事务的自主权"、"对其境内的自然资源的永久权"、"对境内外资实行国有化或征收权力"、"对外资的管辖权"、对贸易政策规制权"以及"享有国际经济事务的平等参与权与决策权"等。③

在以上的论述中,学者们对国家经济主权的本质规定性,仁者见仁,智者见智。但多数学者在论述国家经济主权的基本原则时,隐约地涉及和表达了国家经济主权权力和权利的意义,或者在把国家经济主权定义为一种权力的同时,或多或少的论及了国家经济主权原则和权利的意义。这就说明了国家经济主权的原则、权力和权利之间存在相互交错,难以取舍,给国家经济主权的确切界定带来很大难度,标志着国家经济主权定义的广泛性和复杂性。所以,本文试图从国家主权的基本涵义出发,以此推演和概括国家经济主权的基本内容,认为国家经济主权是国家主权在经济领域的表现,即身份经济主权和权能经济主权之和。

因为国家主权包括对内主权和对外主权,对内主权是指国家在国内的最高权力,涵盖身份主权和权能主权的基本内容。而对外主权是指国家对国际上一切组织、活动的参与都享有独立自主的权利,依然涵盖身份主权和权能主权的基本内容。由此可导出,国家经济主权可分为对内经济主权与对外经济主权。对内经济主权同样包括身份经济主权和权能经济主权,对外经济主权也同样包括身份经济主权和权能经济主权。所以,国家经济主权的基本内容,可概为身份经济主权与权能经济主权之和,这不仅表达了主权的权力意义,同时表达了主权的权利意义。

---

① 曹建明、陈治东主编:《国际经济法专论》第 1 卷,法律出版社,1999 年,第 112 页。
② 杨泽伟:《国际法析论》,中国人民大学出版社,2003 年,第 106 页。
③ 徐泉:《国家经济主权论》,人民出版社,2006 年,第 15 - 59 页。

　　身份经济主权主要是指决定一国生产关系性质的经济制度的最高权力,而权能经济主权主要是指在身份经济主权的基础上为了获取国家利益最大化而制定相关经济规章制度的权利,它从属于身份经济主权的基础地位。身份经济主权和权能经济主权的相关性类似于所有制与所有权的关系。例如,生产资料公有制的主体地位是我国进行社会主义现代化建设的基本前提,健全和完善生产资料公有制主体地位是我国经济长期发展的根本目标,因而生产资料公有制的主体地位象征着我国国民经济的特定身份。而在以生产资料公有制为主体的前提下,我国基于国内外环境以及为了满足公有制主体地位的需要,制定一系列符合我国国情的经济措施与制度安排,其目标为更加巩固生产资料公有制的主体地位。为此邓小平曾指出:"计划多一点还是市场多一点,不是社会主义与资本主义的本质区别。计划经济不等于社会主义,资本主义也有计划;市场经济不等于资本主义,社会主义也有市场。计划和市场都是经济手段。"①所以,公有制与私有制是社会主义与资本主义的本质区别,而采用"计划多一点还是市场多一点"的制度安排是生产资料所有制的具体表现。由此表明,生产资料公有制的主体地位是我国国民经济的象征,属于我国身份经济主权的基本范畴,而制定计划和市场的制度安排是服务于我国生产资料公有制的主体地位,属于我国权能经济主权的具体表现。同样在美国,生产资料私有制作为资本主义国家的身份经济主权的特征,而采用一系列的产权制度、国有化等相关措施,其目的是巩固私有制的统治地位,服务于私有制的特定利益的某种方式,这充分体现了美国权能经济主权性质的含义。因此,身份经济主权是权能经济主权的基础,权能经济主权是身份经济主权的外在显现,两者的关系等同于所有制与所有权的相关性。

　　但是,在和平与发展已是当今世界主题的背景下,国际合作成为世界各国人民的普遍需求,身份经济主权和权能经济主权的功能发生了新的变化。因为为了推动国际合作与发展,具有强烈排他性的身份经济主权的功能被有意识地缩小,这为全球市场的形成以及国际合作的繁荣发展起到了促进作用。但身份经济主权功能的缩小并非意味着它的消失,只是在不同的历史时期它根据国家利益的特定需要来释放其功能的大小。而具有可让渡性的权能经济主权的功能,则顺应了经济全球化的历史潮流而被逐渐放大,特别是权能经济主权的可让渡性为国家利益最大化的实现提供了新的途径,也为国际合作的发展提供了平台。比如,WTO规则的制定、跨国公司的发展以及国家间的政府采购行为等,这些都属于国家权能经济主

---

① 《邓小平文选》第三卷,人民出版社,1993年,第373页。

权自主有限让渡的表现形式。

总之,国家经济主权是一个历史范畴,经历了由隐而显的更替过程。它是国家政治主权和文化主权的基础,也是身份经济主权和权能经济主权之和。然而,随着经济全球化的日益深化以及全球一体化市场的加速发展,国家经济主权理论和实践也发生了相应的变化,如何梳理和重新审视国家经济主权理论及其实践成为理论界和实务界探讨的重要问题。特别是发展中国家因于生产力的滞后在参与经济全球化进程中其经济主权面临巨大的挑战,维护国家经济主权的独立性和自主性成为发展中国家的重大难题。虽然国际经济法《各国经济权利和义务宪章》曾明确指出,"每个国家有依照其人民意志选择经济制度以及政治、社会和文化制度的不可剥夺的主权权利,不容任何形式的外来干涉、强迫或威胁。"[1]"每个国家对其全部财富、自然资源和经济活动享有充分的永久主权、包括拥有权、使用权和处置权在内,并得自由行使此项主权。"[2]但是,在经济霸权主义依然盛行的今天,发展中国家维护国家经济主权的独立自主地位仍然严峻。

三、国家经济主权权能

关于国家经济主权权能的考察,部分专家和学者主要从法学、政治学的视野来分析,并且,就目前而言,与此相关文献还不多。但他们对主权、权能的相关阐述,为国家经济主权权能基本内容的考察提供了理论基础。为此,文章沿袭他们的理论成果,尝试从权能经济主权基本含义考察国家经济主权权能的基本内容。

(一)权能

权能,其英文为 powers and functions,意指权力与职能,是政治学领域的一个核心概念,其涉及面也较为广泛,也比较复杂。孙中山先生在 1922 年发表《中华民国建设之基础》的文中提出"权能分治"的思想,曾对权能概念有过较为完整的表述。"政治主权在于人民,或者直接以行使之,或间接以行使之。其在间接行使之时,为人民之代表或者受人民之委托者,只尽其能,不窃其权。予夺之自由仍在人民。"[3]孙中山先生还把国家政治主权分为两个部分,即政权和治权,"政是众人之事,集合众人之事的大力量,便叫做政权;政权就可以说是民权。治是管理众人之事,集合管理众人之事的大力量,便叫做治权。所以政治之中,包含有两个力量:一个是政

---

① 刘颖等编:《国际经济法资料选编》(上),中信出版社,2004 年,第 7 页。
② 刘颖等编:《国际经济法资料选编》(上),中信出版社,2004 年,第 7 页。
③ 胡汉民著:《总理全集》第 1 集,上海民智书局,1930 年,第 1026 页。

权,一个是治权。这两个力量,一个是管理政府的力量,一个是政府自身的力量。"①
"在我们的计划之中,想造成的新国家,是要把国家的政治大权分开成两个。一个是
政权,要把这个大权完全交到人民的手内,要人民有充分的政权可以直接去管理国
事。这个政权便是民权。一个是治权,要把这个权完全交到政府的机关之内,要政府
有很大的力量治理全国事务。这个治权,便是政府权。"②孙中山先生的"权能分治"
思想,其"权"所指的是"政权",或称为"民权";而"能"所指的是"治权"。

　　在中国被帝国主义殖民掠夺的过程中以及封建军阀割据的状态下,孙中山先
生提出"权能分治"的思想为祖国的统一与民族的兴旺有着积极作用,但孙中山先
生在此所说的"权",主要侧重于权力的意义,而"能"主要表达政府治理的含义。
从权力的基本含义来说,权利是权力含义的拓展和延伸,权力涵盖了权利的意义。
孙中山先生为了建立民国政府的政治目的,对"权"的解释主要侧重于权力的意义
是符合当时社会环境实现政治独立的需求,而对"能"的阐释主要表达政府对权力
以及权利以什么样方式来配置的功能。

　　在法学领域,权能主要指的是所有权的权能。彭万林认为,所有权的权能即所
有权的内容,是指所有人为利用所有物实现其对所有物的独占利益,在法律规定的
范围内可以采取的各种措施与手段。③ 王泽鉴则把所有权权能分为两种类型,认
为所有权的权能包括积极权能和消极权能,占有、使用、收益和处分为所有权的积
极权能,排除他人干涉则为所有权的消极权能。④ 但李锡鹤却认为,所谓"消极权
能",不过是所谓"积极权能"的逆向表现形式,是对所谓"积极权能"的逆向表述,
不是一种独立的权能。⑤ 王效贤等也认为,"权能是指权利人在实现权利时所能实
施的各种行为的可能性,只有在权利行使的动态过程中,其意义才得以彰显,故其
只能表现为积极的占有、使用、收益及处分,并对所有物为终极支配。权利人在法
律规定的范围内,对其所有物为自由支配,同时即意味着权利人以外的任何人对之
不能支配,也就是排除了他人对所有物的不法干涉。"⑥也有学者把所有权权能等
同其功能,认为所有权权能的功能在于,"一方面,这些权能向所有者提供了一个控
制属于他所有之物的可靠的权能,这种权能是通过所有者可以针对属于他所有的
物为一定行为来行使的。另一方面,所有权中的权能不能被第三者所行使,这也是

---

① 《孙中山选集》,人民出版社,1981 年,第 791 页。
② 李雷、安中业:《孙中山"权能分治"与"五权分立"思想述评》,《人大研究》2005 年第 8 期。
③ 彭万林:《民法学》,中国政法大学出版社,1994 年,第 219 页。
④ 王泽鉴:《民法物权(通则·所有权)》,中国政法大学出版社,2001 年,第 154 – 155 页。
⑤ 李锡鹤:《所有权定义形式之比较:与梁慧星先生商榷》,《法学》2001 年第 7 期。
⑥ 王效贤等:《物权法总则与所有权制度》,知识产权出版社,2005 年,第 174 页。

所有权中包含的主要特征,目的在于使所有者能够禁止第三者为这些行为。"①

从法学领域里对权能的诠释,都泛指为所有权的权能。而所有权的定义在我国《民法通则》第71条中有明确规定:"所有权是指所有人依法对自己的财产享有占有、使用、收益和处分的权利。"由此表明,权能之"权"包括所有权、占有权、使用权、收益权和处分权;而"能"是指政府对所有权、占有权、使用权、收益权和处分权如何配置的功能。

综观政治学和法学对权能的阐释,政治学所指的权能,属于宏观领域的权能,泛指为"政权"与"治权"或者权力与职能的意义;而法学所指的权能,属于微观领域的权能,泛指所有权的权能,即占有权、使用权、收益权和处分权的积极权能。所以,权能的基本含义可概括为:权能主要是指国家统治权力及其政府治理权利的职能。

(二)国家经济主权权能的基本内容

基于上文的逻辑论述,国家主权包含对内主权和对外主权,对内主权主要是指在境内的身份主权和权能主权之和,对外主权主要是指在境外的身份主权和权能主权之和。归根结底,国家主权是境内外的身份主权和权能主权之和。而国家经济主权是国家主权在经济领域的表现,也可分为对外经济主权和对内经济主权,泛指境内外的身份经济主权和权能经济主权之和。由此可导出,国家经济主权权能可分为对内经济主权权能和对外经济主权权能,也可分为身份经济主权权能和权能经济主权权能,泛指境内外的身份经济主权权能和权能经济主权权能之和。其结构如图2-2。

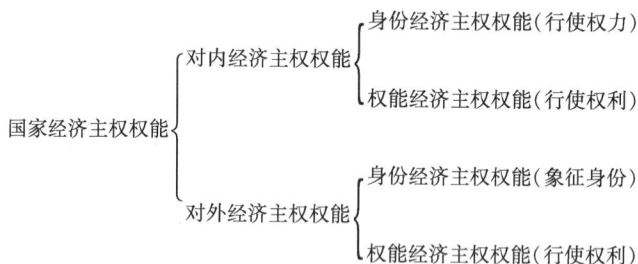

```
                                ┌─ 身份经济主权权能(行使权力)
               ┌─ 对内经济主权权能 ┤
               │                └─ 权能经济主权权能(行使权利)
国家经济主权权能 ┤
               │                ┌─ 身份经济主权权能(象征身份)
               └─ 对外经济主权权能 ┤
                                └─ 权能经济主权权能(行使权利)
```

图2-2　国家经济主权权能结构图

结合权能的基本含义,身份经济主权权能和权能经济主权权能的基本内涵可推出:在对内经济主权权能范畴里,身份经济主权权能是指国家及其政府在国内经

---

① J. Hbeekhuis, F. H. Lawsen, Structural Variation In Property Law, p. 8. 转引自王利明:《物权法论》,中国政法大学出版社,1998年,第253-254页。

济领域行使权力的职能,而权能经济主权权能是指国家及其政府在国内经济领域行使权利的职能;在对外经济主权权能范畴里,身份经济主权权能仅代表一国的身份和象征,在经济领域不存在行使权力的职能。因为国与国之间不存在控制与被控制、支配与被支配的关系,所以不存在行使权力职能的前提。而权能经济主权权能是指国家及其政府在境外经济领域行使权利的职能。从广义上看,国家经济主权权能是指境内外身份主权权能和权能经济主权权能之和。

根据国际经济法《各国经济权利和义务宪章》的规定,"每个国家对其全部财富、自然资源和经济活动享有充分的永久主权、包括拥有权、使用权和处置权在内,并得自由行使此项主权。"①从这一规定表明,国家全部财富、自然资源和经济活动是国家经济主权永久自由行使权力和权利的主要对象,也是国家身份经济主权永久自由行使权力和权能经济主权永久自由行使权利的主要对象,因而对国家全部财富、自然资源和经济活动的所有、配置和治理是国家经济主权权能行使权力和权利的具体表现。所以,从狭义上看,国家经济主权权能的基本内容是指国家对其全部财富、自然资源和经济活动享有的所有权,包括对全部财富、自然资源和经济活动的占有权、使用权、收益权和处分权的功能。

由此可见,从广义上看,国家经济主权权能可包含对内经济主权权能和对外经济主权权能,泛指身份经济主权权能和权能经济主权权能之和。但是,从狭义上看,国家经济主权权能的基本内容是指国家对其全部财富、自然资源和经济活动享有的所有权,包括对全部财富、自然资源和经济活动的占有权、使用权、收益权和处分权的功能。一言以蔽之,国家经济主权权能的基本内容是指国家对其全部财富、自然资源和经济活动的所有权的功能。② 诚然,通过对国家经济主权权能的整体概括和具体内容的统一分析,使得国家经济主权权能基本内容从理论转变为现实,从抽象过渡到具体,实现了宏观上与微观上国家经济主权权能的逻辑统一,这为国家经济主权权能在理论上和实践上更好的结合,也为国家经济主权权能问题在实际运用中提供了便利的分析。

第二节　国家经济主权权能的分离

在封建社会时期,生产方式主要以家庭为单位的自给自足自然经济形式,社会

---

① 刘颖等编:《国际经济法资料选编》(上),中信出版社,2004 年,第 7 页。
② 值得说明的是,后文谈及国家经济主权权能概念,仅指狭义上国家经济主权权能的涵义。

分工和劳动交换较为贫乏,国家经济主权权能往往集国家或政府于一身。进入资本主义社会后,社会大生产方式的确立,它打破了传统的、孤立的、封闭的和落后的封建生产方式,用现代的机器大工业代替了封建社会以手工劳动为主体的家庭工场手工业,用社会化大生产代替了以家庭为单位的简单合作,从而瓦解了封建自给自足的田园般的自然经济形式,促进商品经济的高度发达。在此条件下,国家为了加快资源的流动速度以及提高资源的配置效率,国家经济主权权能开始从国家或政府手里逐渐分离出来,并以自主有限的形式让渡给予市场经营主体,从而推动社会生产力的快速发展。到21世纪的今天,随着经济全球化的迅猛发展以及全球一体化市场的日趋形成,世界各国为了提高国家资源的效用以及实现国家利益的最大化,各国国家经济主权权能的分离已成为一种客观趋势。

一、国家经济主权权能分离的含义

国家经济主权权能的分离是社会生产力发展的内在要求,也是国家自然资源和经济活动提高配置效率以及实现国家利益最大化的迫切要求。但是,从国家经济主权权能的结构而言,国家经济主权权能的分离并非指对内经济主权权能和对外经济主权权能之间的分离,也不是指身份经济主权权能与权能经济主权权能之间的分离,而是指权能经济主权权能的所有权与其各个权能的自主分离,即国家全部财富、自然资源和经济活动的所有权与其占有权、使用权、收益权和处分权的分离。

(一)国家经济主权权能的分离不是指对内经济主权权能和对外经济主权权能之间的分离

《简明不列颠百科全书》认为,对内主权"可以说是一种国家决策过程中最终负责者或权威";对外主权是"在国际法和国际关系中,主权就是一个国家不受外来控制的自由","在国际法上,主权意味着国家的自主或独立。"[①]王铁崖也指出,内部主权是指国家在其管辖范围内对其他团体的优越性,而外部主权是指国家在其与其他国家的关系上行动独立和不受外部控制的自由。外部主权是内部主权的必然结果。[②] 由此说明,对内主权标志着国家在其管辖范围内的权威和优越性,意味着国家自主地位的身份和象征;对外主权是国家在与其他国家的关系上行动独立和不受外来控制的自由,是对内主权发展的必然结果。所以,对内主权是对外主

---

① 《简明不列颠百科全书》第九卷,中国大百科全书出版社,1986年,第533页。
② 王铁崖:《国际法引论》,北京大学出版社,1998年,第218－219页。

权的基础,对外主权是对内主权的延伸与扩展,是对内主权发展的必然结果。没有对内主权的自主存在就不可能有对外主权的独立存在,对内主权和对外主权是相互联系不可分割的统一体。依此可推,对内经济主权权能是对外经济主权权能的基础,对外经济主权权能是对内经济主权权能的延伸与拓展,是对内经济主权权能发展的必然结果。因而对外经济主权权能不可能与对内经济主权权能发生分离,否则对外经济主权权能便失去了其存在的基础和根源。因此,国家经济主权权能的分离并非指对内经济主权权能与对外经济主权权能之间的分离。

(二)国家经济主权权能的分离也不是指身份经济主权权能与权能经济主权权能之间的分离

身份经济主权权能是指国家及其政府在其管辖的经济领域行使权力的职能,而权能经济主权权能是指国家及其政府在其管辖的经济领域行使权利的职能。从权力与权利的关系来说,"权力的核心内涵是权力主体合法地拥有的一种驱动力,它依靠这种驱动力可以强制共同体中的其他成员按照自己的意志行事。"①"权力体现为一种控制与被控制、支配与被支配的关系,强制性构成权力的基本特征。"②而权利"不是天赋的,而是历史地产生"③。"作为一种社会现象的权利,并不是权利主体与生俱来的,而是在特定的时候条件下,某一权利主体与其他权利主体相互作用的产物。"④"权利是指法律关系的主体在法律规定的范围内为了满足特定的利益作为或不作为的自由。"⑤由此,权力强调的是对共同体中其他成员的控制和支配,而权利强调的是权利主体在为了实现特定利益而作为和不作为时,不受其他成员的干涉,并且权利主体行使权利的合法性和有效性必须通过权力的彰显得以体现。所以,在国家主权层面上,权力是权利的基础,权利是权力的内在体现。"主权在表示国家身份的同时,内在地代表着权能(也可称之为权能主权),二者是不可能割裂的。否则身份意义上的主权将成为空洞的抽象。"⑥这就说明身份经济主权权能是权能经济主权权能的基础,也是权能经济主权权能行使权利具有强制性和合法性的重要来源。权能经济主权权能是身份经济主权权能的本质体现,是身份经济主权权能为了满足特定利益需要而作为和不作为的外在显现。身份经济主权权能与权能经济主权权能是密不可分的,否则权能经济主权权所行使的权利必

① 张军旗:《主权让渡的法律涵义三辨》,《现代法学》2005 年第 1 期。
② 方向勤:《国际关系中的国家主权若干问题疑析》,《政治学研究》1996 年第 4 期。
③ 《马克思恩格斯全集》第二卷,人民出版社,1957 年,第 146 页。
④ 方向勤:《国际关系中的国家主权若干问题疑析》,《政治学研究》1996 年第 4 期。
⑤ 李龙:《法理学》,武汉大学出版社,1996 年,第 183 页。
⑥ 张军旗:《主权让渡的法律涵义三辨》,《现代法学》2005 年第 1 期。

定丧失它的合法性和约束力,从而被视为非法行动。因此,从权力与权利的紧密联系而言,国家经济主权权能的分离不是指身份经济主权权能与权能经济主权权能之间的分离。

(三)国家经济主权权能的分离是指权能经济主权权能的所有权与其各个权能的自主分离

国家经济主权权能的基本内容是指国家对其全部财富、自然资源和经济活动享有的所有权,包括对全部财富、自然资源和经济活动的占有权、使用权、收益权和处分权的功能。在生产社会化程度不高、经营方式比较简单以及商品经济不发达的条件下,国家往往集国家资源所有权的各项权能于一身,即国家资源所有权、占有权、使用权、收益权和处分权均由国家及其政府统一集中配置和管理。但是,随着社会经济的不断发展,商品经济的高度发达,尤其是进入社会化大生产以后,国家资源各个权能的集中统一方式已经远远不能满足社会化大生产的发展需要,国家资源的占有、使用、收益和处分各个权能,不可能也不需要集中于国家一身,国家资源及其财产不必完全由国家自己来经营。否则,这将大大的降低国家资源的配置效率,阻碍资源的自由流动,造成国家资源的损失和浪费。所以,为了提高国家资源的配置效率,国家资源的有关权能完全可以依据国家的意志和利益从国家资源所有权中全部或部分地分离出去,从而加快国家资源的自由流动,推动社会生产力的快速发展。而实现这种分离的法定方式可以多种多样的。例如,通过契约的方式,国家将国家资源所有权权能转让给市场经营主体,市场经营主体在契约规定的期限和条件下可行使国家资源的相关权能。再如国家通过订立协议或章程创设某个或某些经济组织,这些组织不论是否具有独立的法律人格都可直接经营国家资源及其财产,并依法行使国家资源的占有、使用、收益和处分的权能。

当然,国家资源所有权的各个权能依据国家的意志和利益,通过法定程序与国家资源所有权发生分离,并不导致国家丧失国家资源所有权。因为国家可以通过行使国家资源的支配权而控制和实现其所有权。因此,从国家经济主权权能的层面而言,国家经济主权权能的分离是指权能经济主权权能的所有权与其各个权能的自主分离,即国家全部财富、自然资源和经济活动的所有权与其占有权、使用权、收益权和处分权的分离。

可见,国家经济主权权能的分离并非指对内经济主权权能和对外经济主权权能之间的分离,也不是指身份经济主权权能与权能经济主权权能之间的分离,而是指权能经济主权权能的所有权与其各个权能的自主分离。为此,国家经济主权权能分离的含义,实际上是指在市场经济条件下,为了提高国家资源配置效率以及实现国家利益最大化,国家把其全部财富、自然资源与经济活动的所有权,与其占有权、使用权、收益权和处分权以法定程序的方式发生自主分离的状态。值得说明的是,后文提及国家经济主权权能分离均指这一含义,以及国家经济主权权能让渡的概念是在这一含义基础上加以分析。

二、国家经济主权权能分离的必然性

(一)商品经济的高度发展

国家资源所有权与各项权能的分离,是伴随商品经济的出现而产生,并且商品经济的发展状况决定着它们的分离程度。在资本主义社会之前,由于商品经济发展水平的限制,国家资源所有权与各项权能的分离程度比较低,在法律上近表现为国家资源所有权与其个别权能发生偶然性的分离。进入资本主义社会后,商品经济得到高度发展,生产的社会化与生产资料私人占有之间的矛盾愈来愈激化,导致生产资料所有权与管理权的进一步分离,并在股份公司中得到高度发展和充分表现。马克思认为,"在股份公司内,职能已经同资本所有权相分离,因而劳动也已经完全同生产资料的所有权和剩余劳动的所有权相分离。"①当这一分离发生之后,"实际执行职能的资本家转化为单纯的经理,即别人的资本的管理人,而资本所有者则转化为单纯的所有者,即单纯的货币资本家。"②马克思进一步指出,"一旦从属于资本的劳动成为协作劳动,这种管理、监督和调节的职能就成为资本的职能。这种管理的职能作为资本的特殊职能取得了特殊的性质。"③这就意味着资本家首先是资本的所有者,其次才作为管理者而享有管理权。这种管理权是由资本的所有权派生出来,它体现了资本对雇佣劳动的奴役。所以,股份公司的成立使得资本所有权与资本使用权、管理权发生了分离。"资本所有权这样一来现在就同现实再生产过程中的职能完全分离,正像这种职能在经理身上同资本所有权完全分离一样。"④不仅如此,除了股份公司之外,"资本主义生产本身已经使那种完全同资本所有权分离的指挥劳动比比皆是。因此,这种指挥劳动就无须资本家亲自担任了。"⑤在马克思的论述中表明,由于生产力的不断发展,商品经济的高度发达以及社会分工的日益细化,资本所有权与资本管理权、资本使用权逐渐发生分离。其本

---

① 《马克思恩格斯全集》第二十五卷,人民出版社,1974 年,第 494 页
② 《马克思恩格斯全集》第二十五卷,人民出版社,1974 年,第 493 页
③ 《马克思恩格斯全集》第二十三卷,人民出版社,1997 年,第 367 – 368 页。
④ 《马克思恩格斯全集》第二十五卷,人民出版社,1974 年,第 494 页
⑤ 《马克思恩格斯全集》第二十五卷,人民出版社,1974 年,第 435 页

质上是私人资本逐渐社会化的过程,也是资本所有权权能的分离过程。

但值得注意的是,马克思的所有权权能分离思想,并没有把所有权看作仅有单一的权利或权能,而是看作存在内部权能结构的一组权利的结合体,并且这种权能结构随着社会的发展也在不断地发生变化。因此,由于商品经济的高度发展,社会分工的日益细化,迫使国家资本或资源所有权与各个权能发生不同程度的分离。

(二)指令性计划经济体制配置资源效率普遍低下

所谓"计划经济",是指以社会化大生产为前提,在生产资料公有制的基础上,通过指令性计划和指导性计划来进行管理和调节经济。它的特征是国家直接配置全社会的资源,直接控制企业和个人的经营活动,实行自上而下以行政手段为主的管理。① 从实质上讲,计划经济体制是指以指令性计划和指导性计划配置社会资源与经济活动的经济体制。所以,在人们对计划经济与公有制关系还未理性认知之前,往往把计划经济与社会主义相提并论,并视为社会主义性质的本质特征。到 20 世纪 80 年代初期,邓小平理论的问世,它打破了世人对计划与市场理解的传统观念,澄清了"计划"与"市场"不是社会主义与资本主义的本质区别,"计划多一点"抑或"市场多一点"仅为国家配置资源的经济手段。从此之后,市场经济体制开始在社会主义国家生根发芽,成为社会主义国家配置资源的重要手段。但是,计划经济体制产生于在社会主义国家并非偶然,具有一定的深厚历史因素。这主要表现在:

第一,受传统社会主义思想观念的束缚。按照传统社会主义观念,社会主义就是消灭私有制,实行单一的公有制;整个国民经济是一个"大工厂",遵照国家制定的统一计划运转。在中国建国时期,因为这种思想认识的局限,自然而然地把计划与市场并存的新民主主义经济视为暂时性的"退却"或"过渡",一旦认为条件"成熟",就通过生产资料的社会主义改造来实现单一的公有制而建立计划经济体制。

第二,受当时国际形势的影响。在社会主义国家产生之前,由于民族国家生产力比较落后,又因于遭受西方列强长期殖民掠夺,人力、物力和财力相对匮乏。为了实现民族独立,必然要求把比较匮乏的人力、物力和财力集中起来,统一由中央政府管理和支配,进而为推翻帝国主义统治地位实现民族独立提供必要的物质基础。在民族国家解放运动时期,社会资源的统一管理和支配确实为民族国家独立产生了巨大的贡献。在冷战时期,西方资本主义国家对社会主义国家加强禁运与封锁,并不断地发动局部战争从而把战火燃烧到社会主义国家边境。出于国家安

---

① 陈锦华等:《论社会主义与市场经济兼容》,人民出版社,2005 年,第 157 – 158 页。

全考虑,贫穷的社会主义国家一方面被迫在边境抗敌斗争,另一方面加快国内建设尤其是重工业建设。这就需要大量国防军费和工业化建设资金,必然实行高积累、高集权的经济模式,使得计划经济体制在社会主义国家长期存在。

第三,受"苏联老大哥"榜样的鼓舞。苏联社会主义国家胜利之后,由于它政治长期稳定与经济蓬勃发展,国际地位和威望日益增强。苏联在短时期内一跃成为世界超级大国。因而"向苏联老大哥学习"就成为社会主义国家的"一边倒"认识。于是认真学习苏联经济管理的经验,特别是它已实行二三十年的计划管理模式,就成为了社会主义国家推动经济发展的路径依赖。

从实践表明,在特定的历史时期,计划经济对社会主义国家的建立有着巨大的贡献。但是,随着生产力的不断发展与商品经济的高度发达,特别是经济全球化的到来,迫使全球一体化市场的加速形成,指令性计划经济体制的主要弊端完全暴露出来。它不仅使国家资源配置效率普遍低下,而且还导致国家资源浪费现象更为严重。因为在计划经济时期,国家资源与经济活动的配置模式完全由政府指令性计划和指导性计划发生作用,其结果必然导致政府权力过于集中,政企严密不分,进而把企业统得过多过死,大大降低企业盈利的主动性和积极性,使得国家资源配置效率普遍低下。此外,政府在集中统一配置国家资源的过程中,因于供需信息的不对称使得国家资源在供需配置方面严重失衡,导致国家资源的严重浪费。

总之,在经济全球化迅猛发展与全球一体化市场加速形成的背景下,指令性计划经济体制已完全不能满足这一时代的现实需求,因而对它的改革成为社会主义国家面临的迫切任务。但是,指令性计划经济体制改革的关键,在于国家资源权利归属问题的深化改革。因为在国家资源权利归属问题上,国家资源权利的过分集中,阻碍了国家资源的转移和自由流动。而国家资源的流动速度往往与国家资源价值的增长成正比,不能流动或不能高速流动的资源,不管它具有多大的价值,都不能充分实现自身的价值或产生应有的效用。所以为了有效地利用国家资源,就必须通过交易和所有权权能移转的方式,促进国家资源相关权能的分离及其流动,这就迫使指令性计划经济配置资源模式向市场经济配置资源模式发生转变,进而建立和完善市场经济体制及其制度安排,进一步提高国家资源的价值及其配置效率。

(三)比较优势理论的发展

比较优势理论是英国经济学家大卫·李嘉图最早提出。他在《政治经济学及赋税原理》中指出,"商业完全自由的制度下,各国都必然把它的资本和劳动用在最有利于本国的用途上。这种个体利益的追求很好地和整体的普遍幸福结合在一起。由于鼓励勤勉、奖励智巧,并最有效地利用自然所赋予的各种特殊力量,它使劳动得到最有效和最经济的分配;同时,由于增加生产总额,它使人们都得到好处,并以利害关系和互相交往的共同纽带把文明世界各民族结合成一个统一的社会。正是这一原理,决定葡萄酒应该在法国和葡萄牙酿制,谷物应在美国和波兰种植,金属制品及其他商品则应在英国制造。"[1]李嘉图在此所指的"这一原理"就是比较优势原理。后来萨缪尔森把它概括为,比较优势理论认为,如果各国专门生产和出口其生产成本相对低的产品,就会从贸易中获益。或者反过来说,如果各国进口其生产成本相对高的产品,也将从贸易中得利。[2]

比较优势理论深刻地揭示了国际贸易产生的主要原因,成为国家贸易理论形成与发展的重要基石。它对经济全球化的迅猛发展、全球一体化市场的加速形成以及国际合作的日益增强产生巨大的推动作用。然而,从历史的角度来看,现有比较优势理论的演进可划分为三个阶段:

第一阶段是完全竞争市场结构下的比较优势静态分析。大卫·李嘉图的比较优势原则以及赫克歇尔、俄林的资源禀赋理论,两者属于完全竞争市场下的比较优势静态分析。他们认为,由于劳动生产率的差异及资源禀赋的差异,各国的比较优势形成了国际贸易的主要原因。这一分析在很大程度上揭示了国际贸易的起源,对国际贸易理论有很大的促进作用。但他们的比较优势理论是在完全竞争市场结构下的演绎与推理,并且比较优势一经形成各国的生产结构就难以改变,况且在很多情况下市场的竞争却都不完全。因此他们的比较优势理论具有一定的局限。[3]

第二阶段是不完全竞争市场下的比较优势静态分析。保罗·克鲁克曼的规模经济论、林德尔的需求偏好论以及差异产品理论,均属于这一阶段的代表。他们的理论与第一阶段相比是有所进步,尤其他们的理论前提从完全竞争假设走到了不完全竞争市场结构,更符合现实状况因而对国际贸易现象的解释能力有所提高。但他们仍未能解决静态理论指导的局限性,即无法提供国家优化出口结构,提升比较优势产业的途径,使落后国家无法跳出"比较优势陷阱",即单纯的由资源禀赋决定的比较优势在国际贸易中不一定具有竞争优势,单纯根据资源禀赋来确定自己的国际贸易结构总是处于不利地位。[4]

① 李嘉图:《政治经济学及赋税原理》,商务印书馆,1972 年,第 112 页。
② 萨缪尔森·诺德豪斯:《经济学》,萧琛主译,人民邮电出版社,2007 年,第 241 页。
③ 张亚斌:《内部比较优势理论与中国贸易结构转换》,中国社会科学院博士论文,2002。
④ 洪银兴:《从比较优势到竞争优势:兼论国际贸易的比较利益理论的缺陷》,《经济研究》1997 年第 6 期。

第三阶段是不完全竞争市场下的比较优势动态分析。这个阶段包括国际要素流动理论、雁形生产理论、产品生命周期理论、战略性贸易理论以及国家竞争优势论等。[1] 该阶段理论秉承了第二阶段理论分析的前提,以不完全竞争市场结构为基础,并更进一步采用动态分析,指出一国既可以培育出比较优势,又可能丧失原有优势。这对于发展中国家来说,无疑提供了促进经济发展的手段和途径。第三阶段在沿袭第一、二阶段基础理论的同时,对国家比较优势的培育和发展路径又有了新的突破。

就比较优势理论的演进历程而言,比较优势理论涉及的领域愈来愈广,涵盖的内容也愈来愈丰富,在很大程度上促进了国际贸易的快速发展。与此同时,国际贸易规模与内容的不断扩大,反过来进一步推动比较优势理论的健全与完善。两者是相互制约相互作用而不断地走向成熟。但是,无论是比较优势理论或是国际贸易理论,它们所产生的作用都忽视了或隐藏了一个逻辑前提。即从一个国家层面来看,一个国家产生国际贸易的基础是以该国经济主权权能的分离为前提,并且该国经济主权权能分离的程度与速度必将给一国贸易流量以及国际贸易流量带来重大的影响。所以,无论从比较优势理论或是国际贸易理论来看,它们所发生的作用是以国家经济主权权能的自主分离为前提。只有国家经济主权权能发生分离并让渡予以市场经营主体,比较优势理论才能得以体现,国际贸易才获得更大的发展。假如国家资源所有权与各个权能统一集中于国家或政府手里,资源就不可能跨国自由流动,国家间经贸往来就不再发生,比较优势理论和国际贸易的发展必将停滞不前。

可见,国家经济主权权能的分离是比较优势理论发生作用的前提,而且国家经济主权权能的分离程度与速度对国际贸易的发展产生深刻的影响,在相当程度上决定国际贸易的流量与速度。但是,随着经济全球化的日益深化,国际合作逐渐增强,使得比较优势理论与国际贸易获得进一步发展,而这种发展趋势迫使国家经济主权权能加快分离的速度,从而提高全球资源配置效率,促进全球经济繁荣与发展。由此,国际贸易不断发展,比较优势理论愈加完善,迫使国家经济主权权能自主分离的速度与程度也随之加快。

(四) 市场配置资源的高效性

国家经济主权权能的自主分离,在很大程度上是市场经济提高资源配置效率的内在要求,也是市场经济发展的必然结果。因为市场经济本质规定性的基本特

---

[1]　张亚斌,周琛影:《再论竞争优势与比较优势》,《国际经贸探索》2002 年第 2 期。

征,要求资源所有权与相关权能自主分离,以此加快资源流动速度,尽可能把资源配置到最佳市场经营主体身上,提高资源配置效率,进而把资源效用推到社会生产可能性边界,促进社会生产力快速发展。反过来,市场经济进一步发展,社会分工愈加细化,比较优势更加明显,迫使资源所有权与相关权能加速分离。所以,在国家经济主权权能自主分离的前提下,市场经济配置资源的高效性已被世人所认同,因而成为世界各国配置国家资源的主流经济模式。但是,关于配置资源效用最大化的市场类型,理论界和实务界对此争议较大。其中主要市场类型有自由放任的市场经济、凯恩斯主义的市场经济以及马克思主义中国化的市场经济。

1. 自由放任市场经济

萨缪尔森指出,在中世纪,欧洲和亚洲的多数经济活动是由贵族阶层和城镇行会所把持。不过到了大约两个世纪以前,贵族政府对价格和生产方法的控制力便开始减弱。封建的枷锁逐渐让位于我们所称的"市场机制"或"竞争资本主义制度"。对于欧洲和北美的大多数国家来说,19世纪是一个自由放任的时代。这种被译成"别管我们"的学说认为,政府应当尽可能少地干预经济,尽可能多地将经济决策留给市场供求机制去完成。19世纪中叶许多政府就都是这样地笃信着这一经济信条。[①] 所以从资本主义诞生之日起,市场配置资源的经济模式就处于自由放任状态。关于自由放任市场经济理论的倡导与分析,主要代表有亚当·斯密与弗里德曼。

亚当·斯密在《国富论》指出,个人追求的只是个人的所得,而在这一点上他就像在许多其他场合一样,总是被"一只看不见的手"牵引着去促进一个他全然无意追求的目的。而且也并不因为他没有任何这种意图,就对社会更加不好。个人在追求个人的利益时,时常比他真心实意地促进社会利益还更加有效地促进了社会的利益。亚当·斯密认为,通过"一只看不见的手"(市场价值规律)就能够有效地配置资源,使资源的效用恰好位于社会生产可能性边界,自动地实现社会利益发展。如果整个行业都处于完全竞争时,市场自然而然地将最有效的技术和最少量的投入来生产,从而实现有效的最大的产出。而政府的职能仅仅扮演"守夜人"的角色,即保护国家、个人的安全使其不被侵害,以及建立和维护某些私人无力承办或不愿承办的公共设施和公共事业,其主旨是以最大限度保护完全竞争市场机制的有序运行。亚当·斯密的自由放任市场理论,实质上是在市场完全竞争的条件下以市场价值规律为导向进行配置资源及其权利,实现社会利益的自动发展。但

---

① 萨缪尔森·诺德豪斯:《经济学》,萧琛主译,人民邮电出版社,2007年,第20页。

是,在现实生活中,市场往往处于不完全竞争状态,因而自由放任市场配置资源效率并没有如他所愿。特别是 20 世纪 30 年代爆发的资本主义经济危机,在一定程度上是自由放任市场对资源效用及其权利配置失败的重要原因,而主张国家干预的凯恩斯主义经济学,由于在对付此次经济危机上被认为取得了成功而声誉日隆。

然而,在 20 世纪二三十年代,全球发生了一场以奥地利经济学家米塞斯、哈耶克为首的新自由主义者为一方,以波兰经济学家兰格为另一方的关于"经济计算"问题的大论战,整个论战虽无果而终,但新自由主义开始登上历史舞台。此后,弗里德曼秉承芝加哥学派的传统,始终一贯地坚持自由放任的市场经济的优先地位,对政府干预充满了怀疑和反感,提出他的新自由主义市场经济理论。

弗里德曼在对自由市场经济的辩护上,超越了他的前辈。弗里德曼认为,前辈们论证市场制度的合理性和优越性不外是从两个方面:第一,从先验的伦理角度出发,强调市场自由引导符合人追求自由的天性,维护了人的自由选择的权利。因而是最符合人性的,最合理的制度。第二,从功利主义的立场出发,论证市场经济可以利用价格机制反映资源的相对稀缺程度,利用竞争机制给经济主体施加足够的激励和约束,从而能够实现资源的最优配置,保证社会利益最大化,因而是最有效的制度。① 但是,前辈们不能因此而杜绝政府的干预,因为市场经济制度有时并不能很好地解决所有问题,因而也不完全拒绝政府的干预,但政府的干预必须要有限度。"它的主要作用必须是保护我们的自由以免受到来自大门外的敌人以及来自我们同胞们的侵犯:保护法律和秩序,保证私人契约的履行,扶植竞争市场。在这些主要作用以外,政府有时可以让我们共同完成比我们各自单独地去做时具有较少困难和费用的事情。然而,任何这样使用政府的方式是充满着危险的。我们不应该,也不可能避免以这种方式来使用政府。但是在我们这样做以前。必须具备由此而造成的明确和巨大的有利之处作为条件。"②由于政府的干预导致政府权力无限扩张,从而侵害个人自由,使得大多数政府干预不但达不到预定目标,反而把事情变得更糟。"那次经济大萧条像大多数其他严重失业时期一样,是由于政府管理不当而造成,而不是由于私有制经济的任何固有的不稳定性。政府建立的一个机构——联邦储备系统——受命掌管货币政策的职责。在 1930 年和 1931 年,它行使它的职责如此不当,以致把否则会是一次缓和的经济收缩转变为一场大的灾难。"③

① 彭五堂:《弗里德曼与他的新自由主义经济学》,《当代经济研究》2007 年第 3 期。
② 弗里德曼:《资本主义与自由》,张瑞玉译,商务印书馆,1986 年,第 4 页。
③ 弗里德曼:《资本主义与自由》,张瑞玉译,商务印书馆,1986 年,第 36 页。

弗里德曼通过揭露政府干预的危害性与危险性,从另一个方面说明自由市场经济的优越性。但是,弗里德曼的新自由主义市场理论,在拉美国家智利的实践基本上以失败而告终。犹如斯蒂格利茨所说,正是"私有产权神话"等新自由主义理论和政策,导致了苏东国家和拉美国家的经济不和谐和各种危机。① 尽管如此,人们对弗里德曼的赞扬仍然不绝于耳。布什称赞他为"一个有助于提高人类尊严、推进人类自由的革命性的思想家和卓越的经济学家"。玛格丽特·撒切尔赞扬他复兴了"自由经济学",并把他描述为"精神自由的斗士"。美国财政部部长亨利·保尔森也说弗里德曼永远都将被列为"最伟大的经济学家之一"。②

总的来说,自由放任市场理论强调市场配置资源的自由性和绝对性,标志着国家资源及一切社会资源完全以市场为导向进行配置,意味着国家资源所有权与各个权能的分离程度越广越好,分离速度越快越好,使得国家资源在市场自由流动,从而提高资源配置效率,推动资源效用恰好位于社会生产可能性边界。可是,实践表明,自由放任市场经济虽然在一定程度上能够有效反映稀缺资源的供需信息,但对失业率不断增加、贫富差距进一步扩大以及有效需求不足等一系列问题难以解释,迫使政府不得不干预经济。犹如萨缪尔森所指出,当今世界上没有任何一个经济完全属于一个100%的纯粹的市场经济。③

2.凯恩斯主义的市场经济

第二次世界大战以后,凯恩斯主义倡导的宏观干预政策在西方国家得到广泛应用,尽管它在理论上受到包括货币主义在内的新自由主义经济学的抨击,在实践中也带来许多负面效应,但时至今日,西方国家对市场经济的宏观调控仍在继续,这充分说明了它的必要性。为此萨缪尔森指出,世界上任何一个政府,无论多么的保守,都不会对经济袖手旁观。现代经济中,政府针对市场机制的缺陷肩负起许多任务。④

凯恩斯认为,资本主义的市场问题是投资需求不足和消费需求不足。为此他提出了一系列经济措施,让政府发挥更大作用,对经济进行积极调控,靠政府提高总需求水平来填补"有效需求"不足的缺口,用实行收入再分配的方式提高消费水平,用扩大政府开支的方式弥补私人投资不足,并在国内实施了大量社会福利措

---

① 王中宝:《坚持社会主义市场经济改革方向:全国经济规律研究会专题研讨会述要》,《马克思主义研究》2006年第9期。
② [美]格里格·葛兰汀:《弗里德曼与皮诺切特在智利的新自由主义试验》,李春来译,《高效理论战线》2007年第4期。
③ 萨缪尔森·诺德豪斯:《经济学》,萧琛主译,人民邮电出版社,2007年,第5页。
④ 萨缪尔森·诺德豪斯:《经济学》,萧琛主译,人民邮电出版社,2007年,第28页。

施。在 20 世纪初,凯恩斯主义的成功实践,它不仅使资本主义走出了经济危机,而且促成了一系列政府干预理论和政策的产生。政府干预经济理论开始盛行起来。

到 20 世纪七八十年代,美国经济出现"滞胀"局面,引起人们怀疑政府干预经济的能力与作用,认为政府干预市场经济的运行成为美国经济现时出现"滞胀"的根源,减少政府干预是国民经济健康发展的逻辑前提。由此市场自由主义重新获得主导地位,形成后人所谓的"里根经济学"和"撒切尔夫人主义"。与此同时,科斯的产权理论悄然来到现实,为交易成本问题、外部性问题、信息不对称问题以及搭便车问题的解决提供了理论基石,并对经济增长的推动有着不可磨灭的作用。因此,市场自由主义秩序的完善和产权的明晰化支撑着西方发达国家经济发展的态势,成为西方发达国家并行不悖的经济增长方式,而政府干预经济理论又失去了主导国家经济发展的宝座。

然而,在资本主义经济出现"滞胀"的时期,尽管新自由主义占据了国民经济发展的主流意识,但一个主张政府干预经济的新学派——新凯恩斯主义经济学在西方学术界里悄然出现。它传承了政府干预经济的理论框架,试图从解释工资和价格粘性的微观基础出发,将微观经济理论作为宏观经济理论分析的基石,并从微观经济学和宏观经济学的结合服务于宏观经济理论,从而发展成为一种有微观基础的宏观经济理论。

新凯恩斯主义认为,原凯恩斯主义理论的缺陷在于其宏观经济理论缺乏微观基础,它用需求不足和名义工资粘性解释失业的存在和持续,并没有很好地说明名义工资刚性。它既没有解释名义工资刚性的原因,也没有说明价格刚性的成因。正如新凯恩斯主义者在批评原凯恩斯主义时所指出,"原凯恩斯主义的一个微妙之处是当它在考虑失业时,几乎不讨论劳动市场。"[1]但是,关于原凯恩斯主义理论缺陷的揭示,在此之前新古典宏观经济学派也有所论及与改造,同样地从微观基础阐释原凯恩斯主义的缺陷,并提出四个假说:个体利益最大化、理性预期、市场出清与自然率假说来弥补原凯恩斯主义理论的不足,进一步构建和完善新古典宏观经济学派的理论。而新凯恩斯主义为了建立自己理论大厦的需要,对新古典宏观经济学派也进行严格的批评,认为新古典宏观经济学虽然把微观理论与原凯恩斯主义宏观理论结合在一起,但他们仅为机械的结合,没有构成有机的联系。另外,新古典宏观经济学片面追求理论结构和分析方法的完美性,忽略经验检验。它的市场

---

① Bruce Greenwald and Joseph Stiglitz,"New and Old Keynesians", Journal of Economics Perspectives – Volume 7, Numberl – Winterl 1993, pp. 23 – 24.

出清的微观分析完全脱离了资本主义现实,其政策无效性的宏观结论也缺乏说服力。因此,原凯恩斯主义与新古典宏观经济学未能正确的解释和指导资本主义经济的运行。

新凯恩斯主义为了更好地说明和结合微观基础,以工资粘性和价格粘性代替原凯恩斯主义工资刚性和价格刚性的概念,以工资粘性、价格粘性和非市场出清的假设取代新古典宏观经济学的工资、价格伸缩性和市场出清的假设,并将其与宏观层次上的产量和就业量等问题相结合,建立起有微观基础的新凯恩斯主义宏观经济学。在政府干预市场的有效性的层面上,新凯恩斯主义是原凯恩斯主义的复兴。

总之,凯恩斯主义和原凯恩斯主义的市场经济理论强调政府干预经济的必要性与合理性,其目标是解决市场失灵或市场失败。它们认为市场并非是万能的,有着自身的缺陷,尤其市场在功利主义的驱动下未能正确反映市场货币总量的信息,因而易于产生"通胀"、失业率增加等市场失衡的经济现象。市场只有通过政府的干预才能从根源上杜绝经济失衡现象的产生,使得市场的供需总量实现均衡。所以,国家资源及其相关权利完全由自由放任市场来配置,必定不能实现国家良性健康发展之目的,而必须通过政府干预才能得以实现。

3. 马克思主义中国化的市场理论

在 20 世纪中叶,基于国内外环境与政治因素的需要,中国一直以计划经济体制指导国民经济的发展,在一定程度对社会主义国家进行现代化建设有着突出的贡献。随着经济全球化的到来,计划经济体制的弊端在中国逐渐暴露出来,与此同时,西方发达国家采取市场配置资源的经济模式在实践看来似乎获得成功,以市场配置资源的经济模式开始引起中国领导人的高度关注。

十一届三中全会之后,姓"资"、姓"社"的大讨论开始奠定我国社会主义市场经济体制的理论基础,进而以市场配置资源的观念深入民心,并且市场配置资源的有效性已被沿海地区的成功实践所证明。这样,社会主义市场经济体制在国民艰难摸索中逐渐成长起来,并不断地向社会横向领域与纵向领域进一步深化与拓展。如今,社会主义市场经济体制经过 30 多年的历史实践,我国人民生活水平上升了一个新台阶,综合国力在国际地位日益显现。这充分证明了我国建立社会主义市场经济体制的正确性,又充分体现了社会主义市场经济体制的科学性。为此,国外学者曾予以高度的评价,"正是这种市场自治与科技行政规则的结合成为了中国的'社会主义市场经济',用邓小平的话来说它叫做'中国特色的社会主义'的特征。""但重要的是要注意,'社会主义市场经济'能在'社会主义计划经济'条件下以无法想象的方式把中国与世界其他部分(与资本主义)联系起来。在国内,市场被看作是一个竞争的环境,它通过优胜劣汰来造就卓越的企业和公民。在全球范围内,同样的竞争在更大的集体——显著的是民族国家以及跨国公司和跨国组织之间展开。因此,单个公民及其素质与综合国力之间的联系一直是当今国家思考、关注及政策干预的根源。"①而中国特色社会主义市场经济体制基本上解决了个人、集体和国家之间的利益矛盾与冲突,能够有效地把个人、集体和国家的竞争力有机的结合起来,这为西方资本主义国家长期以来面临个人、组织与国家之间矛盾的困境提供一个先例。

社会主义市场经济体制是站在马克思主义的基本原则与方法,吸收和借鉴西方市场经济的科学成果,结合我国社会主义国家的国情,建立以市场配置资源为基础的微观经济运行秩序与宏观调控相结合的经济体制。由此我国社会主义市场经济也可称之为马克思主义中国化的市场经济。简单地说,马克思主义中国化市场经济的核心内容,就是要使市场在社会主义国家宏观调控下对资源配置起基础性作用,使经济活动遵循价值规律的要求,适应供求关系的变化;通过价格杠杆和竞争机制的功能,把资源配置到效益较好的环节中去,并给企业以压力和动力,实现优胜劣汰;运用市场对各种经济信号反应比较灵敏的优点,促进生产和需求的及时协调。同时市场也有其自身的弱点和消极方面,必须加强和改善国家对经济的宏观调节。

马克思主义中国化的市场经济相对于西方市场经济的可贵之处在于,社会主义市场经济是有规划性的市场经济。一方面它给予市场配置资源的权利,并根据不同市场类型采取不同的措施与方法,以此避免市场类型的差异带来整个市场配置资源的失衡以及社会问题;另一方面它根据市场自身规律发展的特点,并利用和引导这种规律沿着国家宏观经济运行轨迹上发展,实现全国人民共同富裕的目标。而西方的市场经济是在市场失败的前提下补充政府对市场经济的干预,政府仅为市场的补充。为此,国外学者对中国社会主义市场经济的特点曾指出,"事实上,在最近(2005年)结束的中国共产党第十六届五中全会上有一个概述了第十一个五年计划的性质和目标的报告。该文件重要的一点在于,当提到'计划'时,它将其改为'规划'。因为'计划'是自20世纪50年代以来描绘社会主义计划时所使用的一个词,它意味着详细的计划和干预。'规划'在英语中也可以翻译成'计划',但在汉语中有所区别。它意味着调整和总体监督。因此,'规划'这个用语更接近

---

① [澳]加里·西格利:《中国的政治体制:政府、治理与社会主义市场经济》,刘玉安摘译,《国外理论动态》2007年第10期。

于社会主义市场经济条件下人们对政府的理解方式,同时它允许党和政府继续发挥管理和指导作用。"①

总而言之,西方市场理论与中国式市场理论都强调市场配置资源的基础作用,认为市场配置资源有利于经济行为体之间的竞争与激励,把资源的效用推动恰好位于社会生产可能性边界,从而促进整个社会生产力的提高。而它们的差异在于,西方市场理论是扩大市场配置资源的权利,政府的权力在资源配置方面上尽可能的变小。而中国式的市场理论是根据市场的权利来配置政府的权力,虽然在这方面还有待完善和发展,但它的正确性与科学性对资源配置效率有着不可替代的作用。

综上所述,由于生产力的发展,商品经济的高度发达,以及指令性计划经济体制配置资源的低效、比较优势理论的发展以及市场配置资源的有效性,迫使国家资源所有权与其占有权、使用权、收益权和处置权发生分离,为国家资源相关权能的让渡提供了物质准备,实现国家资源的有效配置。由此国家经济主权权能的自主分离,其直接目的是为了实现国家经济主权权能的自主有限让渡,使得资源根据市场的需求而自由流动,提高资源效用。因此,国家经济主权权能的自主分离是源于市场的需求而发生,并以有限让渡的形式实现资源优化配置为目的,同时也是国家经济主权权能自主分离的必然要求。

第三节　国家经济主权权能的让渡

在经济全球化不断发展及全球一体化市场日趋形成的背景下,为了加强国际合作增进国家利益最大化之目标,国家经济主权权能在行使权力的强度上被有意识地缩小,以此减少国与国之间的排他性对抗,而在行使权利的强度上被有理性地放大,以此便于国与国之间的经贸往来。这不仅为国家增进国家利益最大化提供了新的路径,也为国家经济主权权能的让渡提供了理论基础和实践基础。但是,关于国家经济主权能否让渡问题,理论界和实务界对此争议仍然激烈。

一、国家主权让渡的争议

近代主权理论创始人博丹在《论共和国六书》中认为,"主权是一种绝对的和

① 〔澳〕加里·西格利:《中国的政治体制:政府、治理与社会主义市场经济》,刘玉安摘译,《国外理论动态》2007年第10期。

永恒的国家权力"①。绝对性、永恒性和不可分割性是国家主权的根本属性。此后人们都一直认为,主权是绝对的、不可分割的。但到了现代,全球性问题日益显现,特别是经济安全、生态安全的问题更为突出,并且这些问题往往依靠一国国力力所能及,必须通过世界各国共同让渡部分主权并由统一权力组织行使与治理,问题才有解决的可能。为此部分专家和学者认为,国家主权的让渡是维持国际社会秩序的必要条件,因而主权是可分割的、可让渡的。随着经济全球化的迅猛发展,全球一体化市场的强力推动,具有统一行使权力的国际组织纷纷出现,使得民族国家主权受到前所未有的挑战,学者们在国家主权能否让渡的争议上掀起了新的高潮。

国家主权不可让渡的观点认为,主权是国家绝对的、永久的权力,它是不可剥夺、不可转让的。所谓"主权可以分割的说法,直接地违反了国家的本质。分割国家权利就是使国家解体,因为被分割的主权会互相摧毁"。② 为此主权是一个整体,任何分割都将使公意变成个别人的意志,从而使主权不复存在。③ 由于主权的不可分割,因而也不可能部分让渡。④也有学者认为,"国家主权是不可分的,无论在什么年代、什么情况下,国家主权都是不可让渡的。"⑤如果"对主权的量化处理,从根本上瓦解了主权'质'的属性,进而把国际法也推上了断头台"⑥。

国家主权可让渡的观点认为,"人们日益认识到,国际法的进步、国际和平的维护,以及随之而来的独立民族国家的维持,从长远来看,是以各国交出一部分主权为条件的,这样才有可能在有限范围内进行国际立法,并在必然无限范围内实现具有强制管辖权的国际法庭所确立的法治。"⑦由于"国家有完全主权国家和部分主权国家的区别,暗示主权是可以分割的,因而,与主权有关的各种权力并不一定集中于一人之手中。""因此,看来比较可取的意见是,坚持切合实际地认为主权是可分的,尽管这种意见是不正常的而且可能是不合逻辑的。"⑧但从实践中证明,在当今相互依存的世界中,国家主权的部分内容发生了变化,国家的经济权力由过去的

①　Jean Bodin , On Sovereignty : Four Chapters from the Six Books of the Commonwealth,剑桥政治思想史原著系列(影印本),中国政法大学出版社,2003 年,第 1 页。

②　[英]托马斯·霍布斯:《利维坦》,黎思复、黎延弼译,商务印书馆,1986 年,第 254 页。

③　[法]卢梭:《社会契约论》,何兆武译,商务印书馆,1980 年,第 35 - 36 页。

④　王宏伟,王献枢:《经济全球划时代的国家主权》,《法商研究》2002 年第 1 期。

⑤　周鲠生:《国际法》上册,商务印书馆,1976 年,第 75 - 76 页。

⑥　卢凌宇:《论"主权的不可分割性"——兼论西欧整合中的主权"让渡"》,《欧洲研究》2003 年第 3 期。

⑦　[英]劳特派特修订:《奥本海国际法》(上卷,第一分册),王铁崖、陈体强译,商务印书馆,1971 年,第 100 - 101 页。

⑧　[英]詹宁斯、瓦茨修订:《奥本海国际法》(第一卷第一分册),王铁崖等译,中国大百科全书出版社,1995 年,第 93 页。

为一国所独有正日益变为国际社会的共同拥有,国家经济主权的部分内容出现了让渡和共享的现象。①所以,"在全球化和区域一体化的加速发展趋势下,主权的让渡已是客观事实。"②"主权让渡是为了解决国际组织的授权问题而产生的概念,即成员国转让部分主权的行使权力并由一个共同的组织来行使。这种部分主权实行成员国共享的方式,说到底主权的所有仍是国家的。所以让渡不是割让。"③"事实上,在欧洲,现实中的主权同理论上的主权有很大区别。没有合作,主权就不能发挥作用。相互依存不会导致欧洲国家的消亡,而会驱使它们进行合作。""今天的欧洲联盟是一个具有联邦和邦联混合特征并取得了巨大成功的混合物。然而,直到现在,与其说欧盟是对欧洲国家的弱化,不如说它使欧洲国家获得了新生。无论如何,欧洲国家是充满活力和健康地作别 20 世纪的。"④可见,"主权让渡不是放弃主权,而是国家在全球化趋势下审时度势的理性选择,以让渡部分主权的方式参与国际组织,由一个集体认同的机构集中行使这一部分权力,实现主权共享,这是国家在目前国际形势下寻求合作、扩大影响的战略选择。"⑤

综观两者观点,主权不可让渡论坚守近代国家主权原则,认为主权是一种绝对的和永恒的国家权力,绝对性和永恒性是国家主权的根本属性,因而主权是不可分割的,也不可让渡的。如果国家主权可以分割和让渡,国家存在的独立权力必定失去其合法的法律基础,国家就会瓦解、分崩离析而不复存在。而主权可让渡论认为,在经济全球化不断发展的背景下,全球问题的治理并非一国国力所能及,要求各国对国际组织授权并由一个共同组织来行使,全球问题才得以解决与治理,而共同组织所行使的统一权力是以各国主权让渡为条件。所以我们必须突破国家主权的传统理念,认为主权是可以分割的、可以让渡的。

从历史的角度来看,主权是一个历史范畴,随着国家出现而产生,必将随着国家消亡而不复存在。为此,赫勒·毛姆维格指出,"主权是一个实践的过程,而不是一个给定的客观现实,它不仅随着时间的不同而变化,而且也随着空间的不同而变化。"⑥在新历史时期,为了治理全球问题的共同需要,以及维护全球人民的生存安

---

① 刘静波:《论相互依存条件下的国际关系新特点》,《世界经济与政治》1995 年第 4 期。

② 徐泉:《国家经济主权论》,人民出版社,2006 年,第 228 页。

③ 伍贻康 张海冰:《论主权的让渡——对"论主权的'不可分割性'"一文的论辩》,《欧洲研究》2003 年第 6 期。

④ 〔美〕戴维·卡莱欧:《欧洲的未来》,冯绍雷等译,上海人民出版社,2003 年,第 38 - 41 页。

⑤ 伍贻康·张海冰:《论主权的让渡——对"论主权的'不可分割性'"一文的论辩》,《欧洲研究》2003 年第 6 期。

⑥ Helle Malmvig:State Sovereignty and Intervention – A Discourse Analysis of Interventionary and Non – Interventionary Practices in Kosovo and Algeria,London;New York,Routledge,2006,pp1 – 18.

全,主权在特定条件下是可让渡的。诚如有学者所说,国家主权的部分让渡是不可避免的,否则一国就没有机会利用经济全球化所提供的机会和创造的条件来发展本国经济,增进国家利益,在更高层次上维护国家主权。换言之,核心问题不是主权让不让渡,而是如何维护国家让渡的主权。①

二、国家经济主权权能让渡的原因分析

(一)国家主权包含权力和权利

在上文论述中,国家主权包含权力和权利的双重含义。表达权力意义的主权是国家独立存在的身份和象征,可称之为身份主权;而表达权利意义的主权是国家对内外事务合法行使的职能,可称之为权能主权。一般认为,权力是国家主权的"质"的规定性,权利是国家主权的"量"的表现形式。

在国家主权的权力与权利的区别上,"权力体现为一种控制与被控制、支配与被支配的关系,强制性构成权力的基本特征。"②而"权利是指法律关系的主体在法律规定的范围内为了满足特定的利益作为或不作为的自由"③。由此权力与权利的不同之处在于:权力强调的是对共同体中其他成员控制和支配的体现,而权利强调的是权利主体在为了实现特定利益而作为和不作为时,不受其他成员的干涉。

在国家主权的权力与权利的联系上,权力是国家管理内外事务权利的基础,是权利行使获得强制性和合法性的重要源泉,权利是国家权力的延伸和拓展,实质上是国家权力的内在要求和外在表现。权力和权利共同储存并统一于国家主权之中。为此张军旗指出,"主权在表示国家身份的同时,内在地代表着权能(也可称之为权能主权),二者是不可能割裂的。否则身份意义上的主权将成为空洞的抽象。"④但是,在不同的条件下,主权的权力与权利所展示的力量有隐显之分。比如,对内主权就能充分体现主权的权力与权利意义。"从社会契约论的观点出发,人民通过社会契约形成国家和政府,由后者对国家的内外事务进行统治和管理,以维护和实现公共利益。"⑤所以对内主权不仅具有象征国家身份的权力意义,还表现为权能性质的权利意义。而对外主权主要体现国家主权的权利意义,是国家主权权力为了实现特定利益需要的一种延伸,但并不能因此就否定国家主权权力意

---

① 张建英:《经济全球化中的国家主权让渡与维护》,《社会科学战线》2002 年第 4 期。
② 方向勤:《国际关系中的国家主权若干问题疑析》,《政治学研究》1996 年第 4 期。
③ 李龙:《法理学》,武汉大学出版社,1996 年,第 183 页。
④ 张军旗:《主权让渡的法律涵义三辨》,《现代法学》2005 年第 1 期。
⑤ 张军旗:《主权让渡的法律涵义三辨》,《现代法学》2005 年第 1 期。

义的存在。由于在国际关系中,国家间不属于支配与被支配、控制与被控制的关系,国家主权主要表现为权能性质的权利意义。

由此可见,国家主权具有权力和权利的双重涵义,并且主权权力是国家行使主权权利的基础,主权权利是国家主权权力的外在表现。在特定的环境下,两者所展示的力量虽有轻重之分,但都是国家主权的本质规定性。

(二)国家主权权力是不可让渡的

主权权力是国家的身份和象征,是国家性质的体现以及国家得以独立存在的根本特性。正是在这一意义上,主权权力是不可分割的,因而是不可让渡的。假如主权权力是可分割的、可让渡的,国家身份和国家性质就会改变,主权国家将不复存在。由于国家一切权力来自于人民,权力的绝对性、权威性和合法性是国民意志的具体表现,更改权力的性质意味着更改了国民的意志,必然遭到国民的谴责、反对甚至发动战争。每个民族国家的独立历程都能充分证明这点。由此,主权不可让渡论的学者正因为持有这一思想,认为主权完全表达权力的意义,因而主权是不可分割的、不可让渡的。但是,主权在表达权力意义的同时,也表达权利的意义,否则,主权权力将成为空洞无物的言辞。所以,主权不可让渡论虽然揭示主权的权力意义,却忽视主权的权利意义,是不客观的。

(三)国家主权权利是可以让渡的

国家主权权利以主权权力为基础,是主权权力的外在显现以及治理国家内外事务的具体表现。而权利是相对义务而言,任何权利的实现总是以义务的履行为条件,权利与义务的紧密关系共同储存于行使主体之中。作为主权国家在国内外事务享有权利的同时,必须履行相应的义务。从物权法的角度而言,物权是指权利主体依法对特定的物享有直接支配和排他的权利,包括所有权、用益物权和担保物权。"物权,通俗地讲,是指对物的权利。"①归根结底,物权是指物的所有权利。然而,为了提高物的效用以及实现物的价值,物权是可以变更的,因而是可以让渡的。周林彬在论及物权的变动时指出,传统物权理论忽视了主体之间的交易并不是物的交易,而是权利的让渡,物只是作为权利的载体而存在。② 为此张军旗指出:"主权权能在国际关系中的权利属性决定了它与物权这种权利在这一点上是相通的。因此,从这个意义上说,主权权能的让渡是权利(即主权权利)的让渡。"③所以,当

---

① 孙佑海:《物权法与环境保护》,《环境保护》2007 年第 10 期。
② 周林彬:《物权法新论——一种法律经济分析的观点》,北京大学出版社,2002 年,第 137 页。
③ 张军旗:《主权让渡的法律涵义三辨》,《现代法学》2005 年第 1 期。

主权表达权利意义时,主权权能是可以让渡的。

(四)国家经济主权权能是可让渡的

国家经济主权是国家主权在经济领域的具体表现,也是国家主权和国家利益的核心内容。说到底,国家经济主权是国家对内经济自主控制的权力以及对外经济独立的权利。在国际层面上,国家经济主权主要展示为独立的对外经济权利,因而它是可以让渡。

在经济全球化不断深化的情境下,世界各国的国民经济日益融入统一全球经济体系之中,在很大程度上反被全球经济发展进程的制约与影响。"在全球化的现时代,虽然国家利益在形式上仍由国家(政府)决定,其内涵早已不再纯粹是一个国家的决定;国家利益的定义和范围,大大超出传统的认知框架。……总而言之,在一个越来越互相依赖的全球国际社会里,国家利益的外部决定过程——相对于内部制约——有了更加迅速的增强,尽管它们不一定立即和从本质上改变民族国家事关本国重大利益的原有决策。"①但外部决定因素的迅速增强对民族国家利益及其发展的巨大影响将愈来愈强烈,而国家间利益相互依存的治理与调整必然寻求一个统一组织的产生与出现。犹如全球经济危机爆发的治理、全球金融市场动荡的调整以及全球经济安全的维护,并非一国国力所能及,而是世界各国共同作用、协调和努力的现实要求与结果。因而在实践上,全球经济的稳定与全球市场的治理,迫切需要各国经济主权权能做出一定的让渡。

当然,国家经济主权权能的让渡是为了维护和扩展国家利益,因而它不是割让与放弃,而是在应对国际形势需要的条件下实现和维护国家利益的延伸和拓展。在国家经济主权权能让渡的问题上,国家仍然主宰国际经济组织或国际组织的诞生和发展。即使在国际经济组织当中,虽然成员国受到共同条约的约束和限制,但成员国想在事实上(或法律上)脱离国际经济组织或国际组织,它仍然有权自由退出,而退出这一行为也是国家行使主权的表现。所以,"主权让渡不是放弃主权,而是国家在全球化趋势下审时度势的理性选择,以让渡部分主权的方式参与国际组织,由一个集体认同的机构集中行使这一部分权力,实现主权共享,这是国家在目前国际形势下寻求合作、扩大影响的战略选择。"②从法律角度来看,"主权作为一国存在的法律基础,其完整性并不因其对内和对外的含义不同而受到影响。另一方面,主权的完整性并不等于其具体权力或管辖权不可分割或转让。……(欧盟)

---

① 王逸舟:《国家利益再思考》,《中国社会科学》2002 年第 2 期。

② 伍贻康·张海冰:《论主权的让渡——对"论主权的'不可分割性'"一文的论辩》,《欧洲研究》2003年第 6 期。

成员国将经济与社会领域的部分管辖权转让给该组织,甚至认可其权力的优先地位,这并不改变成员国的主权属性。"①由此可见,国家经济主权权能的让渡并不等于国家经济主权的割让与放弃,而是国家经济主权权利在国际经济组织中的共享,也是国家在经济全球化日益深化的情境下维护和实现国家根本利益的战略选择。

三、国家经济主权权能的跨国让渡

在现实层面上,国家经济主权权能主要是指国家对其全部财富、自然资源和经济活动享有充分自主的权利,包括对其全部财富、自然资源和经济活动的所有、占有、使用、收益和处置的权利以及由这些权利所发挥的功能与作用。在生产力比较落后及社会分工不够发达的条件下,国家往往把国家经济主权的相关权利集于一身,对全部财富、自然资源和经济活动进行统一集中治理。随着人类历史不断进步,生产力不断提高,社会分工日益成熟,为了加快资源流动速度提高资源优化配置,国家经济主权权能发生了自主分离,即把国家资源所有权的占有、使用、收益和处分相关权能以法定程度从中分离出去,以此满足社会化大生产发展的现实需要。但是,国家经济主权权能发生自主分离并不是目的,仅仅为一种手段,即为国家经济主权权能发生让渡提供不可缺少的必要手段。只有国家经济主权权能分离之后以市场为导向让渡予以最佳市场经营主体,提高国家资源配置效用从而增进国家利益最大化,才能实现国家经济主权权能自主分离之目的。所以说,国家经济主权权能的自主分离是为国家经济主权权能让渡奠定了物质准备,国家经济主权权能发生让渡而实现国家利益最大化才是国家经济主权权能自主分离的根本目的。

根据国家经济主权权能及其分离的基本含义,国家经济主权权能的让渡,从经济学的角度而言,主要是指国家在追求国家利益最大化的条件下,把国家财富、自然资源和经济活动所有权的占有权、使用权、收益权和处分权以法定程序让渡予以最佳市场经营主体从而实现国家资源最佳配置的状态。因为拥有资源所有权的主体是由历史因素决定的,或战争结果、政治原因以及世袭因素所造成的。而拥有资源所有权的主体未必是资源效用的最佳主体,往往以资源所有权与其占有、使用、收益和处分等权能的分离和让渡来实现资源的最佳配置,即依据市场价值规律以法定程序把资源的占有、使用、收益和处分等权利让渡予以最佳市场经营主体,实现资源优化配置,尽可能地推动资源效用恰好位于社会生产可能性边界,从而促进社会经济的快速增长与国民经济又好又快的繁荣发展。

---

① 曾令良:《欧洲欧共体与现代国际法》,武汉大学出版社,1992年,第19-20页。

　　但是,国家经济主权权能的让渡,从让渡的对象或客体来讲,可分为国内让渡和跨国让渡。国内让渡主要是指资源所有权属于国家的前提下,把资源的占有、使用、收益和处分等各项权能以部分或全部的形式让渡予以本国的生产主体,以此提高资源效用,实现资源优化配置。比如,我国国有企业的改革,实际上是国有资源所有权的制度安排的改革,即把国有资源所有权的各项权能以自主有限的方式让渡予以最佳市场经营主体,实现国家资源优化配置,以此提高国有企业的市场竞争力。而跨国让渡主要是指资源所有权属于一国的前提下,把资源的占有、使用、收益和处分等各项权能以自主有限的方式让渡予以他国国籍的市场经营主体,提高资源在全球市场的流动速度,以此吸收外来先进技术和管理经验,实现资源优化配置。在经济全球化日益泛化的条件下,国家资源权利的跨国让渡已成为一种客观趋势,并且它对各国经济发展与全球经济增长有着积极的推动作用。但从跨国让渡的基本涵义表明,跨国让渡的行为包括国外市场经营主体到本国市场投资等行为与本国市场经营主体到国外市场投资等行为的双重含义。值得说明的是,本文拟就国家经济主权权能问题的考察与分析,跨国让渡仅指国外市场经营主体到本国市场投资等经济行为,后文提及跨国让渡均指这一含义。

　　所以,市场经济已成为当今世界各国配置资源的主流经济模式,国家经济主权权能的让渡已是不争的历史事实。然而,从国家经济主权的角度而言,国家资源权利的国内让渡对中央政府调控国民经济的稳定性没有产生很大的影响。因为中央政府与本国国籍市场经营主体属于控制与被控制、支配与被支配关系,虽然中央政府在对它们调控过程中面临一些困难和阻力,但毕竟是中央政府和国民意志的根本表现,因而不存在国家经济主权权能弱化的问题。可是,国家经济主权权能的跨国让渡是一把"双刃剑",它一方面为国内资金短缺的弥补、人才技术的培养以及前沿技术的共同研发提供了宽大平台,对国民经济快速增长产生了巨大推动作用;另一方面为富可敌国跨国公司在国内市场的垄断创造前所未有的条件,使得一些国家特别是发展中国家的发展成本大大增加,在相当程度上左右或制约发展中国家的历史进程,国家经济主权受到严重威胁。因此,在经济全球化不断发展的背景下,发展中国家调控国民经济的独立性和自主性正经受全球一体化市场的强烈冲击,其国家经济主权权能的维护和巩固面临前所未有的挑战。

第三章　国家经济主权权能跨国让渡存在的问题及其分析

　　国家经济主权权能的让渡是以其分离为前提,也是其分离的根本目的。如果国家经济主权权能过分集中,即国家资源所有权及其权能统一在所有者手里,在市场经济日益泛化的条件下,无益于国家资源自由流动及其优化配置,从而阻碍生产力的发展。为此,国家经济主权权能的让渡是国家资源所有权与其权能分离之后,在市场经济条件下实现资源优化配置的客观要求。然而,随着经济全球化的迅猛发展,全球一体化市场的强劲推动,发展中国家经济主权权能让渡的对象,已由国内市场经营主体向国外市场经营主体逐渐延伸,国家资源权能跨国让渡已成为客观事实。但是,发展中国家经济主权权能发生跨国让渡之后,国内市场跨国垄断、市场负外部性以及政府干预经济权能弱化等问题也因此发生,国家经济主权和国家经济安全受到严重威胁。其实,产生这一系列问题的主要根源在于市场本身缺乏完整的制度安排。假如市场本身的权利与义务得以完整界定,以此明确和规范市场经营主体的权利与义务,从而扼制跨国垄断等问题的发生,国内市场安全和国家经济主权将得以保障。因此,建立和完善市场产权制度安排,对维护国家市场安全以及强化国家经济主权权能无疑具有重大的理论意义和现实意义。

第一节　国家经济主权权能跨国让渡存在的问题

　　发展中国家经济主权权能发生跨国让渡之后,其结果并非如发达国家所宣传那样——给发展中国家送来先进技术、管理经验以及社会福利,也不像发展中国家打开国门的初衷——以"市场换技术"来缩小与发达国家的发展差距,从而走向繁荣富强,恰与发展中国家的预期背道而驰,即先进技术没有换来,自己的市场却被发达国家占领了。由于拥有雄厚资本与先进技术的发达国家跨国公司,不但没有给发展中国家送来"福利",相反地垄断着本地市场的所有份额,以及因其垄断而过度占有、使用本地市场所产生环境污染的外部性问题,导致引资国的发展成本日益加大,发展中国家的贫困状况不但没有从根本上获得改观,反而陷入了新一轮的殖民化贫困,发展中国家经济主权与经济安全受到极大威胁。

一、跨国垄断现象的出现

垄断或称卖者垄断,是指单一的卖者完全控制某一行业。单一的卖者是它所在行业的惟一生产者,同时,没有任何一个行业能够生产出相近的替代品。在今天,完全垄断是极其罕见的。① 一般认为,在不完全竞争市场中,垄断是指少数企业为了获取高额利润,通过相互协议或联合对一个或几个部门商品的生产、销售和价格进行操作和控制。

跨国垄断,是指跨国公司或企业对本地或本国市场的某一个行业、产业的垄断。它的形成和发展与引资国的开放程度紧密相连。自我国加入 WTO 以来,对外开放的步伐进一步加快,开放度进一步提高,跨国公司在华投资逐年增多,外国资本大量涌入中国。2002 年我国吸收外资为 527 亿美元,超过美国成为全球吸收外资最多的国家;2003 年为 537 亿美元,继续居于首位。目前跨国公司 500 强中有 400 多家已来华投资。跨国企业凭借资金、技术、管理等方面的优势,与中国本土企业的竞争在许多行业中都处于上风。② 国内市场跨国垄断现象呈现进一步扩大的趋势。

目前国内外学界还没有衡量跨国垄断的统一指标。在西方经济学教科书里,判断垄断的指标主要有集中率和赫芬达尔—赫希曼指数(Herfindahl—Hirschman Index, 简称 HHI)方法。但集中率指标方法主要限于国内市场参与者,对跨国企业的进入却没有算计其中。为此,萨缪尔森指出,"传统集中率仅仅计算了国内生产,而把进口排除在外。由于近 30 年来进口贸易日益重要,进口竞争日趋激烈,因此实际集中程度和市场力量可能要比这些指标所反映的集中程度要低。"况且,"集中程度指标往往忽略了来自其他产业的竞争,但是这种竞争的影响日趋增大。"所以,随着国际竞争的加剧以及市场结构性的转变,集中率指标方法显得有些过时了。③ 而 HHI 方法是一种较好的指标方法,该指数是将一个市场中所有参与者所占的市场份额的比率的平方进行加总而获得。但因于本文没有采集到完整的相关数据,很难采用 HHI 指标方法。但是,我们可以从三资企业在我国规模以上工业企业总产值的比率,以及三资企业在我国规模以上工业企业增加值的比例,以此窥见跨国公司对我国市场的垄断状况。

---

① 萨缪尔森. 诺德豪斯:《经济学》,萧琛主译,人民邮电出版社,2007 年,第 136 页。
② 汪斌、陈海达:《跨国垄断在中国:现状、影响及规制》,《嘉兴学院学报》2005 年第 4 期。
③ 萨缪尔森. 诺德豪斯:《经济学》,萧琛主译,人民邮电出版社,2007 年,第 150 页。

以下以我国皮革毛皮羽绒及其制造业、文教体育用品制造业、通信设备计算机及其他电子设备制造业、仪器仪表文化办公用机械制造业、家具制造业和塑料制品业等各个行业为样本。通过对这些样本的计算得出三资企业占样本行业中工业总产值的比例，以及三资企业占样本行业中工业增加值的比例，从而测评三资企业的跨国垄断状况（见表3－1）。

表3－1　三资企业在中国工业总产值和增加值的比例　　　单位：亿元

行业分类	全国规模以上工业企业总产值	三资企业工业总产值	三资企业占工业总产值的比例	全国规模以上工业企业增加值	三资企业工业增加值	三资企业占工业增加值的比例
皮革毛皮羽绒及其制造业	5153.49	2587.06	50.20%	1480.39	749.54	50.63%
文教体育用品制造业	2098.97	1285.24	61.23%	554.57	337.60	60.87%
通信设备计算机及其他电子设备制造业	39223.77	32966.71	84.04%	7924.57	6060.89	76.48%
仪器仪表文化办公用机械制造业	4307.99	2707.00	62.83%	1163.25	654.36	56.25%
家具制造业	2424.94	1137.12	46.89%	646.76	279.40	43.20%
塑料制品业	8120.41	3206.69	39.48%	2137.14	854.32	39.97%

资料来源：2008年《中国统计年鉴》。

从表3－1的数据显示，三资企业占我国各个行业工业总产值的比例超过50％，分别有皮革毛皮羽绒及其制造业、文教体育用品制造业、通信设备计算机及其他电子设备制造业、仪器仪表文化办公用机械制造业等各个行业，尤其在通信设备计算机及其他电子设备制造业上其比例高达84.04％，这充分表明三资企业在此行业处于绝对的垄断地位。而三资企业占我国各个行业工业增加值的比例超过50％，分别有皮革毛皮羽绒及其制造业、文教体育用品制造业、通信设备计算机及其他电子设备制造业、仪器仪表文化办公用机械制造业等各个行业，在通信设备计算机及其他电子设备制造业上其比例竟高达76.48％，这充分显示三资企业在此行业的增加值处于绝对优势地位。

由此说明，三资企业凭借雄厚资本和先进技术基本上垄断着我国各个行业的市场份额，这对我国民族企业的培育和成长带来严重性的后果。况且，随着我国市场开放领域进一步拓宽,开放程度进一步加深,三资企业与跨国公司在华投资逐年增多,其垄断手段变得五花八门,垄断方式也花样百出,使其垄断地位愈加巩固。跨国垄断在国内市场愈演愈烈,呈现进一步扩大的趋势。这主要表现在:其一,跨国公司以雄厚的资本为后盾,以并购的方式获取绝对控股权,进而改变我国企业的经营策略,压缩国内相应品牌的生产或者品牌的市场推广,使其产品顺利进入我国市场进而垄断市场份额。其二,跨国公司在我国市场抢先制定行业标准,并以不计成本和代价收购同类行业以及该行业的上下游企业,取得行业领域的绝对垄断地位。其三,跨国公司利用技术优势,压低产品的成本和价格,削减我国民族企业的利润,以此挤对和击垮同行企业,取得该行业的垄断优势。其四,跨国公司以知识产权作为庇护,给该行业的民族企业制造种种障碍,攫取技术的垄断与市场的垄断。因此,跨国公司依仗雄厚资本和先进技术,以并购、战略联盟与知识产权的保护等各种手段与形式,加强对我国国内市场的疯狂垄断,使得跨国垄断的地位、规模与态势变得愈来愈强劲。

但是,跨国公司之所以能在我国市场实现垄断,从市场经营主体经济行为的权利来看,其重要原因在于我国市场缺乏强有约束力的市场制度安排,特别是缺乏市场产权制度安排,使得跨国公司在华垄断有了可能。因为:

第一,跨国公司利用市场根本法则实现其垄断行为权利。发展中国家把国家资源占有权、使用权、收益权和处置权等各项权能,以自主有限方式的法定程序让渡予以跨国公司,其本意在于填补本国的资本缺口以及弥补技术与管理的滞后,以此提高资源配置效率从而相应地吸收、转让外来先进技术,推动本国的经济增长。与此同时,发达国家剩余资本逐利的扩张性,极力开辟着发展中国家市场进而索取投资预期收益,实现剩余资本逐利之目的。在这样的历史背景下,发展中国家与发达国家基于各自目的的实现,资源权能跨国让渡由此发生。但是,发展中国家在让渡资源各项权能的过程中被迫接受 WTO 规则的强制约束,使得资源让渡的范围与幅度远远超出发展中国家具体国情,实质上是以全球市场优胜劣汰根本法则寻找市场最佳主体。其结果发达国家跨国公司因于资本、技术和管理的优势而赢得市场最佳主体身份,并以此为突破口进行挤对与击垮引资国企业,从而确立其在引资国市场的垄断地位及其权利。

第二,跨国公司借助市场无边界发挥规模效应从而确立其垄断行为权利。传统经济学理论认为,企业的生产规模与其边际成本和边际收益紧密相连。当边际成本小于边际收益时,企业效益呈现递增而扩大生产规模;当边际成本大于边际收益时,企业效益呈现递减而减少生产规模;当边际成本等于边际收益时,企业利润达到最大化,企业生产规模处于临界状态。但是,边际成本与边际收益的相互作用是以市场一定需求(或市场边界)为条件,即在市场一定需求的条件下边际成本与边际收益才能发生相互作用,进而决定企业生产规模的大小。否则这个原理将寸步难行。然而,国家经济主权权能发生跨国让渡之后,在国际游戏规则的普遍约束下,国与国之间的市场壁垒已被打破,国家市场之间的边界逐渐模糊与消失,各国资源、人才与产品在无边界市场自由流动。无边界市场的形成一方面使企业生产成本大大降低,增进企业利润;另一方面使得产品销售市场或消费者变得无穷大。为此,跨国公司跨国投资以后,在市场无边界与产品销售市场或消费者变得无穷大的条件下,其边际收益远远大于边际成本,使得跨国公司产生规模效益,以此获得全球市场垄断地位。因此,跨国公司因于市场边界的模糊,以此产生规模效益而确立市场的垄断地位及其权利。

第三,跨国公司利用市场发展的不平衡性强化其垄断行为权利。跨国公司跨国投资,一方面根源于剩余资本的扩张本性;另一方面迫于本国市场激烈竞争的压力。为此,跨国公司凭借雄厚的资本和先进技术,在竞争并不激烈以及比较落后的发展中国家市场进行投资,索取市场发展差距所带来的利润,用以填补本国公司因于激烈竞争所带来的亏损,使得跨国公司的生产链条变得连续性,以此击垮竞争对手,从而确立其在该行业和市场的垄断地位及其权利。

因此,依仗雄厚资本和先进技术的跨国公司,在全球市场根本法则的作用下,利用市场无边界的条件索取不平衡市场的利润差,从而确立其在市场的垄断地位及其权利。这就要求发展中国家在让渡资源权能的过程中,必须根据本国具体实际情况,对各个市场的发展程度进行层次细分,进而明晰各个市场的权利边界,以此规范市场经营主体行为权利与义务的边界,实现市场成本与收益的对价,抑制发达国家跨国公司对发展中国家整个市场的完全垄断。

二、市场负外部性的产生

市场负外部性概念来自于负外部性概念的演绎。外部性指的是企业或个人向市场之外的其他人所强加的成本或效益。[①] 程启智教授也认为,"外部性是指某一经济主体如生产者或消费者的行为不经市场交易而对其他经济主体施加的利益或成本,也就是说,这种行为对其他经济主体造成的好处即正外部性或者损害即负外

---

① 萨缪尔森.诺德豪斯:《经济学》,萧琛主译,人民邮电出版社,2007年,第28页。

部性,并不是通过市场交易,从而在价格上得到实现的。"①从严格意义上讲,外部性分为正外部性和负外部性,但通常人们所说的外部性主要指负外部性。市场负外部性,是指一国市场所花费的建设成本和维护成本,在与他国市场经营主体发生市场交易行为没有得到相应的体现,使得该国市场收益向外流失或他国市场收益不断增大的现象。在现实生活中,市场负外部性很难以直观形式展现于人们眼前,它往往通过一国市场经营主体的经济行为来显现的。比如,美国某一市场经营主体在华投资,他利用我国市场的基础设施、安全措施以及办公条件的优越索取投资收益,但他在投资过程中所带来的交通堵塞、住房拥挤以及环境污染等的治理成本很难在交易和税收中体现,并且这些治理成本将由我国政府或本地市场来负担。所以,美国市场经营主体在华投资的收益远远大于其成本,而我国市场引资的收益远远小于其成本。美国市场经营主体在华投资所获得的收益,归根结底是服务或优化美国本土市场的建设和维护,而他在华投资所产生负外部性的治理成本将由我国市场来承担,其结果导致美国市场与我国市场的负外部性的产生。简而言之,市场负外部性是因国外市场经营主体经济行为的负外部性而引发国与国之间市场的负外部性。

自我国经济主权权能发生跨国让渡之后,市场负外部性逐渐产生,并且随着国内市场开放领域日益拓宽,开放程度日益深化,市场负外部性呈现扩大的态势。特别是在 20 世纪末,我国地方政府在 GDP 指标考核的重压下,为了获得外资进入而推动地方 GDP 的快速增长,出现疯狂地追求外商投资行为。激烈的招商竞争,竞相的优惠政策,形成了一浪又一浪的招商引资热潮。但伴随招商引资热潮中,国内市场负外部性现象频繁出现。这主要表现在:

首先,国外市场经营主体过度使用市场资源,以致市场生态环境持续恶化,从而增加我国市场治理成本,进而制约国内市场发展水平。近年来,由于地方政府为了招商引资,纷纷降低引资门槛或出台引资优惠政策,从而间接地把国外具有重大污染的生产基地移植到国内市场,使得国内市场环境污染日益恶化,空气净化指数连年降低,水土流失极其严重,这标志着国内市场发展成本逐年扩大。在 2000 年,我国环境污染治理投资总额为 1015 亿元;到 2006 年,我国环境污染治理投资总额为 2566 亿元,它占国内生产总值比重上升为 1.22%(见表 3-2)。事实表明,我国市场生态环境持续恶化,环境污染治理成本不断增多,这与国外市场经营主体过度使用市场资源有着很强的正向关系。但是,国外市场经营主体过度开发和使用市场资源所带来的治理成本,并没有在交易中得以体现,使得国内市场的治理成本将

---

① 程启智:《内部性与外部性及其政府管制的产权分析》,《管理世界》2002 年第 12 期。

直接地转移到我国国民,均由我国政府全部承担,从而制约我国市场发展进程。

表3-2　环境污染治理投资总额占国内生产总值比重　　　　单位:亿元

年份	国内生产总值	环境污染投资额	比重(%)
2000	99214.6	1015	1.02
2002	105172.3	1367.2	1.30
2003	117251.9	1627.7	1.40
2004	136875.9	1909.8	1.40
2005	183084.8	23881.3	13.04
2006	210871.0	2566	1.22

资料来源:《中国统计年鉴》,2002—2008年。

　　其次,我国政府调控市场物价稳定的成本逐年增大,进一步遏制国内市场发展速度。1978年,我国居民消费价格指数为0.7%;到1990年,我国居民消费价格指数上升为3.1%;在2000年,我国居民消费价格指数由于亚洲金融危机等因素而有所回落,为0.4%,工业品出厂价格指数为2.8%;到2007年,我国居民消费价格指数突然拉升4.8%,工业品出厂价格指数上升为3.1%(见表3-3)。随后,美国次贷危机的爆发,由于我国实施扩大支出的财政政策与宽松的货币政策、人民币升值预期引来的大量热钱涌入以及它们之间产生的蝴蝶效应等因素,国内物价上涨幅度不断飙升,国内市场曾一度处于紊乱局面,使我国政府调控市场物价稳定的压力急剧加大。但是,市场物价大幅度涨跌及市场紊乱局面的频繁出现,其重要原因在于国外市场经营主体的投机行为,而这些投机行为所带来的后果的治理在交易中无法体现,均由我国政府全部承担,使得政府调控市场稳定的成本与市场建设的成本也在增加。

表3-3　外商直接投资规模与居民消费价格指数、工业品出厂价格指数

年份	外商直接投资规模(亿美元)	居民消费价格指数(%)	工业品出厂价格指数(%)
2000	407.2	0.4	2.8
2002	527.4	-0.8	-0.22
2003	535.0	1.2	2.3
2004	606.3	3.9	6.1
2005	603.3	1.8	4.9
2006	694.7	1.5	3.0
2007	747.4	4.8	3.1

资料来源:《中国统计年鉴》,2002—2008年。

再次,我国贫富差距进一步拉大,我国财政负担大大增加。在1984年,我国居民基尼系数仅为0.24。从1985年开始,外资企业在华投资逐渐增多,城乡收入差距以跳跃式的速度拉大,贫富差距越来越明显。到1994年,我国居民基尼系数第一次突破了0.4的国际警戒线关口,达到0.4008。进入21世纪后,跨国公司在华垄断逐渐增强,民族企业因于缺乏市场竞争力而纷纷破产,失业率不断增加,贫富差距不断拉大(见图3-1)。据2006年的统计数据显示,我国总人口中20%的最低收入人口占总收入的份额仅为4.7%,而总人口中20%的最高收入人口占总收入的份额高达50%。在城镇居民之间,城镇居民中20%最高收入者是20%最低收入者的5.6倍;在农村居民之间,农村居民中20%最高收入者是20%最低收入者的7.2倍。① 从以上数据表明,不管是城镇居民之间或是农村居民之间,其贫富差距呈现进一步扩大的态势。然而,贫富差距的不断扩大与失业率的不断上升有着密切关联,失业率的不断上升与中小企业的纷纷破产又有着很强的正向关系,而中小企业的纷纷破产与西方跨国公司的跨国垄断有着强劲的正相关。归根结底,我国贫富差距的重要根源在于发达国家跨国公司的跨国垄断行为。可是,发达国家跨国公司在华垄断所导致的贫富差距的治理成本,必定由我国政府全部埋单,其结果将严重地抑制我国市场的稳定、发展与和谐。

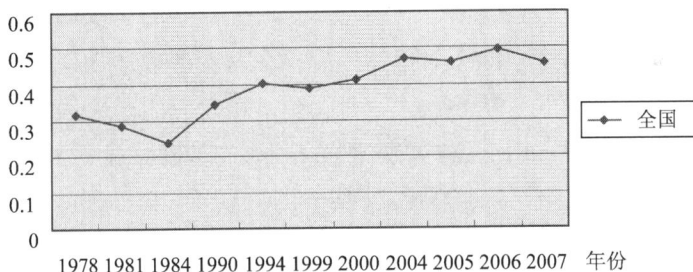

图3-1　1978年以来我国基尼系数变化

资料来源:相关年份的《中国信息报》。

总之,国外市场经营主体在华投资进而过度开发、占有和使用国内市场资源,使我国市场成本远远大于其收益,市场负外部性应运而生,并随着国内市场开放领域不断深化而进一步扩大。

然而,回顾我国改革开放30多年来,国家经济主权权能发生跨国让渡之后,国家资源流动速度大大提高,资源配置效率有所提升,生产技术得到很大改进,在相

---

① 王红茹:《我国基尼系数已经近0.5》,《中国经济周刊》,2006年7月29日。

当程度上刺激我国经济的快速增长。在国际上,我国引资取得的举世瞩目成就引起了广泛关注,被称为"中国的引资奇迹"。但在取得成绩的背后,不可忽视的一个现象就是外资的大量涌入进而过度开发、占有和使用国内市场,导致市场负外部性问题进一步扩大的趋势,国内市场发展成本不断增加,国民经济发展进程受到严重阻碍。诚然,我国市场负外部性的产生除了历史因素之外,还有现实因素。这主要为:掌握市场的信息不对称与国内市场存在制度缺口。

第一,掌握市场的信息不对称。由于中国社会主义市场经济体系建立时间较短,在市场建设、规划、安全及其维护等方面存在很多不足,往往沿着"摸石头过河"的历史轨迹而前行,标志着中国社会主义市场经济体系发展的艰巨性和滞后性。而发达国家建立市场经济体系时间较长,在市场建设、使用和维护等方面积累了丰富经验,意味着发达国家市场经济体系已经走向成熟。当发达国家投资主体到华投资,投资主体必定利用市场规则信息优势"连哄带骗"地过度开发、占有和使用我国市场,进而把其所产生的负外部性的治理成本隐蔽地转嫁给我国国民,国内市场发展成本大大增加,从而抑制国民经济的发展进程。一旦国民经济增长速度受到遏制,财政收入必定减少,市场建设资金和维护资金存在明显不足,我国市场与发达国家市场的发展差距将变得越来越大,最终形成"恶性循环"的怪圈。

第二,国内市场存在制度缺口。从市场经营主体经济行为权利来看,国内市场出现负外部性问题的现实根源在于市场本身存在制度缺口,即市场经营主体经济行为权利与义务的严重脱节所导致。因为我国市场发展的滞后性,在市场制度安排方面还存在很多真空与漏洞,这为发达国家投资主体在华投资提供了很大的利润空间,进而隐蔽地攫走制度真空所带来的市场收益,使得国内市场持续发展存在透支状况,从而加重国内市场负担,遏制国内市场发展。假如市场本身设置一个产权制度安排,以此规范国外市场经营主体经济行为的权利与义务的匹配,实现市场成本收益的对价,市场负外部性问题得以控制,国民经济有好有快发展就会得以保障。所以,社会主义市场经济体系发展的滞后性是客观历史事实,但可以通过健全和完善市场一系列制度安排来弥补这一事实所带来的后果。

因此,为了扼制国内市场跨国垄断现象的出现以及消除国内市场负外部性的产生,我们不仅要加快国内市场本身的培育和发展,缩小与发达国家市场的差距,而且还要健全和完善我国市场的一系列产权制度安排,以此规范市场经营主体经济行为权利与义务的匹配,切实把市场经营主体经济行为纳入法制化轨道,实现市场成本收益的均衡,从而维护市场安全和国家经济安全,使得我国经济健康、稳定与持续发展。

三、政府干预经济权能弱化的趋势

政府干预经济的重要依据是市场失败。从实践中表明,虽然市场经济是目前一种最为有效提高资源配置的经济模式,成为当今世界各国主导国民经济发展的主流模式,但市场并不是万能的。其中,市场失灵最重要的三种情况是:不完全竞争(如存在垄断)、外部性(如污染)和公共品(如国防及灯塔)。在每一种情况下,市场不灵都会导致生产或消费的低效率,而政府在医治这些疾病方面上往往能够扮演一个很有用的角色。为此,世界上任何一个政府,无论多么的保守,都不会对经济袖手旁观。现代经济中,政府针对市场机制的缺陷肩负起许多任务。[①] 所以,当今世界上没有任何一个经济完全属于两种极端之一,即自由放任市场经济和指令经济。相反,所有的社会都是既带有市场经济的成分也带有指令经济的成分的混合经济。从来没有一个100%的纯粹的市场经济。[②] 由此,现实生活中任何一国的市场经济都充满了政府的干预。

(一)政府干预经济的主要任务

在市场经济中,政府干预经济的任务主要体现在四个方面:外部性问题、公共品供给问题、垄断问题和社会经济稳定协调问题。

对于外部性问题,政府的解决方式大致分为三类:一是采取经济措施干预。政府可以通过税收、津贴、罚款等经济措施,使厂商的私人边际成本与其社会边际成本相等,以修正经济活动的外部性。二是采取行政措施干预。政府可以强制经济主体缩减具有负外部性效应的生产规模,以及规定负外部性的标准与范围。三是通过立法干预。政府可以通过法律制度明晰产权,使外部性内在化。

在公共品供给问题上,政府干预经济比较有效率。由于公共品是一种"非独占"产品,具有非排他性和非竞争性的特征。也就是说公共品的任何个人消费都不会影响其他人从中获得的消费利益,公共品的边际供给成本为零,允许两个以上的行为主体同时使用而不必增加成本。斯蒂格利茨把公共品的这一特性归纳为公共品的不宜配给性。所以,由私人提供公共品存在着效率损失,一个国家中公共品一般都由政府组织供给。政府作为公共利益的代表,以社会福利函数为其效用函数。因此,由政府来提供公共品,可以避免由追求个人效用最大化的私人来提供公共品的效率损失。

---

① 萨缪尔森.诺德豪斯:《经济学》,萧琛主译,人民邮电出版社,2007年,第28页。
② 萨缪尔森.诺德豪斯:《经济学》,萧琛主译,人民邮电出版社,2007年,第5页。

对于垄断问题,政府通常实施控制措施进行限制。政府实施控制措施的意图是指导人们从事或减少某些经济活动,以保证一定程度的市场竞争,促进厂商不断提高配置资源效率。政府管制是政府针对垄断问题实施的一种直接的控制措施,但管制并非是解决垄断的惟一方法,除了通过立法(反托拉斯法)对垄断进行管制外,政府还可以通过其他措施来解决垄断造成的效率损失问题,即可以通过对垄断产品按单位产出征收一定的总量税,或对某些企业给予一定补贴,以征税和补给的形式来影响经济主体的边际收益和边际成本,从而使不同的经济主体收缩或扩大各自的经济活动规模,从而逼近或达到帕累托状态的水平。

对于社会经济稳定协调问题,政府一方面可以通过靠税收制度形成的自动财政政策来实现,也就是通常所说的"内在稳定器",即在市场机制基础上建立起来的累进税制和社会福利制度。另一方面可以通过货币政策和财政政策的相机决策原理来稳定宏观经济的稳定运行,也就是说,当政府认为经济形势中总需求过大、造成经济过热和通货膨胀的时候,就需要选择紧缩性的财政政策或货币政策,人为地降低需求;如果政府认为总需求太少、社会购买力太弱的时候,就会采取扩张的财政政策或宽松的货币政策,阻止或延缓经济衰退的过程。

(二)政府干预经济也会失灵

尽管市场失灵的普遍存在为政府干预经济成为必要。但在现实中,政府对经济的干预并非如人们的期望那样可以完全弥补市场缺陷,使得资源配置逼近帕累托最优境界。政府干预经济同样也存在政府干预失效的问题,诸如不完全信息条件下的政府失败、理性经济人约束下的政府失败、权力垄断条件下的政府失败以及政府扩展冲动情况下的政府失败。

首先,不完全信息条件下的政府失败。政府干预经济的有效性,需要政府是一个理想化的政府,即要求政府是一个社会人,并拥有解决经济问题的完全信息。也就是说,政府应知道解决经济问题需要什么信息,知道如何获得所需信息,并且还应知道如何处理这些信息。然而,在这个充满不确定性的经济世界中,即使是一个由最有才干、最有经验、最富有意识的人组成的政府仍然不可避免地要受到各种主客观条件的限制,不可能拥有正确解决经济问题所需要的完全信息(获取信息是有成本的)。这样,现实中的政府因于信息的缺失就不可能完全正确地决策,以及决策的结果也不可能完全正确,使得政府干预经济往往带来与其本意大相径庭的后果,不是提高了资源配置的效率,相反可能降低了效率。①

---

① 张伟:《市场经济中政府作用的限度分析》,《理论视野》2003 年第 4 期。

其次,理性经济人约束下的政府失败。现实生活中的政府本身是一个理性经济人。当政府官员的个人利益、政府组织利益与公共利益相一致时,追求自身利益最大化的政府决策与行为自然也会导致公共利益最大化。但是这种激励相容的条件并不总能得到满足,一旦私人利益与公共利益不相一致、相互冲突时,政府的政策行为必然会优先考虑其自身利益,必将损害公众利益,从而降低政府干预的效率。

再次,权力垄断条件下的政府失败。在一个主权国家中,由于政府部门缺乏竞争,使得政府成为一个具有超垄断权力的经济组织。当政府职员借助政府职能对经济进行干预时,就可能会引起稀缺性资源的价格偏离市场价格,为一些市场投机者提供租金,出现由寻租现象引起的政府干预无效率。由此,政府干预经济产生资源的人为稀缺,为享有特权官员创造了寻租机会,导致了腐败的滋生,致使政府干预经济变得低效率或无效率。

最后,政府扩展冲动情况下的政府失败。由于政府经济活动不是以盈利为目的,而是以实施政策、提供高质量的公共品为目的。为此,政府关心的不是投入的多少,而是产出的质量和数量。这样,政府活动在成本约束弱化的情况下,必然导致政府缺乏降低成本的激励,使得政府在提供一定的公共品的时候,不顾成本的大小,具有盲目扩展公共开支的需要,重复建设、资源低效现象较为严重。

总的来说,政府干预经济依然存在种种不足,而历史的实践表明,市场并非是万能的,政府必须肩负起干预经济的重任。犹如美国学者约翰逊在《政府到底应该干什么?》一书中指出,所有政府都干预经济,且有其各自的原因,但问题是干预到什么样的程度? 目的何在? 这个问题一直是 20 世纪以来政治上的关键。[1] 但是,经济全球化的到来,国家经济主权权能发生跨国让渡之后,政府干预经济权能呈现弱化的趋势。这主要表现在:

其一,在全球一体化市场推动下,国际经济组织急剧膨胀,国际经济行为体数量不断增多及其职能不断扩展,对民族国家经济主权权能形成了一定的限制或替代,特别是经济、环境等全球问题的出现,不仅推动全球人民意识的提升,而且对国家解决跨国界的经济与环境问题的能力提出质疑,迫使各个国家被迫让出部分国家经济主权权能,中央政府干预本国经济权力与职能受到严重削弱。

其二,在市场力量不断扩张的驱动下,国际市场权利边界日益模糊,跨国组织对民族国家政治经济的影响日益增大,在相当程度上左右民族国家的国内政治与

---

[1]　杜创国:《政府职能转变论纲》,中央编译出版社,2008 年,第 9 页。

经济,民族国家在权力体系的核心地位受到一定的动摇,国家经济职能受到了严重的限制和削弱。特别是一些重要的国际政治经济规则日益具有普遍约束性,违反这些规则所要承受的代价不断增加,因而得到了越来越多民族国家的遵守。在他们让渡部分经济主权权能与认可国际规则的过程中,民族国家经济主权权能受到严重的制约。

其三,资本的全球流动和跨国公司的全球活动客观上要求冲破领土和主权的束缚。当国家的领土疆界和主权性质与资本的全球要求相矛盾时,跨国公司和其他跨国组织就会想法设法使国家的主权要求服务于资本扩张要求。所以民族国家的制度安排与跨国资本的利益要求发生冲突时,要么民族国家的政府自愿地改变国内相关的制度和政策,允许全球资本享有特殊的政策待遇或制度环境,以吸引这些国外资本;要么跨国公司直接插手国际内部事务,强制性地改变民族国家的权力结构或国内政策。民族国家无论采取何种情况,其经济主权权能必定受到很大的限制。

其四,在经济全球化的背景下,生产与消费的全球性迫切需要一个全球统一的竞争规则,使得国内市场规则在很大程度上让位于全球市场规则。但是,个别国家特别是美国依仗强大的经济实力和军事实力,在全球市场竞争规则、研究与开发政策、知识产权保护、标准和检验程序等许多规定上推行霸权主义,迫使别国接受有失公平公正的国际游戏规则,从而亵渎别国制定经济政策的权力与职能。由于美国依仗霸权地位在国际经济活动中总是以自己的国家利益为主轴,判断有关事件和现象以是否符合自身根本利益为圭臬。因此,它长期坚持国内法高于国际法的基本准则。按照美国的宪法体系,其立法机构随时可以通过自己的立法来超越国际公约或协定,从而取消或否定后者的适用性。究其实质,这正是美国常常会在国际事务中置国际法或重要规则于不顾、大搞单边主义的根源所在。所以,每当有关国际规范触犯到其重大经贸利益时,美国常常就不惜违规撞线,起着十分恶劣的作用。[①] 由此美国为了顾及自身利益,常常推行霸权主义干涉别国经济政策的权力与职能,使得别国政府自主干预经济的权力与职能受到严重的侵害。

由此可见,在经济全球化迅猛发展及全球一体化市场强力推动的条件下,发展中国家经济主权权能的独立行使正经受跨国组织和跨国公司的严重侵蚀,特别是经济霸权主义在全球中盛行,这对发展中国家独立行使经济权力和职能带来严重的侵害。所以,维护国家经济主权权能的独立性和自主性,成为发展中国家在参与

---

① 石士均:《成因、特点、趋势——我国对外经贸摩擦探究》,《亚太经济》2006 年第 3 期。

经济全球化中迫切解决的重大任务。这就要求发展中国家必须健全和完善国家市场权利边界,以此规范市场经营主体经济行为的权利与义务关系,抑制跨国垄断和市场负外部性的发生,实现市场成本收益的匹配,从而强化国家经济主权权能,以此保障本国国民经济又好又快的发展。

第二节　国家经济主权权能的市场产权构想

经济全球化的迅猛发展,全球一体化市场的日趋形成,迫使国家经济主权权能加快分离与让渡,以此提高全球资源配置效率以及增进国家利益最大化。然而,发展中国家经济主权权能发生跨国让渡之后,国内市场跨国垄断和市场负外部性频繁发生,加重了发展中国家的市场发展成本。特别是霸权主义在全球市场中盛行,严重地干涉了发展中国家在国内市场独立行使经济行为的权利与职能,国民经济发展进程在相当程度上受到严重的制约与阻碍。这就要求发展中国家必须强化国家经济主权权能,特别是建立和完善市场产权制度安排,以此强化国家市场的独立性和自主性,从而切实维护国家经济安全以及国民经济又好又快的发展。

一、市场是一种稀缺性资源

(一)市场的本质规定性

市场是一个历史范畴的概念,它随着生产力不断发展与社会分工日益细化而产生。与此同时,市场也是一个经济学概念,随着商品经济高度发达其地位也变得日益重要。哪里有商品生产,哪里就有交换,哪里就有市场;哪里市场越发展,哪里交换就越频繁,哪里商品就越发达。然而,市场的本质规定性有哪些? 目前国内外很多专家学者从不同的角度对此不同的界定,主要观点如下:

1.市场是"场所"。马克思·韦伯认为,当潜在的各方为获得进行经济交换的机会展开竞争时,市场就产生了,这种市场最一致的形式是在某个地点,如地方市场、贸易集会和批发市场等的物理性聚合,这种形式使得市场最为鲜明的特征(如讨价还价)得以完全显现出来。① 古诺也认为,市场是"买者和卖者相互之间频繁的交换,以致同一种商品的价格轻易而迅速地趋向相同的区域"。② 简而言之,市

---

① 曾繁华,鲁贵宝:《基于市场产权的国家竞争优势研究——一个新的经济全球化"游戏规则"及其博弈框架》,经济科学出版社,2008 年,第 11 页。

② G.M.鹤奇逊:《现代制度主义经济学宣言》,向以斌译,北京大学出版社,1993 年,第 206 – 207 页。

场是人们用来提供商品交易以及讨价还价的物理性空间或固定场所。

2. 市场是一种"过程"或"活动"。欧阳明认为,"市场是指供应与需求双方在自愿的基础上进行交易的过程"。① 盛洪认为,"市场具体是由相当数量的市场交易活动,即平等的人之间的交换活动构成的;(因而)市场范围可以被看作是相互关联的一系列交易所覆盖的范围。"② 郑秉文认为,"市场不是一种机制或工具,而是具有人类社会行为性质的活动组织的交换过程,即社会成员之间的自愿交易、自由协议的一种契约过程。在全部的复杂交换过程中,各种发挥作用的因素共同组成一种规则——交换制度。对于市场本质的分析就是要遵循经济人——经济交换——交换过程——制度安排这样一种逻辑分析过程。"③ 由此,从动态来理解,市场是因供需双方而发生的一系列交易的过程与活动。

3. 市场是"制度"。科斯从交易成本的视角认为,"市场是方便交换而存在的制度,也就是说,它们的存在是为了减少开展交易活动的成本。在一个假设交易成本不存在的经济学理论中,市场是不执行任何职能的,因此,通过分析个体在森林边缘用坚果来交换苹果或其他富有幻想的例子来发展交换理论是完全合乎逻辑的。"④ 所以,市场是约束人们自由交易的一种规则与制度。诺斯也强调,市场是一套混合的制度丛,有的制度能提高效率,有的制度则降低效率,并且它们构成了经济活动的中枢神经。经济学家霍奇逊也认为,市场应被"定义为一套社会制度,其中大量特种商品的交换有规律地发生,并在某种程度上受到那些制度的促成和构造"。而"交换包括契约性的协议和产权让渡。市场部分地包括构造、组织交换活动并使其合法化的机制。简而言之,市场就是组织化、制度化的交换"。⑤ 宋刚认为,"市场在本质上可以被理解为是多种制度安排的综合,这些制度安排构成了一个局部的制度环境"。"在交换经济理论中的市场,简单地讲,就是指影响和支配一定数量交换行为在其中运行的特定的制度体系。"⑥ 可见,市场是经济行为体在自愿交易过程中为了减少交易成本而形成一种契约、规则与制度。

4. 市场是"机制"。亚当·斯密指出,市场就是这样一种机制:在这种机制中,追求自己利益的个人,总是被"一只看不见的手"牵引着去促进一个他全然无意追

---

① 曾繁华,鲁贵宝:《基于市场产权的国家竞争优势研究——一个新的经济全球化"游戏规则"及其博弈框架》,经济科学出版社,2008 年,第 12 页。

② 盛洪:《分工与交易》,上海人民出版社,1994 年,第 51 页。

③ 郑秉文:《新自由主义对市场本质的解释》,《经济文献信息》1992 年第 6 期。

④ 罗纳德·哈里·科斯:《企业、市场与法律》,盛洪、陈郁译,上海人民出版社,2009 年,第 8 页。

⑤ G. M. 鹤奇逊:《现代制度主义经济学宣言》,向以斌译,北京大学出版社,1993 年,第 208 页。

⑥ 宋刚:《交换经济论》,中国审计出版社,2001 年,第 174 页。

求的目的,结果往往比他真正想做时更能促进社会利益。因此,自由放任的市场是一种自然秩序,是一种机制,自然地将最有效的技术和最少量的投入来生产,不需要计划和政府来控制价格和管理生产,市场自动会解决一切问题。萨缪尔森也指出,"市场是买者和卖者相互作用并共同决定商品和劳务的价格和交易数量的机制。"①虽然市场看上去只是一群杂乱无章的卖者和买者,但却总是有适量的食品被生产出来,被运送到合适的地点,并最终以美味可口的形式出现在人们的餐桌上。所以,市场经济是一部复杂而精良的机器,也是一部传递信息的机器。

5. 市场是"市场力场论"。赵凌云认为,"市场是一个弥漫式的、无处不在的客观存在,同时具有结构上的整体性。因此,市场的存在是场态的。"市场作为一个"场"和一个"力场"的存在,其内部结构必定由多种力量所构成,如市场力量、行政力量、法治力量、计划力量、政治力量和军事力量等。其中"市场力量"是"指内生于市场并作用于资源配置过程的力量,即来源于市场结构、市场性质、市场形态、体现市场功能及市场规律要求,主要由市场机制来实现的多种力的总和"。从整体来看,市场主要由市场吸引力、市场激励力、市场均衡力、市场整合力、市场摩擦力等"力系"所组成。②

6. 市场是"关系总和"。马克思认为,市场是"商品所有者的全部相互关系的总和"③。在市场中,商品所有者之间所进行的商品交换,在表面上所发生的物与物的关系,实质为在物的掩盖之下的人与人的关系。尽管这些关系——生产者和消费者的关系、买者和卖者的关系、商品和货币的关系等——以直观的形式展现于人们眼前,并且最终表现为商品交换性质的市场关系,但其本质是为物所掩盖、与物结合着的商品生产者之间依赖又排斥的社会生产关系。简单地讲,市场是商品所有者的全部关系的总和。事实上,马克思从辩证唯物主义和历史唯物主义的立场揭示市场的本质属性,给予人们一种深刻的崭新的科学的认识。在现实中,任何商品、货币、人力、资源的关系,其本质都可归结到人与人之间的社会关系,任何物与物的关系,都是人与人的关系以不同的内容和形式,在不同领域、不同层面的展现。马克思对市场的理解,已剖开现象的层面,揭示市场的深层内涵。

关于市场的界定,目前理论界仍然众说纷纭,莫衷一是。但随着人类实践的不断深化,市场基本内涵也在发生变化,这对市场概念的完整界定带来巨大的难度。

---

① 萨缪尔森. 诺德豪斯:《经济学》,萧琛主译. 人民邮电出版社,2003 年,第 21 页。
② 赵凌云:《市场力论——一个新的理论框架及其在中国经济体制分析中的应用》,湖南出版社,1996年,第 13－32 页。
③ 马克思:《资本论》第一卷,人民出版社,1975 年,第 188 页。

正如布罗代尔所指出那样,"市场的复杂性只有被纳入到经济生活及社会生活的整体中去才能被理解,而经济生活与社会生活是逐年变化的;这种复杂性本身不断在进化和演变,因而随时会改变其意义或影响。"①然而,从以上各种观点对市场的分析,概括起来,市场本质规定性主要体现在以下五个方面:(1)市场是商品交换与资源配置场所;(2)市场是商品供求关系的总和,体现着商品生产经营者的经济关系;(3)市场是最基本的经济生活组织与经济调节机制或体系;(4)市场是维护交换活动需要一整套相应规则及其制度安排(包括正式制度与非正式制度);(5)市场是国家(经济)利益的孵化器。②

(二)市场的基本功能

市场功能是指市场的构成要素即生产者、消费者、交易规则或制度安排等通过价格、供求、竞争机制所发挥出来的相互作用、相互制约的一种调节机能。其具体表现为支配社会生产、交换、分配和消费诸环节的能力,也就是表现为合理配置资源的能力。比如,商品生产者和消费者由于供需机制的相互作用自动地决定商品的市场价格,以及商品生产者为了占据行业优势以及自身利润最大化的实现,不断地创新和改进生产技术,提高资源配置效率,从而推动整个社会生产技术的发展。所以,假如在一个完全竞争市场里,市场的功能会自动调节生产、交换、分配和消费的整个经济过程,资源配置效率达到帕累托最优。但是,在现实中,市场往往处于一个不完全竞争状态,因而其功能只能部分得以实现,主要表现为:

1. 传导信息功能。市场传导信息功能是指由于市场信息为各个市场主体所拥有,并且存在数量上和程度上的差别,从而导致市场信息在各经济主体之间不断传递,客观上起到了调节和支配各经济主体经济活动的职能。一般来说,在市场经济条件下,市场是最重要、最灵敏的经济信息源,是经济信息的汇集点。从宏观角度看,市场是国民经济发展状况的晴雨表。它能够综合地、灵敏地反映国民经济各部门、各地区之间以及生产与消费之间的经济关系,并促使人们去研究、判断国民经济比例是否协调,从而自觉地调整各种比例关系,保证国民经济协调发展。从微观角度看,市场反映各个企业的生产和经营状况,反映企业与企业之间相互依存、相互制约的关系,还反映消费者的需求状况和消费倾向。在现代市场经济中,市场是名副其实的信息库,它可以为市场主体提供多种经济信号,并根据这种经济信号调节市场主体的经济活动,使得市场的供需趋于平衡。所以,市场的信息传导功能,

---

① 布罗代尔:《15 至 18 世纪的物质文明、经济和资本主义》第 2 卷(中译本),顾良译,生活·读书·新知三联书店,1993 年,第 226 页。

② 曾繁华、鲁贵宝:《基于市场产权的国家竞争优势研究——一个新的经济全球化"游戏规则"及其博弈框架》,经济科学出版社,2008 年,第 16 页。

体现在市场经济信号在经济活动中的不断传递,由此引起市场主体根据经济信号强弱及其变化趋势,不断调整自己的经济活动,从而对整个社会经济均衡的调节起到重要作用。

2. 配置资源功能。市场配置资源功能是指市场作为社会资源的配置者,按照市场的内在规律,以市场价格为导向来调节生产要素在国民经济各部门之间进行分配的职能。其包括对物质资源、人力资源、有形资源、无形资源、国内资源与国外资源的配置。在发达的市场经济条件下,市场体系与市场制度、市场运行规则与秩序已经建立,各种资源及其稀缺性程度主要通过市场信号——价格来反映,市场上价格机制调节着各种生产要素和各种物质资源在各部门、各地区、各企业的流动,使之流向利润高的产业和产品的生产上去,从而形成合理的产业规模和产业结构、产品结构。因此,一个社会的生产规模、生产结构、主导产业、新兴产业等的形成与发育,实际上是通过市场机制对全社会资源进行调节与配置的结果。可以说,市场是一个国家社会经济资源配置的场所。总而言之,市场配置资源功能,主要是按照市场内在规律的要求和社会经济发展的需要,不断将社会资源按照一定比例在社会经济各个部门之间重新组合,使得社会资源能够合理地、高效地在各个经济部门得以配置。

3. 改进技术功能。市场改进技术功能是指市场具有使竞争不断引向深入,打破阻碍生产力发展的种种障碍和垄断,推动社会技术进步和劳动生产率不断提高的职能。先进技术是经济增长的引擎。在竞争市场中,商品生产者为了占据市场的优势地位,必须生产出适销对路的产品,以及改进自身生产技术,使得产品生产的个别劳动时间低于社会劳动时间,生产出低于市场价格的产品。这样,商品生产者因于市场的激烈竞争不断地改进自身生产技术,一方面促进社会生产技术的进步,另一方面为消费者提供"物美价廉"的产品。所以,有市场就有竞争,有竞争就有技术的改进。随着市场的边界不断深化与拓展,其竞争的规模和范围空前扩大,程度空前激烈,技术改进的方式和手段也变得多种多样。因此,不断激烈的市场竞争,给企业的技术进步创造了一个内部动力和外在压力的外界环境,使得微观企业组织以及整个社会,不仅对现有社会技术条件充分利用,而且还千方百计寻找新的技术领域,使得新的技术层出不穷,从而推动社会技术水平的不断提高,使社会生产快速发展。

4. 发展经济功能。市场的发展经济功能是指市场作为国民经济的纽带和桥梁,将各地区的人力、物力、财力联结为一个有机整体,并通过竞争机制将它们按比例合理地配置,提高资源配置效率从而推动国民经济发展的功能。在一定程度上,市场的发展经济功能是市场传导信息功能、配置资源功能和改进技术功能的相互制约、相互作用的必然结果。在市场经济条件下,一个国家的社会经济发展本身是市场机制调配资源的结果,市场作为资源配置的场所将承担着如何提高资源配置效率、节约资源以及产出最大化的重任,以此合理、有效配置国家经济资源。从实践中看,市场愈发达的地区或国家,其经济增长潜力愈大,经济增长势头愈猛,其经济发展速度也愈快。与此相反,如果一个地区或国家的市场机制不健全或不完善,必定导致市场内在机制运转失灵或带病运转,导致市场的不稳定,进而影响整个国民经济的稳定,影响整个社会经济的可持续发展。由此,市场是社会经济发展的发动机,是国家经济利益的孵化器。

(三)市场的稀缺性

稀缺性是经济学里的一个关键性概念。一般情况下,资源的稀缺性是经济学研究的主要任务。萨缪尔森指出,经济学研究的是一个社会如何利用稀缺资源以生产有价值的物品和劳务,并将它们在不同的人中间进行分配。所以,正因为物品和资源的稀缺性,要求社会必须有效地加以利用。而稀缺是指这样一个状态:相对于需求,物品和资源总是有限的。① 从稀缺的基本涵义中表明,对于市场基础设施的供给与市场经济安全的维护而言,市场并不是永远的满足市场经营主体的欲望,因而市场是有限的、稀缺的。

其一,市场基础设施供给的稀缺性。由于市场属于公共品,具有非排他性和非竞争性的特点。由私人提供公共品,将出现公共品闲置问题,导致公共品供给无效率状况的出现。所以,对于公共品的市场而言,有效率的供给必然由政府组织来供给,也就是说市场由政府投资兴建后,由公众免费使用。但是,市场的兴建是有成本的,比如基础设施的建立、交通道路的建设以及交易规则和制度安排的制定等等,都需要很大的成本。一旦这些巨大成本均由政府来承担,相对政府的公共支出而言,政府的财力就变得有限、稀缺。因此,一国市场开发领域的大小以及市场发展质量的高低,往往与一国的财力呈正向关系。另外,对于商品生产者而言,商品生产的数量与市场的个数以及开发程度密切联系,一般而言,市场个数越多、规模越大,商品生产者生产商品的数量就越多,获取的利润就越大。在资本主义发展初期,资产阶级为了大量销售自己的剩余商品,实现商品生产的超额利润,不断花费大量的人力、物力和财力到海外寻求新兴市场,开拓海外殖民市场,从而攫取民族国家的大量财富。马克思曾指出,"资产阶级,由于一切生产工具的迅速改进,由于

---

① 萨缪尔森.诺德豪斯:《经济学》,萧琛主译.人民邮电出版社,2007 年,第 2 页。

交通的极其便利,把一切民族甚至最野蛮的民族都卷到文明中来。它的商品的低廉价格,是它用来摧毁一切万里长城、征服野蛮人最顽强的仇外心理的重炮。它迫使一切民族——如果它们不想灭亡的话——采用资产阶级的生产方式;它迫使它们在自己那里推行所谓文明制度,即变成资产者。一句话,它按照自己的面貌为自己创造出一个世界。"①从这些论述中表明,资产阶级为了开发符合自身利益需要的新兴市场,不仅花了大量的成本,甚至战争的代价。当然,民族国家为了捍卫本土市场的主权和安全,也付出惨重的代价。由此可见,市场不是从来就有,而是随着生产力不断发展以及社会分工日益深化而产生,并且依靠国家政府的不断投资得以发展壮大。然而,政府的投资是有限的,始终未能永远满足商品生产者和消费者的需求,因而市场的供给是稀缺的。尤其在现代市场经济条件,市场供给的稀缺性,直接影响外来资金和先进技术的引进,从而影响一个国家经济持续健康发展。

其二,市场经济安全维护的稀缺性。市场经济安全是指市场的构成要素通过市场机制内在规律的运行达到一种持续、健康与稳定的状态。它主要包括市场主体经济行为的安全、微观经济运行安全和宏观经济运行安全。

首先,市场主体经济行为的安全,是指政府和国家机关制定相关法律制度确定市场主体的人权、生产行为、消费行为以及商品的合法性,以此保证市场主体人身权利与经济行为权利的安全状态。在现代市场经济中,由于法律制度的缺陷以及相关部门监管不严,一部分人往往采取投机倒把、坑蒙拐骗等方式损害合法市场主体的经济利益,从而实现自身的非法收益。这就要求政府和国家机关花费大量的人力、物力、财力以及制定健全的法律制度安排,以此严厉惩治这些非法行为,切实维护合法市场主体的根本利益。

其次,微观经济经济安全是指市场微观经济体依据市场经济规则、秩序和制度安排自行配置社会资源的安全状态。在微观经济领域里,市场不仅是资源配置的场所,更是一种资源配置的机制与制度安排。完善的市场经济本身就是法制化经济,法制化轨道是市场微观经济正常运行的决定性因素。在新制度经济学的分析中,制度的创新、变更与变迁是需要成本的。由于制度的产生和创新需要经过问卷、调研、会议与制定等一系列程序来展开,而这些程序的运作是需要成本的,并且旧制度的废除或撤除也是需要成本的。总之,市场制度创新与变迁是有成本的,而这些成本相对政府的财力而言是有限的、稀缺的。

---

① 《马克思恩格斯选举》第 1 卷,人民出版社,1972 年,第 255 页。

再次,宏观经济运行安全是指一国保持其经济存在和发展所需资源有效供给、经济体系独立稳定运行、整体经济福利不受恶意侵害和不可抗力损害的状态和能力,其核心是国民经济体系抗击外来冲击的能力。在宏观经济方面上,随着经济全球化的不断推进,越来越多的国家日益融入世界经济体系之中,国家间的相互依赖进一步深化,国与国之间的经济利益日益渗透,国际经济体系日益面临新的经济风险,这意味着国民经济体系更易于受到来自外来的、非军事和政治因素的冲突和威胁。在 20 世纪中晚期,1992 年的欧洲货币危机,1994 年的墨西哥金融危机,1997年爆发的亚洲金融危机以及随后爆发的巴西和俄罗斯金融危机,2002 年的阿根廷债务危机,2008 年的美国次贷危机等。这些危机带来的冲击是非常巨大的,它们不仅对危机发生的国家和地区产生了巨大的破坏作用,而且通过金融传染效应对周边国家或相邻国家甚至整个世界经济和金融的发展,都带来了严重的不利影响。然而,这些危机的爆发,不仅需要国与国之间的对话、磋商以及国际规则的制定来拯救,而且需要本国宏观经济政策的正确实施来拯救,而这一些列拯救行为将花费巨大的成本。

因此,只有市场经营主体经济行为获得安全保证,微观经济和宏观经济得以正常运行,才能保证市场经济的安全,才能保证国家经济的安全,才能赢得国家经济持续、健康、稳定的发展。而这些安全保障是有成本的,相对有限的人力、物力和财力而言,安全保障的成本是有限的,因而市场经济安全的维护是稀缺的。总之,随着社会生产力的不断发展,社会分工的日益发达,市场作为一种资源,在经济发展方面呈现着愈来愈重要的地位。但市场的开发建设和安全维护是有成本的,而这些成本相对于现有社会财富而言是有限的,始终未能永远满足人们的无限欲望,因此市场是一种稀缺性的资源,应当通过产权制度安排加以保障及其配置。

二、市场与产权的渊源

在现实生活中,市场往往被视为无形或无限的状态,因而市场的稀缺性特征难以获得产权制度安排的身份。但在国与国之间,市场仿佛是有形的,有边界的,因而具有产权的本质属性。所以市场的无形与有形的交错局面导致人们对市场是否具有产权属性的激烈争论。这就要求我们很有必要对市场归属权与产权含义进行考察。

(一)市场权利归属主体变迁的考察

在原始社会中期,市场权利归属主体是商品交易者。市场产生于人类第二次社会大分工时期,它是为交换而进行生产的手工业从农业中分离出来的产物。中国最早的市场出现于原始社会中期,神农之世。其特点为:一是日中为市,致天下之民,聚天下之货,交易而退,各得其所;二是产销合一的集市贸易市场,市场活动主体是农民和手工业者,生产者和商人融为一体;三是市场上没有固定的市场设施,商人们实行流动式贩运交易。① 所以,市场最初起源于产品生产者为满足交换他人产品的需要而形成的一个场所,而这种场所因于交易者的随意性而派生了暂时性和偶然性的基本特征,使得场所没有固定时空而随时变动,并且商品交易规则是由交易者双方共同协定,并不需要外在力量的强制约束,因而市场权利的归属主体,在一定程度上均属于商品交易者本身。

进入奴隶社会时期,市场权利归属主体是商品交易者和国家或政府。随着生产力的进一步发展,新生的奴隶主阶级开始建造起作为防御工事的"城",而广大的手工业者和商人们也开始以"城"为依托聚集在一起,手工工匠们在城里建立起作坊,商人在城里建立起固定的交易设施,以及为交易服务的设施和为生活服务的设施,从而把"城"和"市"结合起来,由此也形成了中国的古代城市。奴隶主阶级为了维护自己的政治统治,才在"市场"上设立管理机构,收取各种税费,以取得财政收入。② 此时市场权利归属主体才明确起来,国家从市场上收取的各种税费,实际上是市场权利归属主体在经济上的实现形式。到中世纪时期,市场权利归属主体逐渐移交给国家。科斯在阐述市场的功能时曾指出,"在中世纪的英国,展览会(或集市)由个体在国王特权授予下进行组织。他们不仅为展览会和集市提供物质上的便利,而且负责安全保卫(这一点在那个政府虚弱、变化莫测的时代是很重要的)和管理解决争端的法庭(灰脚法庭)。"③在英国,展览会和集市基础设施的建设以及解决争端的仲裁,已成为市政职能的一部分。可见,随着生产力的发展,尤其城市的出现,市场权利归属主体逐渐由交易者转向国家政府。但是,在城市还不充分发展以及政府财力有限的情境下,市场基础设施的建设和管理,一部分为交易者自己提供,另一部分为政府所提供。因此,在成本和收益的层面上,市场权利归属主体可称之为交易者和国家政府共同拥有。

在现代市场经济条件下,市场权利归属主体主要是国家或政府。首先,在一个国家里,由于市场属于公共品,具有非排他性和非竞争性的特点。由私人提供公共

---

① 曾繁华,鲁贵宝:《基于市场产权的国家竞争优势研究——一个新的经济全球化"游戏规则"及其博弈框架》,经济科学出版社,2008 年,第 39—40 页。

② 曾繁华,鲁贵宝:《基于市场产权的国家竞争优势研究——一个新的经济全球化"游戏规则"及其博弈框架》,经济科学出版社,2008 年,第 40 页。

③ 罗纳德·哈里·科斯:《企业、市场与法律》,盛洪、陈郁译,上海人民出版社,2009 年,第 8 页。

品,将出现公共品闲置问题,导致公共品供给无效率状况的出现。所以,对于公共品市场而言,有效率的供给必然由政府组织来供给,也就是说市场由政府投资兴建后,由公众免费使用。其次,在市场经济条件下,由于市场制度安排存在固有缺陷,经济行为体在追逐利益最大化时容易产生道德风险现象,扰乱市场经济秩序以及市场正常运行。而这些问题的纠正与惩治,交易者双方往往力所能及,主要由政府采取有效的措施或制定强制性的法律制度才能得以解决。再次,在激烈竞争的市场里,交易者双方的利益博弈与讨价还价,往往由于信息不对称存在利益分配有失公平问题,从而扩大交易成本阻碍经济的发展。然而,政府在解决信息不对称与利益分配不公的问题有着较大的优势,尤其他的制度安排对交易者有着强制性的约束力,减少交易成本从而推动经济的快速增长。因此,在现代市场经济条件下,市场的基础设施、交易规则和制度安排主要由政府来提供,在成本收益的层面上市场权利归属主体主要为国家及其政府。

从历史逻辑来看,市场权利归属主体是随着生产力的进一步发展而不断发生演化。犹如科斯指出那样,"很明显,从运转机制上说,那些存在至今的市场需要更多的交易赖以发生的物质设施,也需要建立健全主导交易主体权利与义务的法律规则。那些法律规则可以由市场的组织者订立,就如大多数商品交易所的情况"。"如果交易的物质设施是分散的,分属于很多兴趣迥异的人,比如零售或批发的情况,私人法律体系的建立与实施就会非常困难。从而,在这些市场上的有关运行机制就必须依赖于国家的法律体系。"因此,在市场经济高度发达的条件下,市场权利归属主体集中为国家及其政府。

(二)产权的基本含义

关于产权的论述,在学界上由来已久。尤其新制度经济学的兴起,产权研究掀起一浪又一浪的高潮,对产权基本含义的考察得到进一步深化与拓展。目前中外经济学文献中,对产权的定义多达 20 余种,而且经济学家和法学家对这一问题也存在不同的看法。在此,本文从马克思主义和新制度经济学的角度,对产权含义进行一般性考察。

1. 马克思对产权的理解。在马克思的相关文献里,他把所有制和产权关系当作在一定生产力条件下形成的,并受其他经济关系和社会关系影响的历史范畴,进而从历史的角度把握了产权演进的内在规律,揭示产权的基本内涵。其基本内涵主要如下:

首先,产权属于社会制度或生产关系的范畴。马克思认为,产权主要是指人们对财产占有上的一种经济利益关系,具体是指对人们的经济和社会地位具有决定意义的生产资料所有权。而生产资料所有权是属于社会制度或生产关系的重要表现形式,归根结底是随着社会生产力发展而不断发展。吴易风认为,"马克思第一次用历史唯物主义观点研究了财产和财产权,考察了财产和财产权的起源和历史变迁,并作了科学、系统的阐述。"①裴小革也指出,"马克思从产权与经济活动的互动关系出发,指出由于特定产权的存在受一定经济活动水平的限制,从而它对经济活动的影响也是有界限的,并在此基础上揭示了社会变迁的内在根据和客观过程,这是马克思的首创。"②其实,"马克思对于产权的研究思路与他对制度的研究是完全一致的。"③在马克思的产权理论中,产权是一种社会制度的重要内容,是生产关系的重要表现形式。

其次,产权是适应生产力发展需要的必然产物。作为一种社会制度的产权,其内容与形式将由生产力的发展程度来决定。在制度的起源上,马克思从生产这一人类最基本的实践活动出发,将一定制度的形成,归结为一定生产关系,以及与这种生产关系相适应,并维护这种生产关系的社会机构和规则确立的过程,认为制度的本质就是在社会分工协作体系中不同集团、阶层和阶级之间的利益关系。"总之,在解释制度的起源时,马克思从人类与自然界的矛盾出发,从生产力的发展导出了第一个层次的制度的起源,即社会生产关系的形成过程;进而又从社会生产关系中不同集团和阶级的利益矛盾和冲突出发,从社会生产关系中导出第二个层次的制度的起源,即包括政治、法律、道德规范等在内的上层建筑。"④所以,马克思认为,作为制度或生产关系重要形式的产权,归根结底起源于生产力的发展需要,是与生产力发展需要相适应的必然产物。

再次,产权是一组权利或一个权力束。马克思在论述所有权与其权能分离时指出,在奴隶社会和封建社会中,"直接生产者不是所有者,而是占有者,并且他的全部剩余劳动实际上依照法律都属于土地所有者"⑤。进入资本主义社会后,股份公司的出现,"在股份公司内,职能已经同资本所有权相分离,因而劳动也已经完全同生产资料的所有权和剩余劳动的所有权相分离。"⑥这样,"一旦从属于资本的劳动成为协作劳动,这种管理、监督和调节的职能就成为资本的职能。这种管理的职

---

①　吴易风:《产权理论:马克思和科斯的比较》,《中国社会科学》2007 年第 2 期。

②　裴小革:《论马克思主义产权理论的科学性》,《胜利油田学报》2004 年第 2 期.

③　李炳炎:《马克思产权理论创新与我国现代产权制度建设》,《南京理工大学学报》2005 年第 1 期。

④　林岗,刘元春:《诺斯与马克思:关于制度的起源和本质的两种解释的比较》,《经济研究》2000 年第 6 期。

⑤　《马克思恩格斯全集》第二十五卷,人民出版社,1974 年,第 893 页。

⑥　《马克思恩格斯全集》第二十五卷,人民出版社,1974 年,第 494 页

能作为资本的特殊职能取得了特殊的性质。"①也就是说,管理权由资本的所有权派生出来的。由此,"资本所有权这样一来现在就通过现实再生产过程中的职能完全分离,正像这种职能在经理身上同资本所有权完全分离一样。"②因此,在马克思的产权(所有权)理论中,他并没有把产权看作是单一的权利,而是看作是存在内部权能结构的一组权利的结合体。而且这种权能结构随着社会发展,也在不断地发生变化。

2.新制度经济学对产权的理解。在新制度经济学的论述中,对产权的定义也有很多种,其代表性的观点主要如下:

首先,产权是一种行为规范。阿尔钦认为,"产权是一个社会所强制实施的选择一种经济品的使用的权利。"③菲吕博腾、配杰威齐认为,"产权不是指人与物之间的关系,而是指由物的存在及关于它们的使用所引起的人们之间相互认可的行为关系。产权安排确定了每个人相应于物时的行为规范,每个人都必须遵守他与其他人之间的相互关系,或承担不遵守这种关系的成本。"④登姆塞茨也认为,"产权包括一个人或其他人受益或受损的权利。——那么很显然,产权是界定人们如何受益及如何受损,因而谁必须向谁提供补偿以使他修正人们所采取的行动。"⑤诺思也指出,"产权本质上是一种排他性权利"⑥。诚然,在他们的阐述中,产权意指一种排他性行为,这种行为通过相应的制度安排得以规范化,从而保证产权所有者的相应收益。

其次,产权等同于"所有权"。菲吕博腾、配杰威齐在《产权与经济理论:近期文献的一个综述》中指出,"本文主要研究私有产权和国有制对资源的配置与使用的效应。一种资产的所有权是属于私人团体还是属于国家,这可以从使用它的权利、它的形式与本质的改变以及对资产的全部权利(如出售)或部分权利(如出租)的转让的构成来理解。但是,尽管这一定义表明所有权是一种排他性的权利,但是所

① 《马克思恩格斯全集》第二十三卷,人民出版社,1972年,第367-368页。
② 《马克思恩格斯全集》第二十五卷,人民出版社,1974年,第494页。
③ 载科斯等:《财产权利与制度变迁:产权学派与新制度学派译文集》,刘守英等译,上海人民出版社,1994年,第166页。
④ 载科斯等:《财产权利与制度变迁:产权学派与新制度学派译文集》,刘守英等译,上海人民出版社,1994年,第204页。
⑤ 载科斯等:《财产权利与制度变迁:产权学派与新制度学派译文集》,刘守英等译,上海人民出版社,1994年,第97页。
⑥ 诺思:《经济史中的结构与变迁》,陈郁等译,上海三联书店,1991年,第21页。

有制不可能也不要期望它是一种不受限制的权利。"①在此,菲吕博腾和配杰威齐把资产的产权等同于资产的所有权,并从资产的形式与本质的内在变化决定资产产权的性质与类型。其实,在新制度经济学里,虽然很多专家学者没有明确产权就是所有权,但他们在阐述产权的定义、形式和功能时,往往不同程度的把产权当作所有权或所有权当作产权的意义来使用。

再次,产权是可让渡的。新制度经济学认为,产权(指私有产权)具有排他性和可让渡性的特点。登姆塞茨认为,"权利束的内容可以按不同的方式归类,但是一个有用的方式是考虑权利束的两个重要成分:排他性和可让渡性。排他性是指决定谁在一个特定的方式下使用一种稀缺资源的权利。排他性的概念当然是从下面的意义中引申出来的,即除了'所有者'外没有其他任何人能坚持有使用资源的权利。不过,这一概念在这里被拓展到包括所有者决定谁可能使用一种资源的权利。可让渡性是指将所有制再安排给其他的人的权利,它包括以任意价格提供销售的权利。"②张五常进一步指出,"只要产权是排他性的和可转让的,不同的合约安排并不意味着不同的资源配置效率,我们上面所展示的租金合约特征也证实了这一论述。"③所以,私有产权不仅具有排他性的特征,并且具有可分割性和可让渡性的特征。只有产权具有可分割性,才能得到部分或全部让渡,才能使得资源配置到最佳生产主体身上,实现资源的最佳配置。因此,产权的可分割性和可让渡性,表达了产权是一组权利或一个权利束。

总的来说,马克思主义和新制度经济学对产权的理解,存在很多相同的地方。它们都普遍认为,产权是所有权,是一种制度,一个权利束。但他们也存在本质上的差别。其一,在引致产权变迁的动力源泉上。马克思主义认为,产权的变迁根源于生产力发展的必然结果。而新制度经济学认为,产权的变迁起源于它的预期收益大于预期成本,实质上是预期收益最大化的追逐。其二,在产权性质层面上。马克思主义认为,产权的性质和形式是由当时社会生产力所决定,并且随着生产力的不断发展,其产权性质也跟着改变,归根到底是服务于生产力的发展需要。新制度经济学认为,产权是引导人们实现将外部性较大地内在化的激励。在阶级社会里,这种内在化的激励形式仅仅代表着既得利益集团或统治阶级维护统治地位的需

---

① 载科斯等:《财产权利与制度变迁:产权学派与新制度学派译文集》,刘守英等译,上海人民出版社,1994年,第205页。

② 载科斯等:《财产权利与制度变迁:产权学派与新制度学派译文集》,刘守英等译,上海人民出版社,1994年,第192页。

③ 载科斯等:《财产权利与制度变迁:产权学派与新制度学派译文集》,刘守英等译,上海人民出版社,1994年,第157页。

要。其三,在产权的发展方向上。马克思主义认为,私有产权的产生是根源于生产力发展的必然结果,并且随着生产力的不断发展其私有特权地位将被消灭和解放,必然朝着共有产权的方向迈进,到达"自由人的联合体"的共产主义社会。新制度经济学认为,产权的发展是为了使外部性内在化,提高资源的配置效率。为此,私有产权的明晰界定是社会资源优化配置的决定性因素。当然,目前在某些领域公有产权的界定比私有产权的界定比较有效率,但其原因在于技术的限制使得界定私有产权的成本大于其收益,如果技术允许的情况下,私有产权的界定是更有效率。所以,产权是朝着私有产权的方向上发展。

由此可见,马克思主义从历史与逻辑统一的原则,深刻地揭示了产权的起源、变更及其发展方向,而新制度经济学所论述的产权,仅仅局限于一个社会、阶级或集团的领域,自然属于马克思主义产权理论中的一个部分,因而对产权本质的揭示没有马克思看得更深、更远。

(三) 市场与产权的结合

市场是社会生产力不断发展与社会分工高度发达的必然产物。在经济全球化的情境下,市场作为一种稀缺性资源,对国民经济增长和社会发展占据着愈来愈重要的位置。"对于一个国家来讲,失去市场比失去领土的后果更为严重,占领市场比占领领土能够享受更多的好处。"[①]而大量事实表明,在经济全球化日益泛化的条件下,发达国家产品的长驱直入业已影响到许多发展中国家的经济与市场安全。在国际竞争力不对称的条件下,如果没有市场权利的制度安排,广大发展中国家一旦失去经济与技术赶超的"自主市场空间",经济与技术的边缘化不可避免,后发的领先优势将难以形成,赶超发达国家将成为可望而不可即的心理泡影。尤其我国实施"以市场换技术"发展战略以来,富可敌国跨国公司在国内市场垄断行为频繁发生,并随着国内市场开放度不断提高而进一步恶化,国内市场成本与收益的失衡更为严重,国家市场建设成本和维护成本不断增加,国家市场可持续发展的历史进程难以推进,国民经济稳定、健康、持续发展受到巨大的阻碍。因此,建立国家市场权利边界及其制度安排已成为我国参与经济全球化过程中趋利避害的客观要求。

从产权的发展历程来看,产权的界定最初表现在有形之物层面上。进入信息时代之后,产权界定的内容已从有形之物向无形之物过渡与扩展。如知识产权的

---

① 曾繁华,鲁贵宝:《基于市场产权的国家竞争优势研究——一个新的经济全球化"游戏规则"及其博弈框架》,经济科学出版社,2008 年,第 1 页。

界定就是对无形实体界定产权的表现形式。相对市场而言,市场在人们意识中往往视为一种无形或无界之物,但它以市场基础设施、市场规则以及国家领土主权为依托而发生作用,是无形与有形的统一实体。特别是把它放到国与国之间的框架下,国家市场就具有明确的边界和有限性,因而具备了界定产权的基本条件。

从产权的性质来看,产权本质上是一种排他性权利,产权是引导人们实现将外部性较大地内在化的激励。作为国家市场而言,它是一种稀缺性资源,并随着经济全球化的日益深化其稀缺程度变得愈来愈明显,在相当程度上影响或制约一国经济的发展进程。因而稀缺性的国家市场具有产权排他性的根本特性。

由此,就产权的界定条件与根本特性而言,国家市场完全具备了产权的本质属性,市场与产权可以有机地结合。如果市场仍然完全被当作一种没有权利边界或无形之物来理解,正中西方学者所鼓吹主权“过时论”、主权“淡化论”和主权“模糊论”之下怀,从而销蚀市场的权利边界及其排他性的本质特征,必定导致西方发达国家跨国公司过度开发、占有和使用市场资源,其结果不仅影响这一代的发展,而且影响下一代的发展。因此,在经济全球化迅猛发展的条件下,界定市场产权制度安排,明确市场所有权的权利边界,对发展中国家维护国家市场持续发展无疑具有重大的理论意义和现实意义。

三、市场产权的基本含义及特点

(一)市场产权的基本含义

关于市场产权的定义,目前国内主要有三种界说,即“政府型”市场产权、“股市型”市场产权和“交易型”市场产权。本文试图在这三种含义的基础上,从国家经济主权的层面上分析市场产权的基本含义。

1. “政府型”市场产权。市场产权概念最早由曾繁华教授在《论市场所有权》文中提出,并作了明晰的界定。他认为市场不仅存在产权界定问题,而且存在产权主体归属问题。在经济全球化及全球市场一体化的条件下,各个经济体的市场产权主体不仅要解决国内市场所有权、市场经营权、市场占有权及市场收益权等权利束的规则与制度安排问题,而且还要解决各个经济体间市场产权“游戏规则”在市场所有权、市场经营权、市场占有权及市场收益权等权利束的规则与制度安排问题。由此可得出:市场产权是一系列权利束的规则与制度安排的集合体。从产权的角度来看,市场产权是指一国中央政府对其构建、所有、运作、管理市场及从市场获益的一系列市场规则与制度安排。① 市场产权在组成要素上包括市场所有权、市场经营权、市场占有权及市场收益权等四个权利束。狭义的"市场所有权",首先是指一个国家对于其建立在领土主权基础上的市场本身所具有的排他性权利,其目的主要是解决国家与国家之间的市场产权制度安排及国家与企业之间的市场产权契约关系。

2. "交易型"市场产权。曾繁华教授的博士生杨东昌,从买卖双方交易权利与义务的角度,在其博士论文中对市场产权也有一个较为明确的界定。他认为,就本质而言,市场是一个交易关系与交易条件的范畴,产权是一个利益关系与利益归属的范畴。从这一意义来看,市场产权即意味着,在交易过程中,由于参与市场关系的建构,各方(条件提供方及交易各方,可概括为"中方"、"买方"与"卖方")凭其所承担的义务而拥有的在该关系中的相应的权利。简言之,市场产权是参与市场交易关系建构的各方由其应尽的"交易成本"义务(集)生发的应得的"交易收益"权利(束)。所以,市场产权是否清晰的问题,可以转换为参与交易关系建构各方的权利与义务是否平衡的问题。本此思路,在我们考察国家经济安全问题之时,可以为其研究提供一个新的理论与应用分析框架,从而避免走向常见的过度保护或过度开放两种理论与实践误区(在"贸易保护"和"自由贸易"两端作非此即彼的二难选择)。因为从市场产权的维度来看,不是"保护"和"开放"与否的问题,而是我们如何去"保护"与"开放"的问题。因此,只有确定国家市场产权,才能使一国的市场资源在全球融合过程中得以合理有效地配置并生长,也才能在参与经济全球化的进程中解决各种矛盾和冲突有效地维护国家经济安全,并有利于维护全球"经济生态平衡"和促进经济全球化的健康发展,这又反过来为国家经济安全提供了良好的环境和可靠的保障,形成良性循环,而这也是建立公正合理的国际经济新秩序的题中之义。

3. "股市型"市场产权。陈永忠在研究上市公司性质、功能和优势时,发现上市公司拥有一种特殊权利所带来的收益,这种收益是市场产权的经济形式。他认为,上市公司独有的入市权利,包括入市融资和入市交易这两方面内容的权利,称之为市场产权。由此,市场产权实质上是上市公司的入市权,可以视为政府和市场(资本市场)特许上市公司进入资本市场经营资本(资本的募集和资本的交易)的特许经营。② 这种对资本的特许经营权是上市公司立足资本市场

---

① 曾繁华:《论市场所有权》,《中国工业经济》2001 年第 5 期。
② 陈永忠:《市场产权与股权分置改革》,《西南金融》2006 年第 2 期。

的重要保证,它能够给上市公司带来经济效益,具有无形资产的特征。因此,市场产权是一种资本化的产权,只有上市公司才拥有市场产权,才具备从资本市场直接融资的功能。

其实,他们从不同的视角对市场产权的不同界定均有一定的合理性,但不足之处也比较明显。首先,"股市型"市场产权,只是微观层面的一个产权概念,实质上只是市场产权理论的一个具体应用的案例,但却比较成功地分析了上市公司壳资源价值以及股权分置改革等问题,提出了一些有价值的观点。尤其是认为上市公司(作为市场交易方)具有某种"市场产权"的观点很有启发意义。它认为流通股的"含权"含的就是市场产权,从而很好地论证了"大小非"解禁①的股权分置改革实际上是侵害了流通股的"含权"——市场产权。但其明显的缺陷就在于微观性和应用性,对于市场产权的本质并没有深入地把握,使得市场产权的宏观运用受到很大的局限。

其次,"交易型"市场产权,是一个中观层面的产权概念。它主要从经济交易体的经济交易行为来界定市场产权,并对市场产权主体的分析已从政府扩展到买方、卖方和政府,并对买方、卖方和政府的特点分别给予深刻的论述。这对市场产权主体基本内容的拓展与丰富有一定的积极作用,但它对市场产权主体的阐述较为笼统,特别是对市场产权主体在不同领域的惟一性特征没有引起足够的重视,使得市场产权主体在现实生活中缺乏明确的定位而导致市场支配权与归属权的行使出现紊乱的局面。

再次,"政府型"市场产权,是一个宏观层面的产权概念,实际是一个国家市场产权的概念。它主要从市场的成本收益原则来界定国家市场产权,这对于研究全球化问题、国家经济主权问题与国家经济安全问题具有十分重要的借鉴意义,可以说是抓住了主要矛盾和关键问题。但有待完善之处在于,它没有注意到市场产权主体的复杂多样性,只将中央政府看作唯一市场产权主体在不同领域里似乎也有待商榷,尤其是没有注意到市场终极所有权应属于一定范围内的人民,对市场产权作为公共产权的普遍性特征没有做深入的探讨。

从市场产权的微观、中观和宏观层面而言,其基本含义主要包含以下几个方面:一是市场产权主体是市场经营主体,包含生产者、消费者和政府本身,在不同的领域它们可以相互转化;二是市场产权的客体是市场硬件设施、软件设施以及市场经济的制度安排;三是市场产权的构成要素包括市场所有权、市场占有权、市场使

①　"大小非"解禁,意指大规模的限售流通股(占总股本5%以上)和小规模的禁止上市流通股(占总股本5%以下)的解禁。

用权、市场收益权和市场处置权,在不同的历史条件下它们可以自主分离与让渡。所以,从产权角度而言,市场产权是指市场经营主体委托中央政府对市场的构建、运作、所有、管理以及获益的一系列市场规则与制度安排。在这一基本含义中,市场产权主体是个核心概念。在微观层面上,市场产权主体主要是生产者和消费者,他们支配商品讨价还价及其价格议定的权利,中央政府仅仅充当"守夜人",受他们委托保护他们的生命和财产安全。在中观层面上,市场产权主体主要为生产者、消费者和政府。因为中央政府此时具备了双重身份,它不仅是生产者和消费者的生命安全的维护者,而且以市场经营主体身份开发和构建市场(由于市场是公共品,由私人投资构建有效率损失),成为市场的投资者,因而转变为市场产权的主体。在宏观层面上,市场产权主体主要体现为中央政府。在全球一体化市场里,由于国与国之间的市场交易活动往往以政府的身份来展现,或者折射出政府的身份。尽管在跨国交易过程中也存在个别生产者与消费者之间的交易行为,但都受到中央政府的强制性约束,况且国际交易规则的制定均由各国政府一致契约所达成。因此,在全球市场经济交易行为中,中央政府是个不折不扣、实实在在的市场产权主体。从这里看出,市场产权的定义主要分歧不在于它的客体的界定,而在于它的主体的界定,但其主体在不同的层面上有着不同的变化。然而,基于国家经济主权权能问题研究的需要,本文对市场产权界定及其运用主要侧重于宏观层面的市场产权,因而市场产权主体归属中央政府。简而言之,从产权的角度来讲,广义的市场产权是指生产者和消费者委托一国中央政府对市场的构建、所有、运作、管理及获益的一系列市场规则与制度安排;狭义的市场产权是指中央政府对国家市场的所有权,包含市场占有、市场使用、市场收益与市场处分等权能。值得说明的是,后文出现市场产权概念均指狭义市场产权的含义。

(二)市场产权的主要特征

1.市场产权的排他性特征。登姆塞茨认为,"排他性是指决定谁在一个特定的方式下使用一种稀缺资源的权利。排他性的概念当然是从下面的意义中引申出来的,即除了'所有者'外没有其他任何人能坚持使用资源的权利。"[①]排他性是产权的根本特征之一。然而,市场作为一种稀缺性资源,随着经济全球化不断深化其稀缺程度日益凸显,特别是国家经济主权权能发生跨国让渡之后市场的稀缺程度变得愈来愈明显,国家市场和地方市场的有效开发与利用对一国经济增长有着巨

---

① 载科斯等:《财产权利与制度变迁:产权学派与新制度学派译文集》,刘守英等译,上海人民出版社,1994年,第192页。

大的影响,保护市场安全成为政府切实维护国家经济持续发展不可或缺的重要职能,因而市场产权具有产权排他性的本质属性。市场产权的排他性表明市场所有权在法律上只能归属某一主体,即在宏观层面上国家拥有最终所有权。该主体在法律上对市场具有独立性,它是划定国家之间市场产权或市场所有权边界,确立有关经济主体包括国家、企业、个人等在市场上最基本的权利与义务,是维护国家市场稳定的首要条件。目前,虽然世界上还没有一个国家或任何国际组织颁布一部成文法规来界定市场产权的归属问题,但并不能说市场产权本身没有排他性。如果忽视或抹杀市场产权排他性的特征,就会发生诸如市场所有权边界模糊与冲突,或市场准入无规则、"搭便车"等问题,必定导致市场经济混乱从而降低资源配置效率。特别是在目前世界竞争格局由大国主宰,发达国家与发展中国家的企业竞争实力存在严重不对称的条件下,如果在国与国之间没有明显的市场产权规则约束,势必会导致发达国家跨国公司的产品与劳务无条件地长驱直入发展中国家市场,并由此阻碍与制约发展中国家主导产业、民族产业、支柱产业和新兴产业的发展与成长。事实上,世界上许多国家制定的市场壁垒或产业保护政策和措施,其数量可以说成千上万条,这些规则或制度本身就在一定程度上表明市场产权具有一定排他性的特征。

2.市场产权的可分割性特征。在产权的基本含义中,产权是一组权利或一个权利束,这表明产权具有可分割性的特征。由于资源产权所有者,并不是资源配置的最佳主体,必定把资源产权的相关权利分割出来,即资源所有权、占有权、使用权、收益权和处分权,使得资源的相关权利以市场为导向配置到最佳市场经营主体,以此提高资源的配置效率。而从市场产权的本质属性表明,市场产权也是一组权利或一个权利束,必然以分割的形式配置到最佳市场经营主体,实现使用和利用市场的优化配置。当然,市场产权的可分割性并不等于市场本身的分割,而是为了提高市场本身的使用效率,以法定程序把市场产权相关权能分离与让渡予以最佳市场经营主体。因为市场的分割意味着疆土的分割,涉及国家领土完整和国家主权问题,而市场产权的分割,是在市场主权和领土完整的前提下对市场产权相关权能的分割。也就是说,市场所有权在一国绝对拥有的前提下,可以分割为对市场经济行为的占有、使用、收益和处置等权能,这些权能的分割是市场所有权在市场经济中的延伸和发展,其目的是服务于市场所有权,以此提高市场本身的配置效率,从而推动国民经济的快速发展。因此,市场产权的可分割性,实质上是市场所有权在一国绝对拥有的前提下对其相关权能自主分离与让渡的状态。

3.市场产权的可让渡性特征。登姆塞茨认为,"可让渡性是指将所有制再安排给其他的人的权利,它包括以任意价格提供销售的权利。"①可让渡性也是产权的根本特征之一。但是,市场产权的可让渡性与私有产权的可让渡性有着本质的区别。因为市场产权的可让渡性,是在市场所有权属于一国绝对拥有的前提下,对其占有、使用、收益和处置等权能以自主有限方式让渡给予最佳市场经营主体,提高市场资源本身的配置效率。而私有物的产权的让渡,可以以私有物的全部权利让渡给予另一主体,使得私有物产权的主体发生更换,从此私有物产权完全转移到新的主体身上并由他自由支配。从产权主体变更的角度看,市场产权的可让渡性,实质上是在市场所有权属于一国绝对拥有的前提下,对市场所有权的占有、使用、收益和处分等权能以法定程序来自主有限让渡,市场产权主体并没有发生更替。但私有物产权的主体可以发生更替。事实上,在经济全球化日益深化的今天,各国纷纷打开自己的国门不断引进外来资本和先进技术,允许他国市场经营主体在本国市场进行生产和销售的行为权利,以及允许他国股东对本国企业的控股行为权利,本质上是市场产权相关权能让渡的表现形式。

四、市场产权是国家经济主权权能的核心领域

经济全球化是当代世界政治经济发展的历史潮流,任何一个国家不能避开这一潮流谋求自身的发展。但经济全球化是一把"双刃剑",它是加快经济增长速度、传播技术和提高富国与穷国生活水平的有效途径,同时也是一个侵犯国家经济主权,侵犯当地文化和传统,威胁经济和社会稳定的一个有很大争议的历史过程。特别是发展中国家经济主权权能在参与经济全球化进程中发生跨国让渡之后,发达国家跨国公司凭借雄厚资本和优势技术逐步蚕食它们的市场份额,在全球市场竞争中形成鹤立鸡群的独特局面,发展中国家民族企业不但没有从经济全球化之中获得新生机会,反而被遗弃到全球市场的竞争边缘,民族企业的生存与发展面临前所未有的挑战,国家经济主权与经济安全受到严重威胁。所以说,"对于一个国家来讲,失去市场比失去领土的后果更为严重,占领市场比占领领土能够享受更多的好处。"这就要求发展中国家建立市场产权制度安排,严格规范国外市场经营主体经济行为在市场的权利与义务关系,为国内民族企业占有市场份额提供相应的空间,才能切实维护国内市场安全。只有市场安全得以保障,尤其是国内市场有限

① 载科斯等:《财产权利与制度变迁:产权学派与新制度学派译文集》,刘守英等译,上海人民出版社,1994年,第192页。

份额得以保障,国家经济主权以及国家经济安全才能得以有效地维护。

（一）市场的独立自主地位是国家经济主权的核心内容

市场的独立自主地位主要是指国家对市场领土及其市场经济行为与规则享有独立性和自主性的制定权。在传统的认识中,市场是以国家领土为依托,因而国家领土主权的完整性标志着市场独立自主地位的完整性,领土主权的丧失才意味着市场独立自主地位的丧失。但在全球一体化市场的条件下,市场独立自主地位的基本内涵不仅包括市场赖以存在的领土主权的重要内容,还包括市场基础设施以及在市场领土版图内所发生经济行为和规则的独立性和自主性的权利。因为当国家经济主权权能发生跨国让渡之后,一国市场领域的经济行为体不仅涵盖本国市场经营主体本身,还包括别国甚至多国的市场经营主体,并且他国市场经营主体在没有损害市场领土主权的前提下,仍然可以通过经济行为控制一国的经济命脉,或者左右一国经济的发展进程,从而挖掉一国经济发展赖以存在的物质基础,使得该国家经济主权和经济安全产生巨大的风险。所以,在新历史时期,捍卫国家市场独立自主地位已经发生了新的变化,它不仅表现在市场领土的独立自主层面上,而且更重要体现在市场经济行为和经济规则的独立自主层面上。

但是,随着经济全球化的日益深化及全球一体化市场的迅猛发展,发展中国家国内市场经济规则的独立自主地位发生了很大的动摇。这是因为:

其一,国际市场规则的强制性约束。由于国内市场规则的权利行使在参与经济全球化进程中,受到来自于国际"游戏规则"的强制约束,在相当程度上让位于国际"游戏规则",使得国外市场经营主体借助国际"游戏规则"的强制性和权威性顺利地进入国内市场,并依仗技术优势轻易地获取在发展中国家市场的垄断权利。特别是当今国际"游戏规则"由西方大国主宰的情况下,发展中国家被迫接受不符合本国国情的国际市场规则,使得国内市场规则权利的独立行使不但受到严重地制约和干涉,而且受到极大地侵害。

其二,跨国公司的实力日益增强。发达国家跨国公司的作用与日俱增,它们的资金、技术和管理经验等对一国市场的经济增长有着重要影响,在很大程度上左右或制约该国的发展进程,进而动摇本国政府对市场经济规则独立制定的绝对地位,国家经济主权的捍卫存在着很大的隐患和风险,其自主性和独立性不断面临着丧失的可能。

其三,国内市场引资国别数量不断增多。随着发展中国家国内市场开放度不断加深,它日益凝聚全球资源的数量愈来愈多,投资规模愈来愈大,市场经济规则遭受不确定因素的冲击也在不断增加,其稳定性面临的考验愈来愈严峻。特别是国内市场引资国别数量日益增多,不同国别市场规则的相互冲突在国内市场日益激化,这对本国市场规则的独立制定与行使产生一定的影响,使得国内市场规则的独立自主地位受到很大的削弱。

其四,市场份额的跨国争夺日趋激烈,跨国并购成为控制市场份额的重要方式。在经济全球化的背景下,作为稀缺性资源的市场份额对国民经济的发展愈来愈重要,正成为一国经济增长和社会进步的重要引擎,因而市场份额的激烈争夺成为各国市场经营主体的战略任务,市场份额的配置规则自然成为各国市场经营主体的聚焦对象。但是,发达国家市场经营主体为了扩大占有市场份额,依仗自身雄厚资金和优势技术诱导性或强制性地改变发展中国家市场份额配置规则,或以跨国并购方式或提高控股权来改变国内市场游戏规则,从而进一步扩大它们的垄断行为,这对发展中国家民族企业在国内市场的生存带来很大的冲击。目前,跨国并购的数量与规模在我国市场日益增多,占 FDI 的比重愈来愈大,标志着国外市场经营主体通过跨国并购的方式来实现跨国垄断的趋势日趋强劲(见表3-4)。况且,国内市场的有限份额是发展中国家民族企业发展的重要源泉,对国民经济的稳定健康发展有着决定性的作用。一旦国内市场的有限份额被国外市场经营主体完全占有和垄断,发展中国家民族企业必定面临消亡的危险,国家经济主权和经济安全必将受到巨大的威胁。

表3-4　1995～2006年中国吸收外资、并购额及所占 FDI 比重　单位:亿美元

年份	中国 FDI	外资并购额	外资并购额占 FDI 比重(%)
1996	417.26	19.06	4.57
1997	452.57	18.56	4.1
1998	454.63	7.98	1.76
1999	403.19	23.95	5.94
2000	407.72	22.47	5.51
2001	468.78	23.25	4.96
2002	527.43	20.72	3.43
2003	535.05	38.20	7.14
2004	606.30	67.68	11.16
2005	724.06	82.53	11.39
2006	694.68	67.24	9.67

资料来源:UNCTAD,根据 World Investment Report 2001-2007 里的 China Fact Sheets 和历年《中国统计年鉴》数据整理所得。

因此,只有维护市场的独立自主地位才能维护国内市场安全,进而维护国家经济主权的独立性和自主性,切实维护国家经济安全。这就要求发展中国家强化制定国家市场经济规则的独立自主地位,在引进外资过程中进一步扼制国外市场经营主体的违规操作行为,切实维护国家经济主权和国家经济安全。所以说,在经济全球化的背景下,市场的独立自主地位是国家维护国内市场安全的基础,同时也是国家经济主权的核心内容。

(二)市场产权是市场独立自主地位的根本保证

从产权的角度来讲,市场产权是指市场经营主体委托中央政府对市场的构建、运作、所有、管理以及获益等的一系列市场规则与制度安排。建立市场产权的目的是通过中央政府独立自主制定一系列市场制度安排,以此明确市场经营主体对市场资源的占有、使用、收益和处置等权利边界,避免市场经营主体经济行为的权利与义务的脱节,实现市场成本收益的匹配,从而保证和维护国民经济在国家市场的正常运行。

然而,由于我国经济体制正处于转轨时期,一些市场规则与制度安排尚未建立,或者建立的市场规则与制度安排还不够健全与完善,特别是市场本身的产权制度还仍然欠缺。这主要表现在:市场进出规则不健全;市场交易行为缺乏约束力;市场竞争秩序不规范;政府宏观调控规则、法律和制度的缺乏等。而市场产权制度不健全就会导致市场所有权维护力薄弱;市场使用权(经营权)混乱;市场占有权(控制权)不合理、甚至失控;市场收益分配不公平和流失;国家作为市场产权主体没有严格依照法律调控市场;等等。正因为国内市场制度安排存在一系列的严重缺失导致国外市场经营主体轻而易举地抓住市场规则的漏洞,据此不断地扩大和演绎进而冲击和动摇国内市场的独立自主地位。这就要求我国建立市场规则的核心权能,即通过市场产权的核心权能——支配权——来绝对控制市场相关规则权利的制定,并把它作为制定市场相关规则权利的惟一标准与依据。只有这样,面临五花八门、纷繁复杂的市场规则才具有统一的尺度,市场独立自主地位才得以强化。否则,不同国别的不同市场规则具有不同的标准,由此而相互交错相互制约从而弱化我国市场规则的独立自主地位,国内市场安全不但不会得到保证,反而受到严重的侵害。其实,市场支配权在国外市场已有先例,只不过冠以国家安全或消费者安全种种名义设置各种市场壁垒,实质上是市场支配权的本质表现。因此,为了保证国内市场安全,必须建立市场产权制度安排特别是建立市场支配权制度安排,并以此作为市场相关规则制定的标准与准则,从而强化国内市场的独立自主地位。从这一层面来讲,市场产权是国内市场独立自主地位的重要保障。

如果我们忽视了市场产权问题的研究,没有市场产权制度安排维护市场独立自主地位。在经济日益全球化的条件下,西方发达国家推行的以侵蚀别国的市场规则为核心的新经济殖民主义就会长驱直入,必将严重影响国家的市场安全和经济安全。因为国家经济主权是实现国家利益的根本保证,市场独立自主地位是国家经济主权的核心内容,市场产权是市场主权的根本保证。缺乏公正合理市场产权制度,就会发生市场交易关系的严重失衡。在我国实施"市场换技术"的战略问题上,由于市场与技术的不对等交换,导致技术不仅没换来,而且许多行业的市场份额却被外商所控制。犹如百事可乐公司的案例:外方一直打着"国际惯例"的幌子,以品牌拥有者的身份,自行其是把划分和调整销售区域的权力攥在手里,并借此作为对产业链下游的灌装厂实施控制的手段。尤其该公司借总裁等主管负责人或经营者的变更,随意推翻前任负责人经讨论作出的区域划分内容,而"以当前总裁颁发的区域划分为准",把市场的热点区域"调包"到自己掌控的企业名下;或者是对合资合同早已规定的办法,用更新的"单方通知"作事实调整,而把原先的合同搁置一旁。近期,还用"偷梁换柱"的招数,把早已授予合资企业的前景优良的销售区域,悄悄地转为外方独资以及外方销售机构名下。当百事可乐公司的外方完成整合方案、金蝉脱壳之后,合资的灌装企业在最后核对时发现,其中约90%以上的毛利损失全由原来的合资企业来承担,而外方作为核心原料的唯一供应商,不仅没有毛利下降之忧,反而还会由于成品的跌价而坐享企业"价跌量升"的好处(核心原料因使用量增长而致使利润增多)。在这一案例中,国家的饮料市场被大范围抢占,但却没有获得核心原料技术使国家经济利益受到了巨大的损害。究其原因,就是没有健全的市场产权保护制度,国家作为"中方"市场产权主体却无法对国家的市场经营权、市场控制权、市场收益权等进行保护和监管,使得国家经济主权遭受了极其严重的威胁。

所以,我国实施改革开放战略以来,跨国经济行为体利用宗主国制度安排及国际相关规则的庇护,企图侵蚀和模糊我国市场产权的界限,进而扰乱我国市场的正常运行,以此攫取我国的大量物质财富,进一步损害我国经济主权。这就要求我国健全和完善市场产权制度安排,特别是健全和完善市场支配权制度安排,以此强化我国市场规则的独立自主地位,确保我国经济又好又快的发展。

(三)市场产权是国家经济主权权能的本质体现

国家经济主权权能是指国家对其全部财富、自然资源和经济活动享有充分自主的权利,包括对全部财富、自然资源和经济活动的所有、占有、使用、收益和处置的权利以及由这些权利所发挥的作用。然而,在市场经济的条件下,国家全部财富、自然资源和经济活动主要由市场机制来配置。所以,作为稀缺性资源的市场自然成为国家经济主权权利行使的重点对象,因而由市场机制配置的国家财富、自然资源以及经济活动的权利是国家经济主权权能的具体表现。因此,在以市场配置资源为基础地位的条件下,健全和完善市场产权制度安排,强化国家市场的独立自主地位,成为国家经济主权权能的本质显现。它们的逻辑路线可概括为:国家经济主权权能→国家经济活动所有权→市场经济活动及其规则所有权→市场产权;市场产权→市场经济活动及其规则所有权→国家经济活动所有权→国家经济主权权能。

　　从这里表明,要使国家经济主权权能得以强化,就要强化国家经济活动所有权的绝对性和完整性,就要强化市场经济活动及其规则在权利行使方面的权威性和绝对性,就必须建立市场产权制度安排。只有健全和完善市场产权制度安排,保证国家市场经济活动及其规则制定的独立自主地位,进而严格规范国外市场经营主体占有和使用国内市场的经济行为的权利与义务,抑制国外市场经营主体的跨国垄断行为,才能强化中央政府对国家经济活动行使权利的绝对性和至高性,才能强化国家经济主权权能。可以说,在全球一体化市场日趋形成的背景下,市场产权是国家经济主权权能的本质表现。因此,建立市场产权制度安排,维护国家市场安全,这对国家经济主权权能的强化以及国家经济安全的维护无疑具有重大的现实意义。

第四章 国家经济主权权能的市场产权基本要素之剖析

市场产权是国家经济主权权能的核心领域,建立和完善市场产权制度安排是强化国家经济主权权能的关键。从产权的角度来讲,狭义的市场产权指市场所有权,包括市场占有权、市场使用权、市场收益权和市场处分权等基本要素。建立市场所有权就是建立市场支配权的制度安排;建立市场占有权就是建立市场经营主体占有一定市场份额的制度安排;建立市场使用权就是建立市场经营主体使用市场的权利与义务相匹配的制度安排;建立市场收益权就是建立市场成本与收益相匹配的制度安排;建立市场处分权就是建立国家市场处分与国际市场处分相一致的制度安排。为此,建立市场所有权及其相关权能的制度安排,以此强化国家经济主权权能,这对国家市场安全的维护以及国民经济的持续发展无疑具有重大的促进作用。

第一节 市场所有权

一、所有权的一般含义

(一)所有权的起源

所有权概念起源于罗马法"dominium"一词。据西方罗马法学者认为,"dominium"一词是在罗马共和国晚期出现的,在这个词出现之前,罗马法中曾出现许多表达财产(近似于财产权)概念之词,如 familia、pecunia、mancipium、manus、patria、potestas 等。但这些概念都没有准确地表达所有人对物的绝对支配的含义,而在内涵上大都包括对家子的权利。德国学者莫里尔(monier)指出,"dominium"一词的出现意味着从有限的家父转化为对物的完全控制权。① "dominium"概念是对家父

---

① 王利明:《国家所有权研究》,中国人民大学出版社,1991年,第1页。

权的扬弃,它不再是家长的权利,而是演化为对财产的权利。

其实,"dominium"的出现经历了一个漫长的发展过程,即罗马土地公有制与土地私有制不断斗争的发展过程。按照许多罗马法学家的看法,"dominium"的形成,是地役权和用益物权产生的结果。而地役权和用益物权大约是在公元前三世纪或二世纪形成的,这两项权利的产生需要从法律上明确土地所有人的地位,这就促使了"dominium"的诞生。所以,"dominium"实质上就是法律对土地私人所有的确认,因而具有土地私人所有权的最初含义。

罗马法的所有权(dominium)概念出现之后,所有权与其权能的分离也相应发生。诚如多斯迪指出,"可以说,所有权的某些权力与所有权相分离,以及法定的和实际的权力的必要分离,是因为这种抽象的所有权形式的结果。"[①]所以,所有权概念的出现,促进了他物权制度的发展、占有与所有的分离、占有补救的产生以及有体物与无体物的分离等。随着商品经济不断发展,大约在罗马帝国第一世纪末期,罗马法所有权的另一个词"proprietas"产生了,这个词已具有非常明确的概念,即所有权是在法律许可范围内,对于物的占有、使用和滥用权。许多学者也称这一词是后世的所有权概念(英文的 property、法文的 propretie)的起源。

罗马法的所有权概念与自由资本主义时期的个人主义精神是相契合的,所以,它不仅深得19世纪后期的注释法学家所推崇,也被《拿破仑法典》和《德国民法典》所采纳。《拿破仑法典》第544条规定:"所有权是对于物决定无限制地使用、收益及处分的权利,但法律所禁止的使用不在此限。"[②]《德国民法典》第903条规定:"(所有权权能)以不违反法律和第三人权利为限,物之所有人得随意处分其物,并排除他人干涉。"此后,所有权概念的运用在伴随着自由资本主义经济的发展而变得更加频繁,陆续地出现于后世的相关文献之中。但是,所有权的内涵与外延随着社会历史的变迁而获得不断的发展。正如马克思指出那样,"在每个历史时代中所有权以各种不同的方式、在完全不同的社会关系下面发展着"。[③]

(二)所有权的含义

在传统民法中,所有权的定义有两种形式:一种是概括主义(或者说抽象主义),另一种是列举主义。概括主义式源自罗马法,后世的注释学派采用这种形式,

①　王利明:《国家所有权研究》,中国人民大学出版社,1991年,第2页。
②　《拿破仑法典》,李浩培等译,商务出版社,1996年,第72页。
③　《马克思恩格斯全集》第四卷,人民出版社,1958年,第180页。

指出:"所有权者,除法律禁止外,得对有体物享有不受限制的处分的权利。"①"所有权是以所有人的资格支配自己的物的权利。""所有权是所有人除了受自身实力和法律的限制外,就其标的物可以为他想为的任何行为的能力。"②近代《德国民法典》也采用了概括主义,"(所有人的权能)以不违反法律和第三人权利为限,物之所有人得随意处分其物,并排除他人干涉。"在抽象概括式中,所有权被视为"一般的支配权,为他物权之源泉"③。而列举主义式就是具体列举出所有权所包括的各项权能或多种作用,以此给所有权下定义。例如,《拿破仑法典》第544条规定:"所有权是对于物决定无限制地使用、收益及处分的权利,但法律所禁止的使用不在此限。"在列举主义式中,所有权被认为是占有、使用、收益和处分的集合,或多种作用的综合。实质上,概括主义就是通过规定出所有权抽象的作用而给所有权下定义,并不具体列举所有权的各项权能,认为所有权就是完全物权。而列举主义主要通过列举所有权的各项权能来揭示所有权的本质属性。

但是,关于所有权的确切定义,列举主义和抽象概括主义存在一定的分歧。列举主义认为,所有权是指所有人依法对自己的财产享有占有、使用、收益和处分的权利,占有、使用、收益和处分等四项权能是所有权的基本权能,权能是权利的存在表现形式,可以通过权能来诠释权利。抽象概括主义却对此提出质疑,认为列举主义所下的所有权定义,混淆了所有权本身与所有权之作用的界限。换言之,占有、使用、收益和处分是所有权作用的结果,这些权能之和并非所有权本身。将所有权本身与所有权作用之结果等量齐观,显非妥当。此外,依据列举主义的逻辑,占有、使用、收益和处分系所有权成立的必要要素,因而欠缺其中任一要素都将使所有权不称其为所有权,所有人不称其为所有人。然而这一结论无法解释所有人之所有权与占有权、使用权、收益权,乃至决定财产命运的处分权相分离时,缘何所有人不丧失其所有权的问题。④ 由此,概括主义进一步指出,所有权的权能不只包含占有、使用、收益和处分等这四项"积极权能",还包括排他性的"消极权能"。所以,所有权是对所有物的一种支配权,"所有人对于所有物之独占性支配权乃是所有权最本质的属性,是所有权的核心和灵魂。所有人是就所有物予以占有、使用、收益和处分,仅为所有人行使其支配权的直接表现。……认为所有权是所有人对于物

① 王泽鉴:《民法物权》(通则、所有权),台1992年,第127页。转引自梁慧星主编:《中国物权法研究》,法律出版社,1998年,第226页。
② 李锡鹤:《所有权定义形式之比较——与梁慧星先生商榷》,《法学》2001年第7期。
③ 史尚宽:《物权法论》,中国政法大学出版社,2000年,第55页。
④ 梁慧星主编:《中国物权法研究》,法律出版社,1998年,第226页。转引自李锡鹤:《所有权定义形式之比较——与梁慧星先生商榷》,《法学》2001年第7期。

之一种支配权的学说,已成为今学者之通说。由于这一通说的形成,关于所有权含义的定义也非随着变更不可。应当肯定,抽象概括主义,乃是现代各国民法关于所有权的基本定义主义。……基于以上分析,并立足于抽象概括主义的思维方式,所有权之概念可定义如下:所有权,指在法令限制范围内,对于所有物为全面的支配的物权。"①可见,所有权作为生产资料与劳动产品之归属关系在法律上的表现,其最本质的东西,则如"所有"二字的含义,是法律上排除他人,将某项财产据为己有,由己独占的归属权。在这里,归属权是所有权的本体,排除他人、独占财产则是归属权的效力。所有人正是因为享有这种归属权,才使得所有人即使——让渡物之占有、使用、收益和处分等权能,只要所有人不实施足以使财产易主的法律行为,继续保持留其作为财产所有人的名分,即归属权。②

诚然,不管是列举主义或概括抽象主义对所有权所下的定义,都明确了所有权包括占有、使用、收益和处分的权能。它们的分歧在于所有权本身的确切定义,并不否认所有权基本权能的存在。根据我国《民法通则》的规定:"所有权是指所有人依法对自己的财产享有占有、使用、收益和处分的权利。"占有、使用、收益和处分等权能是所有权的基本权能。所以,所有权具有以下的基本特征:首先,所有权表面上是人与物的关系,实质上是所有人与非所有人之间的一种经济关系;其次,所有权包括占有、使用、收益和处分等各项完整的权能,所以又称为"完全物权",其中,处分权决定着财产的归属,是所有权的核心,也是所有权与他物权的本质区别;再次,所有权的对象原则上应为有物体,我国民法特意使用"所有权"一词,这里的"财产"就是有物体,而把著作权、发明权、专利权和商标权等通通归入知识产权;最后,所有权是独占的支配权,是一种排他性权利,实行"一物一主"的原则。总而言之,所有权的核心是支配权,包括占有、使用、收益和处分的基本权能。

(三)所有权的基本权能

所有权的权能,又称之为所有权的作用或内容。它是所有权人为利用所有物以实现其对所有物的独占利益,在法律规定的范围内可以采取的各种措施与手段。各种所有权的不同权能表现了所有权的不同作用形式,是构成所有权内容的有机组成部分。所有权的权能有积极权能和消极权能(属于抽象权能,即排他性的权能)之分。在积极权能的层面上,它包含占有、使用、收益和处分等四个基本权能。

---

① 梁慧星主编:《中国物权法研究》,法律出版社,1998年,第229页。转引自李锡鹤:《所有权定义形式之比较——与梁慧星先生商榷》,《法学》2001年第7期。
② 彭万林主编:《民法学》,中国政法大学出版社,1994年,第288页。转引自李锡鹤:《所有权定义形式之比较——与梁慧星先生商榷》,《法学》2001年第7期。

第一，占有权能。占有权能是指特定的所有人对于标的物进行管领的事实，即占有为所有权的事实权能，亦即所有权的基础权能。占有权能最能反映所有权人与物之间的关系，因为所有权的最直接表现形式就是"占为己有"。① 占有权作为所有权的一项权能，在大多数情况下与所有权是重合的，但占有权也可以与所有权发生分离，成为一种独立的权利，这种分离的现象主要是依合同而发生的。在所有权的基本权能中，占有权能是使用权能、收益权能和处分权能的基础，是所有人进行生产资料生产的前提条件。马克思曾指出："实际的占有，从一开始就不是发生在对这些的想象的关系中，而是发生在对这些条件的能动的、现实的关系中，也就是实际上把这些条件变为自己的主体活动的条件。"② 它构成了生产的前提条件。

第二，使用权能。使用权能是指依所有物的性能或用途，在不毁损所有物本体或变更其性质的情形下对物加以利用，从而满足生产生活需要的权能。一般而言，拥有所有权的目的首先在于对所有物的使用，这是所有权的利益所在，因此使用权能是实现所有权利益目的的权能。③ 使用权能是直接于所有物之上行使的权利，是以实现所有权利益的实现为目的，并且对所有物的分离、让渡和转移起着支配作用。马克思指出："只要'生活资料和享受资料'是主要目的，使用价值就起支配作用。"④所以，生活资料和享受资料的使用权的存在，对所有人利益的实现有着决定性的影响。

第三，收益权能。收益权能是指利用所有物并获取由其产生出来的新增经济价值即孳息的权能。⑤ 收益权能与使用权能有着密切联系，因为收益的前提在于对物的利用，没有对物的利用也就没有收益及其权利。马克思认为，"单纯法律上的土地所有权，不会为土地所有者创造任何地租。""土地不出租，土地所有权就没有任何收益，在经济上就没有价值。"⑥在资本主义条件下，收益权表现为对剩余价值的无偿占有，即职能资本家拥有对企业收入的占有，货币资本家拥有对利息的占有，土地拥有者拥有对地租的占有。这些占有的形式就决定他们的生产方式，也是资本家获取收益的前提。然而，在现代市场经济条件下，收益权能不仅是一项独立权能，而且成为所有权最重要和最基本的一项权能。

---

① 王利民:《物权本论》,法律出版社,2005 年,第 129 页。
② 《马克思恩格斯全集》第四十六卷(上册),人民出版社,1979 年,第 493 页。
③ 王利民:《物权本论》,法律出版社,2005 年,第 130 页。
④ 《马克思恩格斯全集》第四十六卷(下册),人民出版社,1980 年,第 388 页。
⑤ 王利民:《物权本论》,法律出版社,2005 年,第 131 页。
⑥ 《马克思恩格斯全集》第二十五卷,人民出版社,1974 年,第 853、854 页。

第四,处分权能。处分权能是指依法对物进行处置,从而决定物的命运的权能。① 它反映的是人在变更财产的过程中所产生的权利义务关系。处分权能包括事实上的处分(实务形态上的处分)和法律上的处分(价值形态上的处分)两种形式。处分权在所有权权能中占有极为重要的地位,是决定所有者可否将自己的意志表达于所有财产的重要一环。因此,在各个法律主体之间发生的法律上的处分行为中,一个没有处分权的主体,是无权与他人缔结转让财产合同的。有无处分权往往是判断有无所有权的重要依据。

二、市场所有权的含义、构成要素及特征

(一)市场所有权的基本含义

市场,在传统的理解中是一种抽象的无形的实体,在现实生活中也没有明确的界限与边界,因而对市场进行一种权利的界定往往是不可被人接受。随着商品经济不断发展,社会分工日益深化以及市场经济日趋成熟,市场配置资源的范围逐步打破一个区域或国界的限制,并且市场份额占有率对一国经济的发展显得愈来愈重要,维护市场份额在一定程度上就是维护国家根本利益的重要体现。由此国家市场的有形边界与实体逐渐显露出来,并日益成为国际交往赖以存在的稀缺性的国家资源。与此同时,信息时代的到来,无形的信息技术的所有权界定已成为国家制度安排的重要内容,标志着所有权的界定已从有体物向无体物的过渡和发展。在这样环境下,国家市场作为有体物和无体物相统一的国家资源,对此界定相应的权利和义务成为国家发展经济的迫切要求,因而国家市场所有权的概念就此产生了。

市场所有权概念,是曾繁华教授在《论市场所有权》文中首次提出。他在对市场的起源、发展以及市场的成本与收益进行分析时,认为国家间的经贸往来由于缺乏市场权利的界定,导致一国经济利益过度受损或者过多受益,进而引致国与国之间利益格局的严重失衡,引发国与国之间的摩擦与冲突不断升级,甚至爆发战争。为此,界定市场所有权将有利于阻碍国际霸权主义的推行,切实维护国家贸易应有收益,缩小国际利益格局的贫富差距,赢得世界的和谐。随后,他的博士研究生在此基础上,尝试运用市场所有权分析政府间关系、国家经济职能问题以及国家经济安全问题,并取得相应的理论成果。虽然市场所有权的定义目前在学界上还未达成共识,且有待进一步研究和深化,但市场所有权概念的提出,对市场成本与收益

---

① 王利民:《物权本论》,法律出版社,2005 年,第133 页。

的考察、国家利益最大化的分析以及国家经济安全的研究提供了一个崭新的视角。

曾繁华教授认为,市场所有权,在国家层面上是指一个国家对于其建立在领土主权基础上的市场本身所具有排他性和可让渡性的权利,包含市场占有、使用、收益和处分的权能。在这一定义中,最本质的内容是"市场所有"的含义。它是法律上排除他人,将市场由国家独占的支配权。在这里,支配权是市场所有权的本体,排除他人、独占市场则是支配权的效力。国家正因为享有这种支配权,才使国家即使让渡市场的占有、使用、收益和处分等权能,继续保留国家作为市场的支配权主体。而市场所有权的客体,主要指市场硬件设施、软件设施以及市场经济制度安排等内容。就行使市场权利而言,市场所有权主体对客体的支配权,实质上是国家对国内市场硬件设施、软件设施以及市场经济制度安排的支配权。然而,在市场制度安排的制定上,虽然政府在进行市场制度安排过程中存在制度学习和制度效仿(向他国学习与模仿先进的市场管理制度与方法)问题,但一个国家占主导地位的意识形态和相应的社会制度决定了主权国家必须独立自主地进行市场所有权的制度安排,市场支配权必须掌握在国家手里。市场所有权主体——国家——可以根据自己的意志和要求,通过对市场所有权内部结构的调整与制度安排,实现民族主权国家的国家经济利益。如果一个主权国家任由他国或某国经济组织来确定自身的市场经济制度规则与市场运行秩序,由他国或某国际经济组织来掌握与行使市场所有权,势必会导致市场支配权和经济主权的丧失以及国家根本利益的损害。

(二)市场所有权的构成要素

市场产权,在狭义上是指市场所有权。根据所有权的定义表明,所有权的核心是支配权,具有占有、使用、收益和处分的相关权能,因而市场占有权、市场使用权、市场收益权和市场处分权就构成了市场所有权的内在结构,成为市场所有权的构成要素。

市场支配权是市场所有权的核心和灵魂。那么支配权的内涵是什么?马克思在论及什么是"土地所有权"时认为,"土地所有权的前提是,一些人垄断一定量的土地,把它作为排斥其他一切人的、只服从自己个人意志的领域。"①他还进一步指出,"私有财产如果没有独占性就不成其为私有财产"。② "不同地租形式的这种共同性——地租是土地所有权在经济上的实现,即不同的人借以独占一定部分土地的法律虚构在经济上的实现——使人们忽略了其中区别。"③马克思在这里指出

---

① 《马克思恩格斯全集》第二十五卷,人民出版社,1974 年,第 695 页。
② 《马克思恩格斯全集》第三卷,人民出版社,1960 年,第 425 页。
③ 《马克思恩格斯全集》第二十五卷,人民出版社,1974 年,第 715 页。

"排斥其他一切人"、"独占性"、"排他地占有"的概念,已经确定了支配权的含义。也就是说,支配权是在同一物之上独立支配其物的排他的权利。由于法律赋予所有人的支配权具有排他的效力,因此产生了所有权的排他性原则,即一物不容二主,同一物之上的所有权只能是单一主体,而不能是多重主体。一物一权乃是所有人对其物享有完全的独占的支配权的必然引申。因此,市场支配权,相对于国家市场的范围而言,其惟一的主体必须是国家,并且具有"独占性"、"排他性"的特征。

市场占有权、市场使用权、市场收益权和市场处分权等相关权能是市场所有权或市场支配权的延伸。从市场所有权的内在结构来看,市场所有权的相关权能是完整的。因此相对于其他物权来说,市场所有权是"完全"物权。但是,市场所有权在实际运动过程中,其权能是可以让渡的。由于市场所有权的权能可以依据国家的意志和利益,通过法定程序与市场所有权发生分离,但并不导致国家丧失市场所有权,这是因为国家可以通过行使市场支配权而控制和实现市场所有权。

在生产社会化程度不高、经营方式比较简单的条件下,国家往往集市场所有权的各项权能于一身。但是,随着社会经济的发展,尤其进入社会化大生产之后,市场占有、使用、收益和处分相关权能不可能也不需要聚集于国家手上,市场的经济资源不必完全由国家自己经营。市场有关权能完全可以依据国家的意志和利益从市场所有权中部分地分离出去,实现这种分离的法定方式是多样的。例如通过契约的方式,国家将其市场所有权权能转让给本国市场经营主体或外国市场经营主体,市场经营主体在契约规定的期限和条件下可行使市场所有权的相关权能。所以,在经济全球化的背景下,为了提高资源流动速度与激活市场激烈竞争,国家必须把市场所有权相关权能以自主有限方式让渡予以最佳市场经营主体,使市场经营主体享有占有市场、使用市场的部分权利,以此提高资源配置效率促进国民经济快速发展。当市场经营主体对市场的占有、使用、收益和处分的权利超越国家市场所有权的权限,或者损害国家根本利益,国家将依据市场支配权收回市场经营主体所具有的部分权能,维护国家市场所有权的完整性和圆满性。

在新中国成立初期,国有企业往往集所有权各项权能于一身,企业生产与消费处于绝对计划之中,其产品也是统购统销形式,因而企业对市场的部分占有、使用、收益和处分的权能也就无法存在。改革开放之后,随着国有企业所有权与经营权发生一定的分离,国有企业对市场占有、使用、收益和处分的权能也相应分离出来。在小型国有企业中,对市场的占有、使用、收益和处分的权能由企业经营者在国家法律框架内自主决定,企业的生死存亡是经营者的自主抉择。在大中型国有企业中,利改税的实行,意味着企业市场收益权已从市场所有权中分离出来,并成为一项独立权能的表现形式。可见,我国把市场所有权的相关权能让渡出去,其目的是为了激活国有企业的发展活力,提高市场配置资源效用,促进国家经济增长,使得人民生活水平得到进一步提高。如果企业对市场的占有、使用、收益或处分的权利违反国家市场制度安排,如企业垄断行为、企业污染超标问题、企业产品危害人民健康问题等,国家将通过市场支配权的效力收回企业所拥有的市场相关权能的权利,维护国家市场所有权的完整性和圆满性。

如今,随着生产社会化程度不断提高以及经济全球化日益深化,在我国市场不仅有国内市场经营主体,还出现国外市场经营主体,对市场的部分占有、使用、收益和处分的权利已成为市场经营主体在国家法律框架内的自主行为。同样,在国外市场里,我国市场经营主体在他国法律制度框架内也具有市场的部分占有、使用、收益和处分的权利。所以市场的相关权能从市场所有权中分离出来,已成为各国政府运用市场与提高市场效用的普遍形式。但是,国家把市场所有权的相关权能以自主有限方式让渡予以市场经营主体,并非意味着市场所有权的丧失,而是市场所有权的延伸,是国家市场所有权实现经济价值的表现,也是维护国家根本利益的重要形式。

（三）市场所有权的本质特征

市场所有权,在国家层面上是指一个国家对于其建立在领土主权基础上的市场本身所具有排他性和可让渡性的权利。排他性权利和可让渡性权利是市场所有权的本质特征。市场排他性权利表达的是国家对本国市场的一种支配权,是国家对本国市场绝对拥有的身份与象征,是市场所有权的核心。而可让渡性权利是在排他性权利的基础上,把市场所有权相关权能以自主有限方式让渡予以市场经营主体,市场可让渡性权利并不是市场所有权部分权利的丧失,而是市场所有权在市场经济条件下为了获取特定利益的延伸,其目的是维护和实现市场所有权的根本利益,进而更加稳固和保证市场所有权的完整性。

但是,市场所有权的可让渡性并非历来就有,而是伴随全球一体化市场的不断发展而变得愈加频繁。冷战时期,由于资本主义阵营与社会主义阵营的激烈对峙,全球市场被人为地划分成两个相互竞争的国际市场,标志着国家市场排他性特征占据了主导地位。到20世纪80年代,和平与发展已成为世界的主题,社会主义与资本主义的政治对抗逐渐淡化,经济上的合作成为国与国之间交往的主旋律。特别是市场经济在社会主义国家的建立,为资源的全球配置扫清了制度性障碍,也为全球一体化市场建立了稳定预期的制度环境。尤其网络技术的发展,虚拟性市场的开发,加速了统一世界市场的形成,使得国际贸易和国际直接投资获得前所未有的增长,市场所有权的可让渡性成为国际经贸发展的内在要求。在 1985～1994 年,国际贸易增长速度是世界生产增长速度的 2 倍。1994 年,世界贸易总额达5.17 万亿美元,其中商品贸易额达 4.09 万亿美元,首次突破 4 万亿美元大关;到 2000 年,世界贸易总额进一步上升至 7.7 万亿美元,比上年增长近 5%。而资本流动的变化幅度更大,每年均以两位数的速度在增长。1990 年,国际直接投资总额为 2062 亿美元,1995 年增至 3300 亿美元,到 2000 年,国际直接投资总额到达 1.3 万亿美元。① 国际贸易和国际直接投资的迅速增长,加速了世界性经济组织的建立,使得国家间的经济利益逐渐加深,国家间的经贸往来日趋频繁,国家市场所有权的排他性逐渐弱化,而可让渡性成为这一时代的重要特征。

可是,市场所有权的可让渡性是有边界的。由于国家市场所有权的可让渡性权利是在排他性权利的基础上派生出来,一旦可让渡性权利超越了市场所有权的范围与边界,或者损害国家利益和民族利益,市场所有权将通过国家市场支配权收回市场的可让渡权利,保证市场所有权的圆满性和完整性。简而言之,一国市场让渡的权利是根据国家利益和民族利益来决定。如今贸易保护主义、反倾销、制造贸易壁垒等等经济行为的合法性,在一定程度上是依靠市场支配权来强化和巩固国家市场所有权,维护本国市场的根本利益。因此,国家市场所有权排他性和可让渡性是如影相随,不可分割的统一体,并且根据国家利益和民族利益决定它们行使的权利边界。

三、界定市场所有权对国家经济主权权能强化的意义

在全球一体化市场日趋形成的背景下,市场配置资源的力量日益强大,国家市场权利边界与国际市场权利边界也变得日益模糊,特别是西方发达国家主权"过时论"、"模糊论"的鼓吹者,利用种种借口和舆论进一步模糊国家市场权利边界,使得发展中国家中央政府干预市场的权利与对象失去了明确的界限。与此同时,发达国家跨国公司依仗雄厚资金和优势技术,借助国际游戏规则的平台轻易地绕过发展中国家经济主权壁垒,疯狂地蚕食发展中国家国内市场所有份额,国内市场跨国垄断频频发生。尤其是发达国家跨国公司实施战略联盟进而积聚垄断优势力量在发展中国家市场的滥用,在相当程度上限制或左右发展中国家发展进程,使得发展中国家经济主权权能愈加弱化,国家市场安全和国家经济安全受到严重威胁。所以,发展中国家必须明确国家市场权利边界,建立市场所有权制度安排,以此强

---

① 吴兴南,林善炜:《全球化与未来中国》,中国社会科学出版社,2002 年,第 52、107 页。

化国家经济主权权能,从而切实维护国内市场安全和国家经济安全。

首先,界定市场所有权,就是明晰国家市场权利边界以及国家经济主权权能的行使对象,从而强化国家经济主权权能。在全球一体化市场的条件下,发展中国家为了快速地与国家市场接轨,以此利用国际市场提高本国资源的配置效率,往往把国际市场的制度安排凌驾于国内市场的制度安排,或者否定国内市场制度安排的存在,其结果必然导致国家经济主权权能的不断弱化,国家根本利益未能得到有效保护。这就要求发展中国家必须明确哪些市场权利属于国内的,哪些市场权利属于国际经济组织的,哪些市场领域是可让渡性的,哪些市场领域是排他性的。只有明确市场的权利边界以及国家经济主权权能的行使对象,发展中国家在提高本国资源配置效率的同时,才能强化国家经济主权权能,维护国家市场安全和国家经济安全。

其次,界定市场所有权,实质上是明确国家市场支配权,以此强化国家经济主权权能。国家市场支配权主体是中央政府及其相关部门。它在国民的委托下制定一系列制度安排规范市场经营主体的经济行为,维护市场经济的正常运行以及市场安全,从而维护人民根本利益。一旦市场经营主体经济行为危害市场安全,扰乱市场运行秩序,政府相关部门将通过市场支配权合法地严厉地惩治市场主体经济行为。比如,四川腾中重工民营企业收购美国悍马品牌之事,我国商务部对此有绝对的审批权。而审批权的合法性在于商务部在我国人民的委托下,判断这一行为后果对我国市场污染等问题有多大影响,并且根据这种判断结果有权决定这一行为的延续或终止。商务部的审批权是我国市场支配权行使权力的具体表现,是市场所有权的核心内容。所以,市场所有权的界定,虽然目前各国还没有现成的或明确的制度安排,但有些规定或权利已经隐约地折射出市场所有权的影子。如企业排污指标的规定、企业垄断市场份额的指数标准、外资企业对民族企业的控股比例限制等,这些规定和限制是市场所有权主体合法行使权利与履行义务的具体表现。又如,2003 年 3 月我国颁布的《外商投资产指导目录》,鼓励外商投资的产业总共有 13 个大类,271 个小类;限制的产业涉及 13 个大类中的 74 个小类,禁止投资包含 10 个大类中的 32 个小项。禁止外商投资的产业约占目录所列产业的8.49%,允许外商投资的产业约占 91.51%。[①] 应该说,这些鼓励、限制和禁止的政策是我国市场所有权主体行使支配权的一种表现形式,并根据我国市场利益和民族利益的得失来决定这些鼓励、限制和禁止的类型、数量与行业的规定。因此,明确国家

---

① 汪斌,陈海达:《跨国垄断在中国:现状、影响及规制》,《嘉兴学院学报》2005 年第 4 期。

市场支配权有利于国家经济主权权能的强化。

再次，界定市场所有权，明确国家市场的权利与义务，以此实现国家市场成本和收益的匹配，切实维护国家市场的可持续发展，从而强化国家经济主权权能。改革开放以来，外资企业在华投资为我国生产技术的改进以及人民生活水平的提高带来了一定的积极作用，但我国一些地方政府长期实施"以投资促发展"的发展战略给予外资企业的一系列优惠政策，导致国家市场发展成本不断加大。特别是在相当长的一段时间内，我国各个地方为了加大吸引外资力度，不仅在国家规定的免二减三的制度上做法极度灵活，而且出现了恶性竞争的势态，使各个地区之间对于外商投资企业所得税的征收差别很大，以致市场权利与义务的脱节进一步扩大，市场收益向外流失更为严重。虽然我国现行法定的外商投资企业所得税税率为33%，但在各个地方减免等优惠措施的带动下，并且由于税收征管方法等方面的问题，外商投资企业所得税的实际税负水平远远低于法定的税率，形成了相对于国内企业的"超国民待遇"。正由于这种超国民待遇的享有，根据学者的统计，国内每吸收5美元的外资，就会损失1美元的财政收入，则导致了我国吸引外资数量、规模与其对中国经济贡献不成比例的现状。更严重的是部分内资企业为了享受超国民待遇，想尽一切办法搞"假合资"，从而助长了税收规避行为。所以，对外资企业的优惠政策，一方面助长了内资企业为了减轻企业压力而发生避税、偷税与逃税的违法行为，另一方面使得外资企业的投资收益大于成本，而额加的成本将由民营企业或国民收入全部承担，进而增加了我国市场发展成本。这就要求我国必须界定市场所有权，以此明晰和规范外资企业经济行为的权利与义务，实现市场成本与收益的匹配，切实维护我国市场的可持续发展，从而强化我国经济主权权能。

最后，界定市场所有权，严格规范国外市场经营主体占有和使用市场的基本权利，以此维护国内市场安全，从而强化国家经济主权的独立性和自主性。国家经济主权是政治主权的基础，也是国家经济安全的重要内容。维护国家经济主权的独立性和自主性，就是国家在对外开放的前提下，对本国领海、领土与领空的经济领域享有独立自主的管辖权、治理权与决策权。然而，经济全球化的到来，它虽然给各国带来了发展经济的广阔空间，但也给很多国家尤其是发展中国家的经济安全和经济主权带来了严重威胁。为此联合国2000年《人类发展报告》指出，"迄今为止的全球化是不平衡的，它加深了穷国和富国、穷人和富人的鸿沟"。全球化在某种意义上是发达国家掠夺发展中国家的工具。德国学者K.S.科摩也指出，"事实上，现在的金融体系及其自由化仅使那些已经享有特权并且主宰世界经济的国家受益,代价却由发展中国家,特别是它们当中最穷的国家承担。"①美国学者阿兰·伯努瓦也认为,全球化首先表现出来的是经济不平衡的加剧,同时殖民主义仍然以其他方式继续存在。激进政治经济学学派也认为,经济剩余从外围经济体向输出资本的发达国家转移,而不发达的外围经济体则陷入"低技能、技术,低工资"的发展陷阱。② 由此,经济全球化的不断发展,迫使发展中国家不得不敞开自己的国门迎接这一历史潮流,而保护自己市场和产业的能力却大大地削弱。其结果,发展中国家的重要经济领域可能受到发达国家实力强大的跨国企业的操纵,使还很不健全的市场和脆弱的民族工业处于困境。尤其在金融领域方面,金融的全球化在西方发达国家引发和操纵下,发展中国家纷纷放弃政府管制推进金融深化改革,作为国家经济主权标志的金融管理和调控职能明显降低。特别是国际货币基金组织推进的金融深化改革,造成作为国家经济主权标志的货币政策和财政政策效力受到很大的限制,一旦全球经济危机爆发,该国政府往往变得无能为力,国家经济安全面临崩溃的边缘。因此,界定国家市场所有权,特别是健全和完善国家金融市场的制度安排,以此防止投机资本对国家金融市场的冲击和影响,稳定金融市场良性运作,从而维护发展中国家经济主权权能的独立性和自主性,进而维护国家经济安全。

第二节　市场占有权

一、占有权的一般含义

占有权是从所有权中派生出来,成为所有权的基本权能之一。在经济生活中,占有权是一项具有实际意义和内容的重要权利。然而,在法律文献里,占有权与占有是两个不同的概念,并且其含义大相径庭,因此有必要解释一下占有的含义。

(一)占有的含义

马克思认为,"私有财产的真正基础,即占有,是一个事实,是不可解释的事实,而不是权利。只是由于社会赋予实际占有以法律的规定,实际占有才具有合法占有的性质,才具有私有财产的性质。"③占有在历史发展的每个特定阶段上都表现

---

① 格拉德·博克斯贝格等:《全球化的十大谎言》,胡善均等译,新华出版社,2000年,第106页。
② 阿兰·伯努瓦:《面向全球化》,载《全球化与世界》,中央编译出版社,1998年,第18页。
③ 《马克思恩格斯全集》第一卷,人民出版社,1956年,第382页。

出一定的社会形式和社会性质。占有本身并不是为了孤立地、静止地控制某物,或为占有而占有。占有的目的是为了发生人和自然之间的结合以及物质的变换。人对自然的占有,实际上是对再生产条件的占有。"实际的占有,从一开始就不是发生在对这些条件的想象的关系中,而是发生在对这些条件的能动的、现实的关系中,也就是实际上把这些条件变为自己的主体活动的条件。"①实际的占有,意味着在生产过程中生产资料同劳动者的结合,使得生产、分配、交换和消费四个环节中得到了表现并获得了自身的规定性。占有是人和自然之间的物质交换的一般条件,也是再生产过程的一般条件。所以,占有与所有制的内涵是一致的,都是指个人或集团对物(生产资料和劳动产品)实行控制的事实。

然而,占有和所有权是不同的,二者的关系等同于所有制与所有权的关系,所有权实质上是所有制(占有关系)在法律上的反映。在实际生活中,占有关系的变化必然要反映到作为上层建筑的法律中来,使所有制和所有权关系相互适应,而所有制的变化反过来又为占有关系的变化创造一定的条件,促进所有权的发生变化。在阶级社会中,法律为了稳定符合统治阶级意志和利益的占有关系,赋予了实际占有以合法占有的性质,从而使所有制以及一系列保护所有权的方式和方法应运而生。因此,占有关系直接表现为所有权关系。首先,占有主体必然是财产所有权的主体,在不同的社会中,各种主体对财产的占有形成多种所有权形式,决定着所有权的不同分类。其次,占有的方式决定着所有权行使的不同形式。"应该看到,所有权作为法律关系或意志关系,与作为客观的经济关系的占有关系即所有制关系不能完全等同的。人们可以通过法律的形式改变所有权形式,但是不能改变客观的经济占有关系。当经济占有关系不变的时候,所有权形式以及所有权的观念可能发生多种变化。"②从历史与逻辑的统一来看,占有与所有制的内涵是一致的,所有权是它们的表现形式。

(二)占有权的含义

占有权是指占有某物或某财产的权利,即在事实上或法律上控制某物或某财产的权利。在民法的范围里,占有权所指的是所有权的占有权能,在一般的情况下两者的含义基本一致。王利民认为,占有权能是所有权的基本权能之一,"是指特定的所有人对于标的物进行管领的事实,即占有为所有权的事实权能,亦即所有权的基础权能"。③ 占有权能是所有权最重要的权能之一,是行使所有权的基础,也

---

① 《马克思恩格斯全集》第四十六卷(上册),人民出版社,1979 年,第 493 页。
② 王利明:《国家所有权研究》,中国人民大学出版社,1991 年,第 123 页。
③ 王利民:《物权本论》,法律出版社,2005 年,第 129 页。

是实现资产使用权能和处分权能的前提。如果没有占有权能,其他三项权能的行使都会受到影响。只有真正拥有占有权能,使用、收益和处分等权能才会更好地行使。但有了占有权并不意味着就有了使用、收益和处分的权能,它仅为其他三项权能行使的前提。然而,在大多数情况下占有权与所有权是重合的,"因为所有权只有从占有开始,才能由客观权利变为主观权利,而且只有当占有权回复到所有人手中,所有权才最终恢复期圆满状态。"①但在特定条件下,作为所有权的一项独立权能,占有权能也可与所有权分离,形成为非所有人享有的独立的权利。"当占有权能与所有权分离而属于非所有人时,非所有人享有的占有权能同样受法律保护,所有人不能随意请求返还原物,回复其对所有物的占有。非所有人的合法占有权被他人侵夺时,他可以基于所享有的占有权能请求侵夺人返还原物。"②所以,在特定的情况下,占有权能作为所有权的一项独立权能而存在。

王效贤认为,"所有权的占有权能,包括事实占有与法律上的占有,在自主占有的情形,二者通常表现一致。"③为此,所有权与占有权能的分离,依然包含事实占有的分离和法律上占有的分离。事实占有的分离意味着所有物自所有人移转给非所有人,使所有人由自主占有变为他主占有,但并没有获得合法权利的保障。由此,所有物的事实占有的分离,并不一定导致所有权的丧失,"但法律上占有的丧失,则意味着所有权的消灭。如所有人将所有物抛弃,在通常情形下,其事实占有及法律上的占有同时丧失,该物所有权消灭;倘若该所有人为无民事行为能力人或其意思表示瑕疵,则其通过抛弃虽然丧失了对所有物的现实控制,即事实占有的丧失,但并不丧失法律上的占有,其占有权仍然存续,所有权并不消灭。"④因此,事实占有和法律占有可以通过一定方式转移给非所有人,这种移转可以依照法律规定或所有人的意思实现,从而构成对所有权的一种限制。

(三)占有与占有权的区别与联系

占有都是指个人或集团对物(生产资料和劳动产品)实行控制的事实。从历史的角度来看,它与所有制的内涵是一致的。但在民法中的占有,仅指所有权范畴内的事实占有,其含义是指对财产的实际占据和控制。而占有权能系指人对财产直接加以掌握、控制的权能,是所有者与他人之间因对财产进行实际控制而产生的权利义务关系。为此,占有和占有权能在其含义上是不同的。

---

① 王利明:《国家所有权研究》,中国人民大学出版社,1991年,第126页。
② 王利民:《物权本论》,法律出版社,2005年版,第130页。
③ 王效贤,刘海量:《物权法总则与所有权制度》,知识产权出版社,2005年,第176页。
④ 王效贤,刘海量:《物权法总则与所有权制度》,知识产权出版社,2005年,第176页。

然而,在民法中,占有是指对标的物事实上的管领力,意味着事实上的占有。事实上占有某物,不一定享有所有权,因而不具有占有权。如承租人基于租赁合同对租赁物的占有,盗贼对盗赃物的占有等,这些占有仅为事实上的占有,并没有赋予法律上的规定性,不具有占有权。只有事实上的占有享有法律上的权利与义务,事实上的占有才能转变为法律上的占有,成为所有权的基本权能之一。与此相反,如果所有人对某物享有法律上的占有的权利与义务,就意味着所有人对某物的控制与支配,即事实上的占有。所以,在包含与被包含的关系上,法律上的占有包含着事实上的占有,而事实上的占有并没有涵盖法律上的占有。因此,在法律层面上,所有权是一个抽象的物权概念,需要一个从外部可识别的表征,占有权能即为此外部表征,通过它我们可以窥见所有人对所有物的实际控制,不论该物辗转入于何人之手,只要所有人的所有权不消灭,所有人就能在法律上乃至事实上控制该物。

二、市场占有权的基本含义

市场占有权是指市场经营主体或企业的资本、产品或劳务等,在国家市场所有权的前提下对一定市场份额享有占有比例的权利。也就是说,在市场经济条件下,市场占有权从市场所有权中分离出来并以自主有限让渡予以市场经营主体,使得市场经营主体的资本、产品或劳务等在本国市场享有占有市场份额比例的权利。对于企业而言,市场占有权是企业实现利润的前提和基础。只有企业拥有市场占有权,才能使得其资本、产品在市场上合法的融资与销售,从而索取它的预期收益。如果企业的资本、产品占有市场的比例超过市场所有权的约束,或对本国市场的有序竞争构成威胁,市场所有权主体将通过市场的支配权收回市场占有权,恢复市场所有权的完整性,进而维护本国市场安全。所以,市场占有权是市场所有权最重要的权能之一,是行使市场收益权的基础,也是实施市场使用权能和处分权能的前提。

市场占有权是从市场所有权分离出来的,它在我国法律制度框架内一方面赋予市场经营主体享有占有一定市场份额比例的权利,另一方面要求市场经营主体承担相应的义务。其目的是扼制跨国公司或外资企业进一步扩大占有市场份额的地位和权利,要求其履行相应的义务。但是,在西方发达国家主宰当前国际游戏规则的条件下,跨国公司在发展中国家市场的市场占有权权利与义务相脱节更为严重。改革开放以来,在传统产业如家电行业上,虽然我国民族企业市场占有率和市场竞争力有所提高,我国已从只能生产电子管黑白电视机的国家变成了一个世界最大的电视机生产国和出口国,在我国国内市场中占据最大份额(67%)的已不是外国的产品或外国品牌产品,而是我国企业的产品,进口产品只占33%;在电冰箱方面,中国产品已占98.6%,进口产品仅占1.4%。这说明改革开放以来我国企业产品的市场占有率与企业竞争力有了明显提高,但相对于跨国公司而言,我国民族企业的市场竞争力比较低,尤其在其他行业上我国企业的市场占有率和市场竞争力还相当脆弱,随时都有可能遭到跨国公司的冲击和吞并。目前,全球跨国公司控制全球生产总值的40%,其占全球研发水平的80%~90%,全球跨国公司的国际贸易和国际技术贸易分别占据全球总量的50%~60%、60%~70%。[1] 可见,作为全球市场发动机主要零部件的大型跨国公司无论是作为资源配置的过程还是作为资源配置的结果,在产品、劳务和技术的市场占有率都具有绝对的垄断地位和绝对的市场控制力,导致它们的权利与义务的脱节不但没有被缩小,反而进一步拉大,从而增加引资国的市场发展成本。

　　市场占有权与市场所有权的分离是依据市场所有权主体的需要来表达。在特定的条件下,市场所有权主体为了实现某一利益,需要占有权能与市场所有权是重合的,因而它们的主体是唯一的。比如国有军工企业的市场所有权与市场占有权往往集于一身,即国家。在市场经济的一般条件下,市场占有权也可以从市场所有权中分离出来,成为一项独立的权能,并且自主有限让渡给予市场经营主体,此时市场所有权与市场占有权的主体发生分离,即前者是国家,后者是市场经营主体。但这种分离仅为事实上的分离,并非法律上的分离,并且这种分离的程度是根据市场所有权主体的意志和要求来决定。一旦市场所有权主体即国家出于某种需要和目的有意索回市场占有权,国家将依据市场支配权合法地收回市场主体的市场占有权,使得市场所有权最终恢复其圆满状态。再比如,我国为了弥补资金短缺,解决失业问题以及活跃市场竞争氛围,允许外资在华投资建厂以及其产品销售于我国市场或控制我国市场份额的一定占有率。如果外资企业的生产规模逐年扩大,其产品逐渐垄断我国某个行业的市场份额,从而影响我国产业结构调整和产业安全。我国政府将通过相关法律制度索回外资企业的市场占有权,维护市场安全和国家经济安全。所以,市场占有权的主体具有唯一性和可让渡性的特征,并且它们主要是依据市场所有权的意志和需要来表达。

　　① 曾繁华,鲁贵宝:《基于市场产权的国家竞争优势研究——一个新的经济全球化"游戏规则"及其博弈框架》,经济科学出版社,2008年,第46页。

三、外企大量占有市场份额对国内市场竞争的影响

在市场经济条件下,市场占有权是企业实现收益的前提。如果企业生产的产品再多再好,没有权利销售于市场,企业收益也无法实现。但是,在一国市场里,建立市场占有权制度安排实质上就是确定企业资本、产品或劳务占有市场份额的一定比例。市场份额是指一个企业的销售量(或销售额)在市场同类产品中所占的比重。市场份额能直接反映企业所提供的商品和劳务对消费者和用户的满意度,也能表明企业的商品在市场上所处的地位。一般情况下市场份额越高,表明企业经营、竞争能力就越强。在全球经济一体化的驱动下,外资企业或跨国公司依仗雄厚资本和先进技术在发展中国家某些行业的市场份额取得绝对的控制地位,特别是它们利用知识产权的保护以及实施战略联盟的手段进一步强化和巩固市场的垄断地位,在相当程度上设置了市场准入的重重壁垒,严重制约发展中国家国内市场竞争的培育与发展。

改革开放以来,外资企业的大规模举进在为我国经济发展注入了新活力的同时,也带来了严重的负面影响。特别是外资企业已从最初的合资合作演变到了越来越多的收购、控股各个行业的龙头骨干企业,构成了市场垄断,从而抑制国内市场有序竞争的良性运作,在一定程度上左右或控制我国国民经济的发展进程。比如,在装备制造业上,外资企业在我国市场控制力呈现不断扩大的态势,大大地制约我国产业结构调整的历史进程,直接威胁我国产业安全(见表4-1)。

表4-1　2006年外资企业在我国装备制造业销售收入的市场占有率　单位:亿元

行　业	我国工业企业市场的销售总收入	外资企业工业销售收入	比例(%)
金属制品业	6394.5	2359.27	36.90
通用设备制造业	10197.83	2900.76	28.44
专业设备制造业	5932.97	1526.71	25.73
交通运输设备制造业	15562.60	6739.60	43.31
通信设备、计算机及其他电子设备制造业	26844.02	22423.20	83.53
仪器仪表及文化、办公用机械制造业	2735.00	1832.07	66.98
电器机械及器材制造业	13363.92	5077.56	37.99

资料来源:2007年《中国统计年鉴》。

从表4-1的数据表明,外资企业在金属制品业、交通运输设备制造业、通信设备、计算机及其他电子设备制造业、仪器仪表及文化、办公用机械制造业和电器机械及器材制造业控制我国市场份额已超出30%。尤其外资企业在通信设备、计算机及其他电子设备制造业的市场占有率竟达83%,意味着对我国该行业的市场份额完全处于绝对控制地位。对于一个国家市场而言,外资企业对本国市场份额控制率越高,标志着本国企业生存空间相对越小,对本国企业的培育与成长的压力就越大。假如按国际通行的外资企业市场控制率警戒线标准(通常为20%,一般行业为30%,少数竞争性行业为50%)来衡量当前外资企业对我国产业市场控制率,则亮起红灯的行业已经很多。

如今,美国微软占有中国电脑操作系统的市场份额高达95%;法国米其林占有中国子午线轮胎市场份额为70%;芬兰诺基亚、美国的摩托罗拉等跨国公司占有中国手机市场份额70%;美国思科占有中国网络设备行业市场的60%;美国柯达占有中国感光材料行业至少50%以上的市场份额;特别是美国的可口可乐公司利用强大的资本优势,迅速在中国设立20多家生产基地,仅用几年时间占有中国饮料、浓缩液市场份额的70%,形成"一支独大"的绝对垄断局面。还有瑞典的利乐公司在20世纪70年代进入中国,20多年的时间使得利乐在中国架构起了近1000条灌装机生产线,控制着95%无菌包装市场,占绝对垄断地位。由这些数据表明,跨国公司在华垄断,其领域越来越广,其势头越来越猛,国内市场竞争环境的培育和维护受到严峻的挑战。

总的来说,外资企业或跨国公司在华垄断的不断扩大,严重地制约了国内市场有序竞争的培育与运作。一方面它为我国内生经济增长埋藏了巨大的潜在风险和隐患。因为国内市场的有限份额是培育民族企业成长与发展的前提,而外资企业或跨国公司几乎霸占国内市场的所有份额,相当于给民族企业进入市场设置很大的屏障,具有一定规模的民族企业不但没有从中获得生存机会,反而被扼制在死亡边缘,使得外资企业或跨国公司轻易地挖掉国民经济赖以存在的物质基础。一旦国际市场稍有风吹草动,外资企业或跨国公司纷纷撤资脱离,从而掏空国民经济发展延续的生命力,国家经济安全受到巨大威胁。另一方面它制约了我国建设社会主义现代化的发展进程。因为外资企业或跨国公司在华垄断的直接目的是攫取超额利润,与我国进行社会主义现代化建设的发展方向并不一致。如果外资企业或跨国公司在华垄断不断扩大,民族企业在国内市场必将消失殆尽,因而跨国经济实体必然成为国民经济发展的路径依赖,从而偏离我国进行社会主义现代化建设的发展方向越来越远,在一定程度上制约或左右我国社会主义现代建设的发展进程。

所以,控制外资企业或跨国公司在国内市场的占有率,成为我国维护国民经济持续发展迫切解决的战略任务。

四、界定市场占有权对国民经济自主发展的意义

建立市场占有权,就是明确外资企业或跨国公司占有国内市场份额的一定比例的权利,其目的就是抑制跨国垄断在国内市场的产生与蔓延,这对国内市场有序竞争的培育以及民族企业的成长有着重要的现实意义。

其一,建立市场占有权,严格控制外资企业或跨国公司占有国内市场份额的一定比例,从而抑制跨国垄断的产生,有利于提高国内市场生产技术的改进和创新。在市场经济条件下,企业进入或退出市场的原因固然众多,但最主要原因是成本与收益的权衡,而它又与市场占有率密切相关。当新兴企业产品的市场占有率所带来的预期收益大于其成本,企业愿意进入市场而参与市场竞争;当新兴企业产品的市场占有率所带来的预期收益小于或等于其成本,企业更多地选择退出市场。假如竞争对手已完全垄断着整个市场份额,新兴企业的投资预期收益固然很小甚至小于其成本,作为理性的新兴企业必然选择退出市场或不进入市场。其结果导致市场竞争环境不但没有得以净化,反而加重了垄断企业的垄断行为。这就要求我们界定市场占有权,明确企业占有市场份额的一定比例的权利,为新兴企业进入市场而参与竞争提供了机会,从而激活或培养市场竞争环境,孵化国内生产技术的改进与创新。

其二,健全和完善市场占有权,就是明晰国家市场与地方市场的权利边界,有效地阻止跨国公司的规模效应,维护国内市场的有序竞争环境,提高国民经济发展的自主性。在全球一体化市场的冲击下,国家间的市场边界、地方间的市场边界变得日趋模糊,发达国家跨国公司以此为"契机",一方面积极地蚕食发展中国家的国家市场份额,另一方面不断地开辟和拓展地方新兴市场进而霸占地方新兴市场所有份额。跨国公司之所以有如此强大的扩张力和垄断力,除了雄厚资金与先进技术等因素之外,其中一个重要因素就是跨国公司利用市场无边界发挥其规模效应。因为市场权利边界的模糊与消失,跨国公司的消费者由于市场的无限扩展而变得无限扩大,在市场优胜劣汰根本法则的作用下,其结果必然导致跨国公司的垄断行为不断蔓延,在相当程度上制约或左右引资国的发展进程。只有界定市场占有权,明晰国家市场与地方市场的权利与义务边界,扼制跨国公司规模效应的强劲势头,才能维护国内市场的有序竞争以及国家经济安全。当然,界定市场占有权,并不是搞贸易保护主义,而是在允许跨国公司进入市场的前提下限制其产品占有

市场份额的一定比例。其目的是阻止跨国垄断行为的不断蔓延和扩张,从而维护本国市场安全和国家经济安全,提高国民经济发展的自主性。

其三,界定市场占有权,就是界定国家市场占有权与地方市场占有权相统一的制度安排,制止跨国垄断在国家市场或地方市场的滋生,降低国民经济发展的依存度,维护国民经济发展的自主性。因为国家市场是由若干地方市场所组成,并且各地方市场发展水平存在很大差异。如果以国家市场统一尺度衡量国外市场经营主体的占有率和控制率,势必出现该经营主体在地方市场构成垄断而在国家市场没有形成垄断的分离格局。一旦跨国垄断不断扩大与蔓延,必将导致国民经济发展的依赖性越来越高,从而挖掉国民经济自主发展的坚实基础,国家经济安全和国家经济主权受到威胁。由此,为了杜绝国外市场经营主体在国内市场的垄断行为,就要实施国家市场和地方市场相统一原则来衡量国外市场经营主体的占有率和控制率,才能遏制跨国垄断在国内市场的滋生,促进民族企业的快速成长,才能更好地维护地方市场安全和国家市场安全,从而维护国民经济发展的独立性和自主性。

目前世界各国虽然还没有成文的市场占有权制度安排,但已陆续出台了外资企业控制市场地位的相关规定,在一定程度上这些规定就是市场占有权制度安排的具体形式。比如,美国在 20 世纪 30 年代就制定了《反托拉斯法》,设立了外国投资委员会,对重要行业的跨国并购进行评估和审查。在 1988 年美国又通过了《埃克森－弗洛里奥修正案》,该法案授权美国总统有权中止或禁止那些确实威胁美国国防安全的外国跨国公司对美国企业的收购、合并或接管。根据该修正案规定,外国公司并购美国公司如果涉及与国家安全相关的产业,该项跨国并购案将受到美国外国投资委员会的审查。[①] 在欧洲,欧共体部长理事会在 1989 年制定了《欧共体企业合并控制条例》,该条例认为,如果合并的企业或公司被视为对共同体或对共同体的一个重大部分具有影响,应当由欧共体委员会作出是否批准合并的决定。另外,合并后企业的市场份额是欧共体判断能否合并的一个基本测度标准,即合并后企业能否将多数竞争者排挤出市场,能否具有涨价能力,能否构成市场进入障碍等,[②]这些指标将作为欧共体能否允许企业合并的重要依据。在日本,日本政府颁布《外汇管理法》条款,在外资准入的审查上明确规定了 3 条积极标准和 4 条消极标准,并有外资持股不超过 50%、到日本投资者必须带来新技术等的严厉规定。[③] 可见,世界各国制定的相关规定,充分反映了东道国在不同程度上限制外资企业占

---

① 秦永红,戴永红:《浅析发达国家对跨国公司市场准入的规制》,《西南民族大学学报》2009 年第 5 期。
② 马友君:《俄罗斯吸引外资的历程及其前景》,《西伯利亚研究》2004 年第 1 期。
③ 聂名华:《日本对企业并购的法律管制》,《亚太经济》2003 年第 6 期。

有本国市场份额的权限,其目的在于限制外资企业进入本国市场从事经营活动从而保护和培育本国民族企业,切实维护国家市场安全和国家经济安全。这些条款和规定不仅为我国建立市场占有权制度安排提供了借鉴,还为我国建立市场占有权制度安排的实践运用提供了合法性的依据。

第三节　市场使用权

一、使用权的一般含义

在任何社会经济形态中,人们占有生产资料和劳动产品都不是目的,占有的目的是为了获取物的使用价值或增值价值。所以,不论是所有人或非所有人,他们占有财产,最终是为了对财产有效地利用或从中获取经济上的利益。这种利用财产的权利,就是使用权。法律上有所有权的人当然就有使用权,但享有使用权的人并不一定有所有权。比如国有企业的职业经理人,他对企业的固定资产具有使用权,但不享有所有权。

使用权作为所有权的一项独立权能,是指依所有物的性能或用途,在不毁损所有物本体或变更其性质的情形下对物加以利用,从而满足生产生活需要的权能。一般而言,拥有所有权的目的首先在于对所有物的使用,这是所有权的利益所在,因此使用权能是实现所有权利益目的的权能。[①] 实际上,物的使用权在本质上是由物的使用价值所决定的,物的使用价值对物的使用权的分离和让渡起着支配地位。马克思曾指出,"只要'生活资料和享受资料'是主要目的,使用价值就起支配作用"。[②] 获取物的使用价值以满足所有人的需要,是所有人的意志和利用的体现,而所有人以外的其他人,负有不妨碍所有人获取其物的使用价值的义务。所以,使用权作为所有权的一项独立权能,所有人可以在法律规定的范围内,依自身的意志而使用其物,同时也可以取得所有物的孳息,包括天然孳息和法定孳息。但是,物的使用价值是由物的自然属性所决定,自然要受物的自然属性的制约。而自然属性之物的使用价值的发现和应用,是人类生产经验日益丰富和科学技术日益进步的结果,它将随着科学技术的进步和生产力水平的提高而不断提高。为此,物

---

① 王利民:《物权本论》,法律出版社,2005 年,第 130 页。
② 《马克思恩格斯全集》第四十六卷(下册),人民出版社,1980 年,第 388 页。

的使用权也受到所有人对物的利用水平和使用方式的限制。

由于使用权能是直接于所有物之上行使的权利,因而使用权的存在首先以占有物为前提。一般情况下当物与所有人分离以后,所有人的使用权亦与其所有权发生分离。所有人可以根据法律或合同,将使用权移转给非所有人行使。非所有人取得使用权后,即使在已经对物实行事实上使用的情况下,必须根据法律或合同的规定进行,一般要按照指定的用途使用。所以,非所有人享有的使用权,不过是从所有权中分离出来的一项权能,并且非所有人的使用权依赖于所有权。

二、市场使用权的基本含义

市场使用权主要是指国家规定企业利用市场的权利与义务关系。在商品经济比较落后的条件下,市场使用权与市场所有权往往共存于一个主体。随着生产力不断发展,商品经济高度发达,尤其市场经济的日趋成熟和完善,市场使用权逐渐从市场所有权分离出来,并让渡给予市场经营主体而成为一项独立的权能。在我国初期,由于长期不承认商品经济的存在,不承认生产资料是商品,认为企业生产产品只是为了使用价值而不是为了价值,甚至把追求价值当作“利润挂帅”的批判,所以,企业的所有权和使用权集中在政府手里,进而把企业管得太多,统得过死,企业对国家资源、财产的使用和管理受到过多的政府行政命令的限制,而不能自主地、创造性地对国家资源、财产进行使用。改革开放后,社会主义市场经济体制的建立,《全民所有制工业企业法》的出台,以及一些列关于扩大企业自主权的相关规定的颁布,企业使用权或经营权才逐渐从企业所有权中分离出来,成为一项相对独立的权能。因此,企业所有权与使用权、经营权的分开,表明了企业使用权、经营权的主体发生变更,即从政府手里转化为市场经营主体手里,这标志着市场经营主体对企业进行自主经营、自负盈亏,此时,企业对市场的使用权才逐渐产生。

市场使用权是从市场所有权分离出来让渡给予市场经营主体,使市场经营主体根据市场的性能和用途利用市场的权利义务关系,成为市场所有权的一项基本权能。曾繁华教授认为,市场使用权是指一国政府在拥有市场所有权的前提下,国家把市场的经营权委托给与自身存在契约关系的企业具体开展生产经营活动。[①]在此,市场使用权所指的是市场主体的经营权。但本文在此基础上认为,市场使用权不仅包括企业的经营权,即企业经营的产业、行业范围以及排污的指标,还包含

---

① 曾繁华,鲁贵宝:《基于市场产权的国家竞争优势研究——一个新的经济全球化“游戏规则”及其博弈框架》,经济科学出版社,2008 年,第 44 页。

市场性能和用途本身的利用的权利,比如企业使用市场价格信号、配置资源场所与市场制度安排的权利。所以,市场使用权的基本内涵主要是指一国政府在拥有市场所有权的前提下,把市场的经营范围、价格信号、配置资源场所和制度安排委托给与自身存在契约关系的企业进行利用的权利。

首先,在经营范围方面,市场使用权主要体现为企业在市场所有权的约束下所从事的经营行业范围、产品内容、质量与排污指标等。如果企业所从事的行业、产品内容、质量与排污指标超越了市场所有权的相关规定,国家将通过市场支配权合法收回市场经营主体享有的市场使用权。

其次,在市场信息方面,市场使用权主要体现为企业在国家规定的范围内享有市场散布相关信息的权利。由于市场是一个信息库,在竞争市场里获取一定的信息就相当于获取一定的收益,当然信息也是有成本的。如果个别企业为了从某机构或组织获取优先的或不对外公布的信息实现自身利益最大化,并且通过行贿、受贿甚至非法手段来获取这些信息。这就违反了市场散布信息的公平、公正、公开根本原则,市场所有权就会收回企业市场使用权能。然而,有些个别企业为了自身的利益,故意隐瞒一些对外公布的信息,使得交易者之间的信息不对称导致某方利益受损。比如,在股票市场,有些上市公司为了扩大融资的目的,对那些本来对外公布的经营信息却没有开诚布公,甚至伪造财务报表,致使股民利益受到很大损害。这就要求市场所有权通过支配权对此进行严厉惩罚,或者收回市场使用权。因此,企业对市场信息的使用权,国家在赋予其享有相应权利的同时,也要求其承担相应的义务。如果企业使用市场信息的权利与义务发生脱节,市场所有权主体将收回企业在市场信息方面的使用权。

再次,在资源配置场所方面,企业的市场使用权主要体现为企业在国家规定的范围内自由配置资源的权利,它一方面可以在市场版图内投资建厂,吸收市场的人力、物力和财力等资源,另一方面可以把自己的资源、产品转让或销售于市场,使得企业资源重新整合,提高企业生产效益。因为市场是社会资源配置的场所,并且,在现实生活中场所往往表现为可计量的面积,犹如企业建筑面积、摊位面积等。拥有市场使用权在通常情况下就表现为拥有这些场所面积的使用权,并在此基础上获取相应的收益。

据浙江省《绍兴日报》报道:

浙江省绍兴市绍兴大龙农贸市场改造提升工程即将结束,对此市场重新进行了三年使用权拍卖,结果拍卖成交价是年租金560万元。

位于市区环城西路的大龙市场经营场所的三年使用权并不引人注目,但是9

月 29 日的拍卖结果却让人刮目,它的年租金起拍价是 280 万元,结果拍出了 560 万元,翻了一番。

"大江农贸市场、大云农贸市场都是绍兴市区农贸市场里的佼佼者,这两家市场一年可以收取的摊位费分别也就 500 万元左右,而大龙市场的租金却一举超过两大市场,这还不包括工作人员的工资等,真让人吓了一跳。"参加大龙市场使用权拍卖的王先生对记者说,大龙市场拍出了每年 560 万元的租金多少有点离谱,他的心理价位是 400 万元左右。

据悉,拍得大龙市场使用权的马先生,先前经营过塘南农贸市场。这次,他花 560 万元拍得的大龙市场经营场所的三年使用权自 2009 年 11 月 1 日起,至 2012 年 10 月 31 日止,面积约 5850 平方米。①

从这一报道说明,市场使用权在浙江省绍兴市大龙农贸市场已开始具体运用,并把市场使用权转变为现实价值进行拍卖,这成为市场使用权在现实生活中首次运用的先例。

最后,在市场制度安排方面,市场使用权主要体现为企业利用国家规定的市场竞争规则进行自主经营、自负盈亏,以及利用市场制度安排的约束力和强制力规范市场的交易行为,进而减少交易主体之间由于信息不对称而扩大的交易成本,使得企业权益得到合法保护。

总的来说,市场使用权是一个涵盖内容十分丰富的范畴,包含市场经营范围、价格信号、配置资源场所和制度安排等方面的内容,并在现实生活中已经得到充分的运用。但目前我们并没有把这些内容纳入市场使用权统一范畴,导致在治理市场方面往往表征为比较纷繁复杂和紊乱,使得市场使用权的权利与义务发生脱节,从而影响市场的可持续发展。

三、外企过度使用市场对国内市场生态环境的影响

对于外资企业而言,市场使用权主要是指外资企业在国家和政府规定的范围内进入国家市场的权利,也就是说外资企业的市场准入的权利与义务。简言之,外资企业拥有市场使用权,就是在国家和政府规定的范围内进入市场,并与我国市场经营主体享受同等"国民待遇"的权利。一般情况下,市场使用权与一个国家开放度密切相关,国家市场开放度越大,市场使用权让渡给与外资企业的内容就越多。在一定程度上市场使用权的大小往往成为衡量一国市场开放度的重要标志。然

---

① 沈卫莉:《大龙市场使用权拍出万元天价》,《绍兴日报》,2009 年 10 月 15 日。

而,改革开放以来,我国引进外资已经取得了举世瞩目的成就,但在我国取得成绩的背后,外资企业大规模进入的负面影响,已对我国市场生态环境的维护与国民经济的持续发展构成了严峻的挑战。其主要表现在以下几个方面:

首先,外商在华投资日益增多,国内市场资源消耗日益增大,国家经济主权和国家经济安全受到严重威胁。新中国成立50多年来,我国GDP增长了10多倍,而矿产资源消耗却增长了40多倍。我国已成为煤炭、钢铁、铜的世界第一消费大国,继美国之后的世界第二石油和电力消费大国。2004年中国GDP总量占当年全球GDP总量的4.4%,而当年我们消费的原油、原煤、铁矿石、钢材、氧化铝、水泥,却分别占全世界消费总量的7.4%、31%、30%、27%、25%和40%。[①] 根据统计,我国单位产值能耗比世界平均水平高2.4倍,是德国的4.97倍,日本的4.43倍;目前,我国单位国内生产总值能源、原材料和水资源消耗大大高于世界平均水平,我国的石油对外依存度高达50%、钢铁为44%、铜58%、铝30%。显然,中国经济的高速增长是以资源的大量消耗为代价。依靠大量消耗资源支撑经济增长,不仅使资源供需矛盾更加突出,也制约了经济增长质量和效益的进一步提高。如果以目前的速度消费下去,中国将很快面临自然资源全面短缺的危机。有学者预测:中国到2010年,在45种主要矿产资源中,原油、天然气、铀、铝、铁、铜、金、银、铂族金属、镍、金刚石、硫、硼、耐火粘土、磷和石棉等20种矿产都不能保证需求。可以说,随着外资企业的逐年增多,我国资源安全的形势是相对严峻的,在长期中它对中国经济主权和经济安全的影响是不容忽视。

其次,外资企业利用我国市场准入制度不健全,把具有严重污染的生产基地移植到国内市场,对我国市场生态环境的维护构成严重的影响。环境成本内在化是外资企业产生污染转移问题的源动力和内在原因。从总体来讲,发达国家及新兴工业国家和地区的环境标准成本要高,由此必然引起跨国公司等国际投资主体在全球范围内的"寻租"活动,即将资本从环境标准高、环境成本内在化程度高的国家和地区撤出,投向环境标准低、环境内在化成本低的国家和地区,以获取源于环境成本差异的"租金"(超额利润)。因此,长期以来,发达国家及一些新兴工业化国家和地区的企业为牟取高额利润将一部分高耗能、高耗材、高污染的"三高"企业,以直接投资形式转移到我国境内,造成严重生态环境污染问题。据我国1995年第三次工业普查资料显示,外商投资于污染密集型产业的企业有16998家,工业

---

① 国务院新闻办公室,《国新办:第一次全国经济普查结果新闻发布会及李德水局长答记者问》,中国农业信息网,http://www.agri.gov.cn/jjps/t20051221_520081.htm。

总产值 4153 亿元,从业人数 295.5 万人,分别占全国工业企业相应指标的 0.23%、5.05% 和 2.01%,占三资企业比例为 30% 左右。其中投资于严重污染密集产业的企业有 7487 家,工业总产值 3793 亿元,从业人数 118.6 万人,分别占全国工业企业相应指标的 0.10%、2.41%、0.81%,占三资企业比例为 13% 左右,但占污染密集产业的比例为 40% 以上。这说明污染密集产业特别是严重污染密集产业是外商投资的重要产业,并且这些产业投资对中国生态环境的巨大侵害所造成的负面影响已是客观事实。而它们对生态环境严重破坏的恶果意味着我们要支付高额的环境成本,从整体上和长远上就会严重地遏制我国经济发展进程。

再次,外资企业控制进而过度开采和掠夺我国市场矿产资源,对我国市场和国民经济的可持续发展带来严重影响,从而对国家经济安全构成一定威胁。由于大多数矿产是不可再生资源,在一般情况下矿产行业往往属于垄断性行业,因而其投资回报率也很高。所以,对我国矿产行业的投资成为外资企业投资的重要领域。目前,外资企业以合资方法参与我国一些重要矿产资源的勘查和开采,之后以控股、兼并、并购等方式对我国矿产等不可再生资源进行控制和开发。据媒体报道,我国贵州黔西南布依族苗族自治州的烂泥沟金矿、辽宁营口市盖县的猫岭金矿、云南东川播卡金矿,这三大金矿目前已探明储量均超过 100 吨,远景储量分别为 150 吨、300 吨、400 吨,被国土资源部称为"世界级金矿"。三大金矿分别为澳大利亚的澳华黄金、加拿大的曼德罗矿业公司、加拿大的西南资源公司所掌控,外方控股比例分别高达 85%、79%、90%。[1] 据 2006 年 2 月 17 中国并购研究中心报告的《中国产业地图》显示:我国每个已开放产业的前 5 名,都由外资公司控制;在 28 个主要产业中,外资在 21 个产业中拥有资产控制权。总的来说,虽然外资企业的进入,为中国矿产资源开发领域带来了国际先进的勘探经验和技术,逐步具备了按国际惯例和标准对勘探开发全过程进行组织和管理的能力,但随着我国市场进一步开放,产业开发领域逐渐拓宽,外资企业利用并购等形式控制我国矿产资源呈现不断扩大的态势,严重地制约我国市场持续发展,使得国家经济安全受到威胁。

最后,地方政府官员为了政绩降低市场准入门槛,引致外资企业的触角延伸到我国重要行业领域,进一步威胁我国市场健康发展和国家经济安全。一段时间以来,地方 GDP 往往作为考核地方政府官员政绩的重要指标之一,因而不少地方政府官员为了政绩、政治资本掀起招商引资的狂潮。在招商政绩的驱动下,一些地方政府无原则地降低招商引资门槛,几乎到了为了招商什么都敢干的地步。在这种

---

① 庾莉萍:《外资介入我国矿产资源领域的思考》,《中国金属通报》2008 年第 20 期。

情况下,外资企业便有了可乘之机。另外,个别政府官员为了自身利益最大化,对外商投资所涉及的重要行业领域大开"绿灯",甚至给予外商享受"超国民待遇"的权利,尤其对外商违法开采和生产不追究责任,"睁一只眼闭一只眼"地庇护,从而纵容了外商的违规操作和违法经营,严重威胁国内市场的稳定、健康和可持续发展。

四、界定市场使用权对国民经济持续发展的意义

由于国外市场经营主体使用市场的权利与义务的脱节,以致国与国之间市场成本收益的失衡,进而引发市场负外部性的产生。但是,市场负外部性是市场配置资源低效的重要因素,也是国民经济可持续发展受到严重制约的重要根源。只有杜绝了国外市场经营主体使用市场权利与义务的脱节,实现市场成本收益的匹配,才能维护国家市场的健康成长以及国民经济的持续发展。否则,国与国之间市场发展水平的差距就会越拉越大,低水平市场必定遭受高水平市场的殖民化掠夺,最终形成中心与外围的依附格局,进一步遏制国民经济发展的持续性。这就要求我国健全和完善市场使用权,以此提高国内市场发展水平,维护国内市场的可持续发展,从而维护国民经济的可持续发展。

第一,建立市场使用权就是独立规范市场准入制度,强化我国市场经济规则制定的独立性和自主性,促进国民经济的可持续发展。市场准入制度是国家对市场进行干预的基本制度,它作为政府管理的第一环节,既是政府管理市场的起点,又是一系列现代市场经济条件下的一项基础性的、极为重要的经济法律制度。目前市场准入的概念在国际协议中陆续出现和使用,如《服务贸易总协定(GATS)》、《农产品协议》和《实施动植物卫生检疫措施的协议》等。但在这些文件中对市场准入并没有统一的解释,并且这些解释在大多数情况下参与了发达国家的意志和利益,与发展中国家生产力发展水平不太相适应,因而市场准入制度在不同国家里应根据该国国情来独立制定。但是,对跨国公司准入市场的规制,各国政府已开始着力解决,至今还未意见一致,跨国垄断问题依然普遍。所谓跨国公司的市场准入规制就是指东道国对外国法人进入本国市场从事经营活动所做出的限定和规范。从20世纪70年代后期开始,世界各国越来越认识到对跨国公司活动进行引导和控制的必要性,准入政策作为东道国和跨国公司正面交锋的第一环节,一度成为最主要的政府规制手段。比如,在2007年,我国修订的《外商投资产业指导目录》中,明确规定我国稀缺或不可再生的重要矿产资源不再鼓励外商投资,一些不可再生的重要矿产资源不再允许外商投资勘查开采,限制或禁止高物耗、高能耗、高污染

外资项目准入。这些措施在一定程度上限制外商投资的领域与进入,对我国重要矿产资源的开采和使用得到有力保护,从而维护我国矿产资源的持续发展和国民经济的健康发展。所以,建立市场使用权制度安排,规范市场准入制度,对国家市场安全的维护以及国民经济的可持续发展有很大的促进作用。

第二,建立市场使用权,就是明确外企在华投资的成本与收益的匹配,防止外企过多过度占有和使用市场,维护我国市场的生态环境和市场的可持续发展,从而维护我国经济的可持续发展。由于我国建立社会主义市场经济体制时间较短,在许多方面仍然存在制度真空和漏洞,发达国家跨国公司依仗自己掌握完善市场经济体制的信息优势,在我国市场制度真空和漏洞攫取大量财富,使得我国经济在现期阶段存在透支现象,进而影响我国经济和市场的可持续发展。另外,发达国家跨国公司利用我国市场劳动力价格和污染成本偏低,进而把具有严重污染的生产基地推进我国市场境内,导致我国市场生态环境极度恶化,维护市场持续发展的成本大大增加,在长期范围内对我国经济独立自主发展构成威胁。所以,建立市场使用权,健全和完善市场的制度安排,尤其转变“以污染换增长”的思想观念,明确跨国公司使用市场权利与义务关系,实现跨国公司在华投资的成本与收益的匹配,从而维护我国市场的生态环境和国民经济的可持续发展。

第三,建立市场使用权的制度安排,真正贯彻和落实有法必依,执法必严,才能制止外商的违规操作和违法经营,维护市场安全和国家经济安全。当前,我国还没有一项关于企业使用市场权利与义务的制度,对外资企业过多、过度使用市场缺乏有力的约束,引致外商借此对我国资源、市场进行不合理的开采和经营。尤其在地方政府“招商政绩”的驱动下,个别官员盲目地降低引资门槛,或者为了索取某些利益大胆地给外商打开绿灯,进一步纵容和包庇外商的不合理经济行为,使得市场资源过度占有和使用进而威胁市场安全和国家经济安全。因此,建立市场使用权的制度安排,认真贯彻和落实外资企业使用市场的法律制度,以此约束外商各种不合理的经济行为,维护国民经济的可持续发展。

第四节　市场收益权

一、收益权的一般含义

收益权是所有权的一项重要权能,是指利用所有物并获取由其产生出来的新增经济价值即孳息的权能。① 收益权不等于收益。收益可以是财产的经营者、管理者为所有人而收益（如在信托关系中，受托人为受益人而收益），也可以是经营者和所有者共同收益。为此，史尚宽认为，"收益谓收取天然及法定孳息。使用及收益合称为用益。所有人收取天然孳息，为事实的收益，例如摘取果实。收取法定孳息，为法律收益，例如出租房屋，收取租金。"②所以，对于所有人来说，收益有事实收益和法定收益之分，对所有物所有人享有独立的收益权。而对于经营者来说，若完全为他人收益，则并没有享有独立的收益权。只有在为自己收益的情况下，不管其收益的范围多大，都表明他享有从所有权中转移出来的收益权。

　　收益权是利用财产并获取一定的经济利益的权利，它与使用权有着密切联系。有一种观点认为，应从广义上理解使用权。使用不仅是对物的效用的利用，还包括在物之上获得经济利益，因而使用权应包含收益权。王利明则认为，"严格地讲，不能认为有了使用权就有收益权。因为这毕竟是两个不同的权能。如果使用权包括了收益权，那么就有可能助长一些全民所有的企业无限占有企业的收入，这样不仅直接侵犯了国家的收益权，而且最终损害了国家所有权。"③所以，在现实生活中，有了使用权不一定有收益权，如在房屋租赁中承租人只有使用权，但不能通过转租从中获得收益。同样，有了收益权也不一定使用权，如公司的股东不能对其出资的财产直接使用，但能够凭着股票而获得收益的权利。因此，在所有权与使用权、收益权发生分离的情况下，使用权为了获取物的使用价值，而收益权为了获取物的价值增值，在不同的情况下，两者有可能分开也有可能统一，它们毕竟是两个不同的权能。

　　收益权是所有权中一项最重要的权能。"因为所有权必然要求在经济上实现自己和增值自己。人们所有某物，都是为了在物之上获取某种经济利益以满足自己的需要，只有当这种经济利益得到实现之后，所有权才是现实的。"④如果享有所有权对所有人毫无收益，所有人等于一无所有。所有权要在经济上实现自己，除了获取物的使用价值和获取物的价值以外，还要取得用物化劳动所产生出来的新价值（收益）。在市场经济不断发展的条件下，收益权能在所有权中的地位与日俱增，因为市场中的行为主体作为私人利益主体，就是以其所有追求利益的最大化，并以此不断地扩大自己的所有，因此，其所关注的是自己所有财产的保值与增值以

---

①　王利民：《物权本论》，法律出版社，2005 年，第 131 页。
②　史尚宽：《物权法论》，中国政法大学出版社，2000 年，第 63 页。
③　王利明：《国家所有权研究》，中国人民大学出版社，1991 年，第 133 页。
④　王利明：《国家所有权研究》，中国人民大学出版社，1991 年，第 135 页。

及如何才能实现这种保值与增值,而至于财产是由自己占有使用,还是交由他人占有使用,则并不是重要的问题,重要的是以何种占有使用方式能够获得最大的收益。

在国家资源或财产的层面上,收益权是国家所有权在经济上实现自己的重要表现,国家所有权必然包括收益权。这就意味着国家要依据其生产资料的所有权,通过法定程序和一定的经济形式,控制部分资源或产品的分配和交换,并通过收缴税收、红利、股息等实现所有权。如果国家对社会资源、国有企业逐步实行租赁制、股份制,更多地运用经济杠杆实行间接控制,那么国家所有权通过收益权实现自己。保障国家的收益权,对于保障国家的财政收入,巩固社会主义公有制和发展社会主义经济是十分必要的,任何企业偷税漏税、擅自自销产品以及滥发奖金和实物而分光吃光的现象,都是对国家收益权的侵犯。

总的来说,收益权是所有权的一项重要权能,主要是指利用所有物并获取由其产生出来的新增经济价值即孳息的权能。在市场经济条件下,收益权是从所有权中分离出来并让渡予以非所有人行使的权能,当非所有人完全为所有人收益时非所有人不具有收益权;当非所有人为自己收益时非所有人享有收益权;当非所有人为所有人和自己收益时非所有人具有一定收益权。

二、市场收益权的基本含义

市场收益权是市场所有权在经济上的实现形式,主要指国家以契约的形式把市场让渡予以市场经营主体占有使用而获取法定收益的权利。在此定义中,市场收益权所指的是国家享有获取法定收益的权利,而不是事实收益的权利。由于市场是商品交换的场所,并以一国领土为依托,它属于国家和全民所有,市场与一国领土紧密相连的本质特征是市场所有权主体的惟一性的存在根源,因而市场的领土、场所、基础设施和制度安排不可能以处置或交易方式使得市场所有权主体发生更替与变换,否则就意味着国家主权和领土受到侵犯。所以,对于市场的占有使用而言,市场收益权不可能是事实收益的权利,只能是法定收益的权利。

市场收益权与市场收益是两个不同的概念,换句话说,市场收益权所获得的收益并不等于市场收益。因为市场收益权所获得的收益,仅为国家对企业占有使用市场享有收益权的那部分收益,即税收。但市场收益的内容十分宽广,它不仅包括市场收益权的收益,还包含企业资产在市场上的价值增值,在一定程度上市场收益相当于国民生产总值。比如,具有独立法人实体的企业,在取得国家所授予的市场经营权或市场专营权后,通过自身的经营努力所取得企业收入或个人总收入,在缴纳了属于国家的市场收益权收益之后,剩下则属于企业在市场上努力经营的自己收入。所以市场收益等于市场收益权收益和企业税后收入的总和。如果企业作为国家财产的经营单位,市场所有权和市场收益权往往集于一身,市场收益权的收益与市场收益基本一致。随着我国进行社会主义市场经济体制改革的展开,国家在颁布的有关扩大企业自主权的规定中,开始实行企业利润留成或盈亏包干。企业盈利可以按国家核定的比例留用一部分利润,用于建立生产发展基地、职工福利基金和职工奖励基金。但企业税后留利部分,是属于企业收益权的收益,并不是市场收益权的收益。因此,在现代市场经济中,市场收益权收益与市场收益错综复杂,一般情况下市场收益权收益仅为与国家形成契约关系企业的税收。

对于外资企业而言,市场收益权就是指国家以契约、合同等形式对外资企业占有使用市场获取法定收益的权利。国家对外资企业获取法定收益主要通过海关关税、国税和地税来实现,也可以通过对合同终止的外资企业的财产进行国有化、征收和征用来实现。

其一,在税收方面,关税和国税在一定程度上是国家对外来产品、企业占有使用本国市场的一种收益,是国家市场所有权的经济形式。在市场经济条件下,关税是国家财政收入的主要来源之一,它对对外贸易的调整有着重要的影响。这主要表现为:(1)通过征收较高的关税来削弱国外产品的竞争力,藉以保护本国幼稚产业和本国产品的市场占有率;(2)通过关税的降低和减免来缓解贸易摩擦和冲突,以及扩大市场开放和参与国际经济交往的程度;(3)通过不同的关税结果及差别税率来调整进出口商品结构,以此促进国内产业结构的升级;(4)通过调整关税来调节贸易差额,改善国际收支状况。① 关税是国家调整对外贸易的基本措施,也是国家经济主权得以维护的根本体现。为此陈安指出,关税自主权本是各国经济主权的重要内容之一。各国对外来进口产品是否征收关税以及厘定税率之高低,本属各国经济主权权限范围,悉由各国自行决定。②

其二,在国有化方面,对外资企业的国有化是国家实现市场收益权和处分权的本质体现。根据《各国经济权利和义务宪章》的第二条第2款第3项明确规定,"每个国家有权将外国资产的所有权收归国有、征收或转移,在收归国有、征收或转移时,应由采取此种措施的国家给予适当的赔偿,要考虑到它的有关法律和规章以及

① 徐泉:《国家经济主权论》,人民出版社,2006年,第56页。
② 陈安:《美国单边主义对抗WTO多边主义的第三个回合——"201条款"争端之法理探源和展望》,《中国法学》2004年第2期。

该国认为有关的一切情况。"①在国际投资法领域,"国有化"或称"征收",是指资本输入国基于国家公共利益的需要而对外国企业的资产全部或部分实行征用,收归国有的一种政策、法律措施。② 中国国际法学会也认为,"国有化是通过立法行为和为了公共利益,将某种财产或私有权利转移给国家。目的在于由国家利用或控制它们,或由国家将它们用于新的目的。"③所以,对外资企业财产的国有化、征收或征用是国家市场收益权的根本显现。

三、多边贸易体制对国家市场收益的影响

随着国际贸易自由化的发展以及多边贸易体制的建立,关税的税率受到国际相关规则(GATT、WTO 规则等)的规制和约束,在大多数情况下并非完全由本国意志所决定,并对各国贸易政策的规制权带来很大的影响。国际贸易自由化的发展趋势和多边贸易体制的建立,在一定程度上对我国市场收益权和国家经济主权提出严峻的挑战。

首先,多边贸易体制扩展了我国贸易范围,并对我国政府的贸易管制权有着严格的限制,从而限制了我国市场收益权。国际贸易自由化的不断发展,改变了传统货物贸易的单一发展路径,逐渐向服务贸易、与贸易有关的投资以及与有关知识产权等多重方向发展,进一步扩大各国贸易的领域和范围。自我国加入 WTO 以来,贸易领域和范围不断地被拓宽,并且其贸易政策在多边贸易体制框架(GATS、TRIMS、TRIPS④ 等协议)的约束下,纷纷调整自身贸易政策的方向,以适应多边贸易体制的发展趋势。这势必影响到我国对贸易的管理和监督,同时也增大了我国贸易管制的难度和力度,进而影响我国市场收益权的收益,市场收益权的独立性和自主性将受到损害。

其次,多边贸易体制的不平衡性,使得我国市场收益权收益将会受损。近年来,国际贸易摩擦与贸易冲突呈现不断升级的趋势,其根本原因在于多边贸易体制的不平衡性。因为各国对外贸易政策的目的都是从本国的经济发展的整体利益出发,维护国家利益最大化是国家制定贸易政策的主要依据。但是,在多边贸易规则的制定中,经济实力较强的发达国家更倾向于制定自由的贸易政策,而经济实力较

---

① 刘颖等编:《国际经济法资料选编》(上),中信出版社,2004 年,第 7 页。
② 陈安主编:《国际投资法》,鹭江出版社,1987 年,第 85 – 86 页。
③ 姚梅镇:《比较外资法》,武汉大学出版社,1993 年,第 736 页。
④ 《服务贸易总协定》也称为 GATS、《与贸易有关的投资措施协议》也称为 TRIMS、《与贸易有关的知识产权协议》也称为 TRIPS。

弱的发展中国家则倾向于制定有保护的贸易政策,在发达国家与发展中国家的多次博弈中,发达国家依仗雄厚的经济实力甚至军事力量在多边贸易规则制定上占据了主导地位,在多数情况下参与发达国家的主观意志和利益要求,使得多边贸易体制有失公平、公正。因此,发展中国家在多边贸易规则制定中往往处于劣势地位而被迫接受,导致国家利益和市场利益受损,严重威胁国家经济主权和经济安全。

再次,在多边贸易体制框架内,发达国家非关税措施不断增多,使得我国市场收益权收益受到严重损害。非关税措施是指关税措施以外的一切限制进口的措施。与关税措施相比,非关税措施在限制进口方面具有更复杂、更隐蔽、更灵活和更具有歧视性等特点。[①] 在经济全球化的背景下,发达国家一方面积极推行有利于自己的多边贸易体制的建立和完善,从中攫取发展中国家大量物质财富;另一方面不断地制造种种非关税壁垒,如进口配额制、进口许可证制、商品最低限价、工业品检验标准、卫生检疫标准、环境保护标准等,其目的阻止发展中国家有竞争力产品进入他们市场,防止本国利益向外流失。因此,发达国家设置对外贸易的双重标准——多边贸易体制和非关税措施,其本质是严重侵害发展中国家的根本利益及其经济主权。所以,在双重标准的约束下,发展中国家一方面给予发达国家过多占有、使用市场提供了便利,另一方面大大挤压和降低自身的出口产品,使得发展中国家市场收益权收益将大幅度减少。

四、完善市场收益权对国民经济稳定发展的意义

市场收益权是市场所有权在经济上的实现形式,也是国家财政收入的主要源泉。然而,经济全球化的迅猛发展,迫使全球一体化市场规则的加快形成,国家市场收益权的独立行使在很大程度上让位于国际经济组织,从而接收国际"游戏规则"的强制约束。特别是当前国际"游戏规则"在西方大国主宰的情境下,发展中国家市场收益权不但没有得到国际经济法的股实保障,反而被迫接受有失公平、公正国际"游戏规则"的制度安排,导致发展中国家国内市场收益向外流失更为严重,国内市场发展成本大大增加,发展中国家的发展进程受到极大的阻碍。这就要求发展中国家必须健全和完善市场收益权的制度安排,尤其强化国家市场收益权的独立自主地位,实现国家市场成本与收益的匹配,才能维护国家财政收入的稳定性以及国家经济安全。

其一,严格规范国外市场经营主体占有市场的成本与收益的匹配,保障市场成

---

① 徐泉:《国家经济主权论》,人民出版社,2006年,第56页。

本与收益的平衡,从而保障国民经济运行的稳定性。国外市场经营主体享有跨国垄断的权利,除了自身资本和技术优势等因素之外,还利用国际"游戏规则"的有力庇护而大张旗鼓地推行垄断手段。因为发展中国家在 WTO 规则的强制约束下,对跨国垄断的行为往往无能为力,要么退出 WTO 能够自主地扼制跨国垄断行为从而保护国内民族企业,要么被迫接受跨国垄断不断扩大的事实,不管发展中国家选择哪种方法归根到底都对自己不利。但是,跨国垄断的不断扩大,市场收益的流失就更为严重,国家财政收入没有得到保障,国民经济运行的稳定性没有得到巩固。这就要求发展中国家充分利用 WTO 规则的"例外"原则强化国内市场收益权,严格规范国外市场经营主体占有市场经济行为的成本与收益的匹配,方能杜绝国内市场收益向外流失,切实维护国内市场成本收益的匹配以及国家根本利益。

其二,严格规范国外市场经营主体使用市场的成本与收益的匹配。由于发展中国家为了大规模的引进外资,在环境成本、开采不可再生资源等方面降低了门槛,引致国内生态环境的不断恶化以及不可再生资源的过度开采,国家资源及其效用存在严重透支现象。虽然发展中国家在引资过程获得了一定的收益,但从长远来看其收益远远小于其成本,导致国家资源及其财富向外流失较为严重,进一步增加国家发展成本与市场发展成本,发展中国家与发达国家的市场发展水平不但没有得到缩小,反而被人为地扩大,最终形成了落后——引资——再落后——再引资的恶性循环的怪圈。这就要求发展中国家在引资过程中不要图一时之利益,严格规范国外市场经营主体使用市场经济行为的权利与义务的匹配,真正意义上提高引资的数量和质量,从而维护市场成本收益的平衡以及国家经济发展成本收益的平衡,切实推进国民经济的可持续发展。所以,发展中国家在参与经济全球化的过程中必须健全和完善市场收益权,以成本收益相匹配原则权衡或度量国外市场经营主体的每一个投资行为,严格把关国外市场经营主体经济行为的权利与义务,以此维护国家市场成本收益的匹配以及国家经济发展成本收益的平衡。

因此,在国际"游戏规则"被西方大国主宰的情景下,发展中国家只有建立和完善国家市场收益权的制度安排,强化国家市场收益权的独立自主地位,才能实现国家市场成本收益的平衡,缩小发展中国家与发达国家的市场发展水平的差距,进而维护国家市场的可持续发展。当然,界定国家市场收益权并不是搞单边的贸易保护主义,而是在遵守国际规则的条件下利用国际相关规则的"例外"原则或活动空间有效维护国家市场收益,防止市场收益的大量流失,切实维护国家市场成本收益的均衡以及国家经济安全。

第五节　市场处分权

一、处分权的一般含义

处分权是所有权的核心内容,也是所有权最基本的权能。处分权是指依法对物进行处置,从而决定物的命运的权能。处分权能所反映的是所有权人在变更所有物的过程中所发生的权利义务关系。在民法中,处分权能包括事实上的处分与法律上的处分的内容。事实上的处分,即对所有物进行实质上的改变或消灭的行为,如拆除房屋或烧毁财物等;法律上的处分,即对物的所有权加以转移、限制或消灭从而使所有权发生变更的行为,如物的买卖和抵押等。① 为此,马克思曾指出,"两个所有者都不得不放弃自己的私有财产,不过,是在确认私有权的同时放弃的,或者是在私有权关系的范围内放弃的。"②所以,财产的处分包括"确认私有权的同时放弃"(事实上的处分)和"在私有权关系的范围内放弃"(法定上的处分)两种。在所有权的各个权能中,处分权能是最为根本的一项权能,并决定着所有权区别于他物权的完全物权的性质。

虽然处分权能是所有权的核心,但处分权能作为所有权的一项权能,也可以基于法律规定和所有人的意志而与所有权分离。处分权的分离并不导致所有权的丧失,是所有权的一种延伸。比如,在市场经济条件下,当股票所有人不是作为实际的生产者,而是作为利益的享有者时,他可以享有对财产的处分权,即通过股票交易进而对其财产的处分,但股票的转让并不导致企业所有权的财产损益,只是股票的收益权主体发生变更,而收益权的存在即标志着企业所有权仍然在经济上实现自己、增值自己,标志着企业所有权仍然存在。

处分权能是所有权或财产自由的体现。但是,处分权能并不体现所有权人的绝对自由,相反如同使用权能一样,它也是应当受到严格限制的。"因为所有权虽然是一种私权,但也具有一定的社会性并因此具有'公权'之性质,特别是随着现代民法从个人权利本位向'社会本位'的发展,对包括所有权在内的私法的限制是必要的,这是在新的社会条件下重新进行立法价值选择的结果。"③因此,所有权人

---

① 王利民:《物权本论》,法律出版社,2005年,第133页。
② 《马克思恩格斯全集》第四十二卷,人民出版社,1979年,第26-27页。
③ 王利民:《物权本论》,法律出版社,2005年,第133页。

行使处分权能,应当符合社会公共利益的要求,并不得损害第三人利益。否则,其处分权能的行使就将丧失其合法性而被法律所禁止。

二、市场处分权的基本含义

市场处分权是市场所有权的最基本权能,主要指国家以契约的形式把市场让渡予以市场经营主体占有使用而享有法律上的处分的权利。市场处分权与企业处分权有着不同的含义,但在特定情况下两者又有一定的关联。市场处分权的主体是国家或政府,主要包括对企业进入市场、占有市场、使用市场享有处分的权利。也就是说,国家对企业进入、占有和使用市场有着严格的规定,一旦企业行为超出这些相关规定,并对市场安全和国家经济主权构成严重威胁,国家将合法地对企业行为进行处分。而企业处分权,主要是指企业在国家相关规定的范围内对企业财产享有处分的权利,如企业在市场上的自主经营、自负盈亏。但是,如果企业对自身财产、产品的处分有害于市场生态环境、消费者生命安全以及市场安全等,国家将对企业享有处分权的处分行为进行合法处分。比如企业销毁自身产品给市场生态环境带来破坏,或产品质量不达标对消费者生命安全构成威胁等,国家将合法地对企业此种行为进行处分。所以,企业对自身财产处分的结果应当符合社会公共利益之要求,否则其处分权的行使将会受到国家市场处分权的处分。

对于外资企业来说,市场处分权是指国家以契约、合同等形式对外资企业进入、占有、使用市场而享有的处分的权利。在市场准入方面,国家和政府相关部门必须按照《外商投资产业指导目录》规定,对外商进入产业的领域进行严格考核,并依此决定外商或外资企业能否进入国家市场,即对国外市场经营主体进入市场权利的处分;在市场份额占有方面,当外商企业进入国家市场之后,国家政府相关部门将严格规定外商对企业的控股比例以及外资企业产品占有市场份额的比例,一旦外商或外资企业的经济行为违反国家相关规定,国家将对外商或外资企业行为进行依法处分,即对国外市场经营主体占有市场的处分;在使用市场方面,国家对外商和外资企业也应该有严格规定,防止外商过度挖掘、开采、使用国家资源,维护国家资源的持续发展,即对国外市场经营主体使用市场的处分。目前,我国对外商和外资企业进入国家市场有着严格规定,但对外资企业产品占有市场份额比例以及外商使用市场资源的边界缺乏制度安排,导致外资企业跨国垄断以及外商控股比例较高的现象。

三、处分市场的随意性对国家市场安全的影响

在国际贸易规则的普遍约束下,国家市场处分权在一定程度上让位于国际经

济组织,其主旨是建立全球统一性质的市场处分权,避免某国单方面对市场处分的随意性所带来国际贸易的摩擦与冲突,切实推进国际贸易的健康发展。比如 GATT 争端解决机制(1948～1994 年)和 WTO 争端解决机制(1995 年至今)的建立,在很大程度上促进国际贸易的蓬勃发展,尤其对弱国或小国的国际贸易利益给予有效的维护。但是,具有全球统一性质的市场处分权在国际规则的制定中还不够健全与完善,依然没有形成统一的明文规定及其诠释,其含义在不同的国家里有着不同的理解,自然形成不同国别的处分市场标准,导致市场处分权往往演变为特别条款、非关税壁垒或非关税措施的法律依据。特别是当前 WTO 争端解决机制由西方大国主宰的情境下,具有全球性质的市场处分权往往演化为发达国家实现本国利益最大化的重要手段,进而助长发达国家霸权主义的盛行。这对发展中国家遵守全球市场处分权带来了严峻的挑战,同时也对发展中国家贸易利益给予极度地侵害。

比如,美国"301 条款"就最为典型。"301 条款"的核心内容是指:美国依据任何贸易协定所享有的权利遭到否定;或外国的某些立法、政策或做法违背贸易协定、与协定不相一致,或虽未违背有关协定,但被美国单方面认定为"不公平"、"不公正"或"不合理",以致限制或损害了美国的商业利益,美国贸易代表署则有权不顾国内其他法律以及国际条约准则作何规定,径直依照美国贸易"301 条款"规定的职权或程序,凭借美国经济实力上的强势,采取各种单边性、强制性的报复措施,以迫使对方取消上述立法、政策或做法,消除其对美国商业所造成的限制或损害,或提供能令美国官方和有关经济部门感到满意的赔偿。[①] 由此表明,美国"301 条款"的单方面规定完全凌驾于世界贸易规则之上,置世界贸易规则的普遍约束于不顾,使其市场处分权的权利与义务完全失衡,本质上是经济霸权主义的推行。所以,发展中国家在由西方大国主宰国际贸易规则的框架内,其贸易利益与经济主权受到严重的侵害。

随着经济全球化的不断发展,一些发展中国家借助经济全球化带来的历史机遇,在产业结构的调整、生产技术的改进以及自主创新能力的培育等方面得到很大的提高,其产品竞争力也有所增强。但发达国家为了阻碍外来产品进入本国市场实现本国利益最大化之目的,对市场处分的随意性也变得愈演愈烈。在非关税壁垒或非关税措施方面,发达国家对发展中国家的企业、商品设置种种障碍,比如对进口产品歧视性地征收国内税费、技术性贸易壁垒、卫生与植物卫生措施、贸易救

---

① 徐泉:《国家经济主权论》,人民出版社,2006 年,第 211 页。

济措施、政府采购中对进口产品的歧视、服务贸易方面的壁垒、与贸易有关的知识产权措施等,其目的是阻止发展中国家有竞争力产品进入发达国家市场,维护其市场利益以及市场安全。而在非关税壁垒或非关税措施的运行之上,发达国家利用国际贸易规则的强制约束力,撕开发展中国家的市场大门,使其有竞争力产品与产业进入发展中国家市场进而垄断它们的市场份额,严重地危害发展中国家市场安全以及国家经济主权。所以,发达国家依仗强大的经济实力和军事实力推行市场处分权的双重标准,一方面迫使发展中国家接受有失公平的国际贸易规则,另一方面对发展中国家有竞争力产品进入它们市场设置种种壁垒,其结果大大地损害发展中国家的贸易利益,发展中国家的市场安全与经济主权受到前所未有的侵害。

四、界定市场处分权对政府经济职能独立行使的意义

市场处分权是市场所有权的核心权能,在很大程度上它支配着市场占有权、市场使用权和市场收益权等各个权能的权利行使,是市场所有权实现经济利益的根本保证。也就是说,当市场占有权、市场使用权和市场收益权超越市场所有权的权限,市场处分权将依法对它们进行处分从而收回它们行使权利的合法性,保证市场所有权的圆满性和完整性进而保证市场所有权的根本利益。所以,只有健全和完善国家市场处分权,保证国家市场所有权的圆满性和完整性,才能真正意义上强化政府经济职能的独立自主地位,切实维护国家经济安全。

虽然国家市场处分权在国际"游戏规则"的普遍约束下,有部分权利已让渡给予国际经济组织。但值得注意的是,发展中国家必须根据自身实际情况让渡这一部分权利,尤其要强化所让渡部分权利的独立自主地位,否则必定遭受经济霸权主义的侵害。与此同时,发展中国家也相应地保留一定的国家市场处分权,特别是当前国际"游戏规则"由西方大国主宰的情境下,保留一定的独立的国家市场处分权来维护国家根本利益就变得更为重要。这就迫使发展中国家要处理好全球市场处分权与国家市场处分权的相互作用。

其一,健全和完善具有全球性质的市场处分权制度安排,有利于强化国际经济组织经济职能的独立性。具有全球性质的市场处分权主要通过 WTO 争端解决机制来展现,该机制遵循着 DSU(《关于争端解决规则与程序的谅解》的英文缩写)设立的运行轨道,处理了大量因 WTO 协议而引发的争端,为 WTO 贸易自由化目标的实现做出了卓越的贡献。自 1995 年 WTO 取代 GATT 以来,发展中国家利用 WTO 争端解决机制解决贸易争端的案件数量不断攀升。根据 WTO 统计,从 1995 年到 2007 年年底的 13 年中,在 WTO 争端解决机制受理的 369 起案件中,发展中国家提

起141件案件,其中以发达国家为应诉方的83件,以发展中国家为应诉方的58件。发展中国家的提案数量已经超过1/3,这说明发展中国家在WTO争端解决机制的发展过程中,起到了巨大的推动作用。[①] 所以,自世界贸易组织成立以来,设立在世贸组织下的争端解决机制随着其在世贸实践中所凸显出来的成绩越来越引起了人们的注意。正如世贸组织前任总干事鲁杰罗所说:"如果不提及争端解决机制,任何对WTO成就的评价都是不完整的。从许多方面讲,争端解决机制是多边贸易体制的主要支柱,是WTO对全球经济稳定做出的最独特的贡献。"[②]然而,当前世贸组织争端解决机制还不够完善与健全,在相当程度上参引发达国家的意志和利益,这就要求发展中国家进一步健全和完善世贸组织争端解决机制的制度安排,特别是强化发展中国家在世贸组织争端解决机制的独立自主地位,进而强化本国政府经济职能,营造世贸组织争端解决机制的公平、公正、公开原则,切实维护发展中国家的应有贸易利益。

其二,健全和完善国家市场处分权制度安排,有利于强化本国政府经济职能的独立性。面对发达国家推行市场处分权原则的双重标准,即利用国际"游戏规则"的强制约束力迫使别国接受这些规则与设置非关税壁垒等措施阻止外来产品进入本国市场,发展中国家必须以此为借鉴,一方面强化自身在全球市场处分权的独立自主地位,切实有效维护自身国际贸易的根本利益;另一方面进一步健全和完善国内市场处分权的制度安排,特别是健全和完善国外市场主体过度占有和使用国内市场的处分原则,并以市场安全和国家经济安全作为处分的重要原则,以此强化本国政府经济职能。只有这样,发展中国家才能有效地保护国内市场产业安全以及民族经济安全,才能促进发展中国家经济又好又快的发展。由此,在国与国之间发展不平衡的条件下,发展中国家必须健全和完善国家市场处分权制度安排,以此强化国家经济主权权能以及政府经济职能,使得发展中国家的市场处分原则在促进国际贸易发展的同时,有效地维护国内市场安全和国家经济安全。

---

① 王潇:《发展中国家推动WTO争端解决机制前进——"世贸组织争端解决机制:发展中国家经验共享"国际研讨会举行》,《WTO经济导刊》2008年第8期。

② 毛燕琼:《争端解决机制是WTO对全球经济稳定的最独特贡献》,《WTO经济导刊》2008年第8期。

第五章 市场产权在经济全球化推动下的演变

在经济全球化日益深化的背景下,由于各国政治经济发展不平衡以及经济霸权主义在全球中盛行,发展中国家经济主权权能在跨国让渡过程中受到了严重的侵害,特别是作为国家经济主权核心领域的市场正经受发达国家跨国公司的疯狂使用和垄断,国内市场安全和国家经济安全受到严重威胁。这就要求发展中国家在让渡国家经济主权权能过程中必须做出理性选择,即国家经济主权权能的排他性与可让渡性的均衡发展,以此维护国内市场安全。另外,具有共同战略地位的发展中国家必须积极组建区域经济联盟以及区域经济组织,以此增强他们在国际贸易的谈判力量,打破超发达国家在全球市场推行的经济霸权主义,实现国家经济主权权能在域外的排他性与可让渡性的平衡发展,切实维护区域组织贸易利益以及国家根本利益。然而,区域经济联盟以及区域经济组织的构建,自然推动了国家市场产权向区域市场产权的演变。

第一节 国家经济主权权能跨国让渡的理性选择

一、经济全球化的发展

(一)经济全球化基本内涵的考察

"全球化"之词最早由 T. 莱维于 1985 年提出,并用来形容此前 20 年间国际经济发生的巨大变化,即商品、服务、资本和技术在世界性生产、消费和投资领域中的扩散。[①] 之后 R. 罗伯逊和弗兰克·莱克共同发表《现代化、全球化和世界体系理论中的文化问题》文中首次使用"全球化"之词。到 20 世纪 90 年代,"全球化"一词风靡全球,成为各种媒体与刊物讨论的重要内容。经济全球化则首当其冲,成为人们普遍关注的热点和焦点。

---

① 江时学:《何为"全球化"》,《学术动态》1997 年第 12 期。

关于经济全球化的确切定义,目前学界上依然众说纷纭。因为经济全球化是一个不断变化发展的历史进程,其基本内涵也随着这一进程而发生改变,这给理论界对其本质作出明确的界定带来很大难度。犹如卡尔·海因茨·巴奎所说:"在这里一开始就遭遇到困难,因为几乎没有一个人肯花力气对这个令人捉摸不透的时髦词汇作出界定,或者至少对它的意义作出合理的限定。"①所以经济全球化的广泛性和复杂性是其含义没有形成定论的重要根源。但为了解释经济全球化的一些经济现象,学者们从不同的维度对经济全球化仍有着不同的理解,其中具有代表性的观点如下:

第一,经济全球化主要指贸易全球化。德国学者卡尔·海因茨·巴奎认为,经济全球化"最贴切的概念理解是以贸易联系的密切程度为基准的。根据这种见解,世界出口率越高,跨越边境的贸易额在世界生产中所占比例就越高,世界经济就越是强烈地'全球化'"②。因而国际贸易的迅猛发展标志着经济全球化的形成。格拉德·博克斯贝格、哈拉德·克里门塔也认为,"'经济全球化'的概念使人产生这样一种想法,在任何地方都能买到任何产品。在任何企业之间,每一种工业产品和每一种服务产品都处于面对面的竞争之中。"③产品在世界各国的自由竞争及其流动意味着经济全球化的到来。所以,始于15世纪的地理大发现和资本主义生产方式的兴起,国际贸易雏形基本产生,这就意味着经济全球化的起源。

第二,经济全球化主要指全球经济一体化。张燕生、毕吉耀认为,"经济全球化在本质上是由各国市场开放带来的市场经济体制全球化。随着全球市场逐步开放,势必会推动商品(包括服务)、信息、技术及生产要素跨境流动的不断增加,各国经济之间的相互依赖日益加深,市场配置资源的基础性作用从国家内部扩展延伸到全球,形成了全球经济一体化的必然趋势。"④刘山认为,"经济全球化是市场经济全球化,具体地说乃是市场经济发展到商品服务、资本、人力资源等生产要素在全球进行配置。"⑤全球市场的统一是经济全球化产生的必要条件。金融全球化观点也认为,经济全球化是生产要素配置的全球化,而生产要素配置全球化首先是

---

① [德]卡尔·海因茨·巴奎:《世界经济结构变化与后果》,张世鹏译,载于《当代世界与社会主义》1998年第3期。
② [德]卡尔·海因茨·巴奎:《世界经济结构变化与后果》,张世鹏译,载于《当代世界与社会主义》1998年第3期。
③ [德]格拉德·博克斯贝格、哈拉德·克里门塔:《全球化的十大谎言》,胡善均等译,新华出版社,2000年,第3页。
④ 张燕生、毕吉耀:《对经济全球化趋势的理论思考》,《世界经济》2003年第4期。
⑤ 李琼主编:《经济全球化新论》,中国社会科学出版社,2005年,第2页。

通过金融全球化实现的。所以,经济全球化作为一个世界经济联系日益密切的过程,是通过金融全球化实现的。全球金融市场的一体化是经济全球化的体制基础与核心要素。①

第三,经济全球化是一个过程。1990 年,经合组织(OECD)前首席经济学家S·奥斯特雷认为,经济全球化主要是指生产要素在全球范围内的广泛流动,实现资源最佳配置的过程。②乔治·华盛顿大学的普拉卡什和印第安那大学的哈特认为,"经济全球化是一些列导致要素、中间与最终产品以及服务产品市场的经济活动跨越地理界限形成统一整体,并使跨国界价值链在国际循环中地位不断上升的过程。"③宁金彪认为,"经济全球化是在社会生产力发展到一定程度,商品及生产要素跨国流动的交易成本和制度障碍不断减少,各经济主体基于自身利益最大化的要求,按照一定的规则,在全球范围内展开活动,从而推动和实现各国间经济联系日益加强的客观历史进程。"④

第四,经济全球化是指依存度不断提高的全球经济。世界货币基金组织(IMF)认为,经济全球化可以看做是"通过贸易、资金流动、技术涌现、信息网络和文化交流,世界范围的经济高速融合。亦即世界范围内各国成长中的经济通过正在增长中的大量与多样的商品劳务的广泛输送,国际资金的流动,技术被更快捷更广泛地传播,而形成的相互依赖现象"。⑤程伟认为,经济全球化主要包括以下几个方面:"生产要素在全球范围内自由流动,实现优化配置,是经济全球化的内容;经济运行规则的全球趋同,市场制度的全球性普及,是经济全球化的制度保证;技术进步是经济全球化的物质技术条件;全球经济活动的紧密联系和高度依赖,是经济全球化表现出的结果。"⑥

当然,对经济全球化基本内涵的考察还有跨国公司论的经济全球化、网络论的经济全球化等等。但按照毛泽东对何为"化"的解释:"'化'者,彻头彻尾彻里彻外之谓也。"⑦由此经济全球化应当视为"你中有我"、"我中有你"的相互依赖相互制约的过程。所以,经济全球化的基本内涵主要指以贸易规则为前提、以金融资本为内容、以跨国公司为载体、以网络技术为条件的全球经济的相互依赖相互制约的历

---

① 程伟等:《经济全球化与经济转轨互动研究》,商务出版社,2005 年,第 10 页。
② 刘力、章彰:《经济全球化:福兮? 祸兮?》,中国社会出版社,1999 年,第 1 页。
③ 李琼主编:《经济全球化新论》,中国社会科学出版社,2005 年,第 2 页。
④ 宁金彪:《经济全球化与中国对此探讨》,河北人民出版社,2002 年,第 16 页。
⑤ 宁金彪:《经济全球化与中国对此探讨》,河北人民出版社,2002 年,第 13 - 14 页。
⑥ 程伟等:《经济全球化与经济转轨互动研究》,商务印书馆,2005 年,第 27 页。
⑦ 《毛泽东选集》第 3 卷,人民出版社,1991 年,第 841 页。

史过程。

（二）经济全球化的基本要素及其相互关系

经济全球化是当今世界政治经济发展的客观趋势，也是随着生产力不断发展而不断变化的历史过程。根据其内涵，经济全球化的基本要素包括贸易规则、金融资本、跨国公司和网络技术。

国际贸易规则的制定是经济全球化的先导。国际贸易是国家增进国家利益最大化的原始目的，而国际贸易规则是实现这种目的的根本保障。国际贸易最早出现于 15 世纪地理大发现和资本主义生产方式兴起的时期，那时国际贸易往往表征为双边贸易形式，它们所形成的国际市场也仅为区域性的国际市场。随着生产力不断发展，社会分工日益细化，尤其两大阵营对峙的解除，国际贸易逐渐从"双边"发展为"多边"形式，全球统一市场才真正形成。但在统一市场的国际贸易中，由于各国政治经济发展不平衡，利益和风险在各个经济主体间的分配是不平等的。在特定时期，受到损害或预期受到损害的一方将会降低经济的国际化程度，如果这种做法成为主流，经济全球化趋势就会发生逆转。所以说，国际贸易规则的公平制定是经济全球化的先导，也是经济全球化日益发展的制度保障。

金融资本国际化是经济全球化的重要内容，也是经济全球化不断发展的助推器。由于金融自由化放松或解除对资金流动的管制，加快了金融资本的高度流动，进而提高全球资源的配置速度。特别是经济金融化和金融国际化的发展，其所提供的牟利机会和金融效率大大提高，使金融资本国际化成为具有内在必然性的发展趋势，从而获得一种新的催生力量。因此，金融资本在全球大规模的流动，促进国际直接投资迅速增长，对全球资源的优化配置发挥了重要作用。

跨国公司是经济全球化日益深化的物质载体。跨国公司是对外直接投资和全球生产的主体，它承载着资金、生产、管理、技术、制度和文化于一身在世界各地寻找新的市场。寻找合适和恰当的方式实现盈利目标，是公司这种经济组织在利润动机驱使下的不间断的探索。二战后，发达国家跨国公司正因为这种驱动的刺激而迅速崛起。20 世纪 80 年代，一些发展中国家的大公司也开始加入跨国公司俱乐部。到 90 年代，全球跨国公司不仅在数量上猛增，而且以"世界 500 强"为代表的巨型跨国公司声势日益显赫。它们推行全球经营战略，在全球编织生产、科研、投资、销售和制度的网络，对经济全球化起着有力的推动作用，成为经济全球化赖以存在的物质载体。

网络技术的革命和改进，缩短人们交往的时空距离，使得全球经济相互联系和依赖呈现立体特点，成为经济全球化日益发展的重要条件。20 世纪 80 ~ 90 年代，网络技术的不断发展,特别是交通工具和通讯技术的不断革新,缩短了人们交往的时空距离,出现了吉登斯所说的"时空压缩"①。地球已变为一个网络式的"小村庄",任何一点变化都很快地影响到全球"村",世界成为了人们可以直接感知的整体。罗宾·科恩和保罗·肯尼迪在阐述全球化的含义时指出,"我们认为全球化最好被理解或多或少同时发生的一系列相互强化的社会转型,其中没有哪一方比另一方更具有意义。这种方法考虑好像是把无数的细线编织成一个五彩缤纷的纺织品,一旦编织在一起,就不可能再安排每一根线去承担专门角色了,每一根细线只有作为整体中的一部分才具有价值和意义。"②戴维·赫尔德在《全球大变革》中也指出,"一个(或者一组)体现了社会关系和交易的空间组织变革的过程——可以根据它们的广度、强度、速度以及影响来加以衡量——产生了跨大陆或者区域间的流动以及活动、交往以及权力实施的网络。"③德国著名社会学家、慕尼黑大学教授乌尔利希·贝克认为,"全球化指的是空间距离的死亡。"④所以,通信工具与电子技术的使用和发展,尤其光缆和卫星系统的开发,全球时空观念发生转变,使整个世界成为了人们可以直接感知的整体,进而促进人们之间的生产、交往、分配和消费相互依赖和相互影响,在这个时候世界才真正地具有经济全球化的意义。

总的来说,国际贸易规则的建立是经济全球化的先导;金融资本国际化是经济全球化的重要内容;跨国公司是经济全球化日益深化的物质载体;网络技术的革命和改进是经济全球化日益发展的重要条件。它们是相互依赖相互制约的统一整体,构成经济全球化的全貌。如果没有国际贸易规则的建立和制定,金融资本的跨国流动以及跨国公司的跨国生产将会缺乏制度保障,同样,没有金融资本跨国流动和跨国公司的跨国生产,国际贸易规则的制定就会成为缺乏实际意义或空洞的内容。当然,国际贸易规则的制定、金融资本跨国流动和跨国公司的发展,必定以全球网络技术改进和发展为条件。只有掌握全球的大量信息,甚至有利可图的信息,金融资本的流动和跨国公司的发展才有了明确方向,国际规则的议定才可能达成。因此,国际贸易规则、金融资本、跨国公司与网络技术的相互依赖相互作用构成了经济全球化的基本内容,并随着它们的日益发展而推动经济全球化的不断发展。

---

① 文军:《西方学科视野下的全球化概念考评》,《国外社会科学》2001 年第 3 期。
② 罗宾·科恩、保罗·肯尼迪:《全球社会学》,文军等译,社会科学文献出版社,2001 年,第 34 页。
③ 戴维·赫尔德等著《全球大变革》杨雪冬等译,社会科学出版社,2001 年,第 22 页。
④ [德]乌尔利希·贝克:《什么是全球化》,祖尔卡姆出版社,1997 年,第 44 - 45 页。载张世鹏:《什么是全球化?》,《欧洲》2000 年第 1 期。

二、国家经济主权权能跨国让渡面临的机遇与挑战

经济全球化的发展趋势已成为当今世界一股不可阻挡的历史潮流,它加速了全球资本的流动,提高了资源的配置效率,增强了全球经济的竞争与合作,从而对民族国家的经济增长和社会发展产生了非常积极的作用。然而,经济全球化在增进世界各国特别是广大发展中国家的经济利益和社会进步的同时,也加大了对发展中国家经济主权权能的冲击。比如跨国组织对民族国家政治生活的影响日益增大,在相当程度上左右民族国家的国内政治,民族国家在权力体系的核心地位受到一定的动摇,国家经济职能受到了严重的限制和削弱,国家根本利益没有得到有效地保护。为此,在经济全球迅猛发展的背景下,发展中国家在分享国家经济主权权能跨国让渡所带来的历史性机遇的同时,必须采取积极措施迎接经济全球化所带来的国家经济主权权能不断弱化的严峻挑战。

(一)国家经济主权权能跨国让渡面临的机遇

经济全球化的迅猛发展在相当程度上推动了发展中国家经济的快速增长,为发展中国家维护国家经济主权权能的独立性和自主性提供了必备的物质条件,使得国家经济主权权能有所增强。马克思主义认为,在现实生活中,经济是政治、文化的基础,没有经济的独立性和自主性,政治和文化的独立自主必将失去其存在的根基。属于政治范畴的国家经济主权权能,其道理也一样。如果一个国家没有雄厚的物质基础和综合国力,枉谈维护国家经济主权权能的独立性和自主性只是缘木求鱼。对于我国而言,近代时期经历的半殖民地半封建过程就是深刻的历史教训。为此邓小平指出,"落后就要挨打"、"发展才是硬道理",只有消除贫困才有可能消除战争,只有国家富强了,国家经济主权权能的独立自主地位才能得到真正意义上的维护。然而,经济全球化的到来,它为发展中国家自然资源的开发、产业结构的调整以及资源配置效用的提高带来了历史性的际遇,进一步诱使发展中国家积极地融入经济全球化历史进程之中。并且,随着经济全球化的不断发展,发展中国家在参与经济全球化过程中加速了资本的流动速度,提高了资源的配置效率,对发展中国家的经济增长和社会发展产生了巨大的推动作用,使其经济、政治和社会发展方面取得了举世瞩目的成就。这为发展中国家维护国家经济主权的独立性和自主性提供了坚实的后盾,使得发展中国家经济主权权能有所增强。

(二)国家经济主权权能跨国让渡面临的挑战

经济全球化是一把"双刃剑",它在推动民族国家经济增长的同时,也给民族国家经济主权权能提出严峻的挑战。在上文的论述中,国家经济主权权能主要指

国家对其全部财富、自然资源和经济活动的所有权。但大多数民族国家由于生产技术的限制无法把自然资源转换为社会价值,犹如萨缪尔森所说,"一个社会无法拥有它想要拥有的一切东西,因为这要受到资源和可供利用的技术的制约。"①为此发展中国家只有让渡部分国家经济主权权能,引进外来资金和先进技术,参与国际分工与竞争,自然资源才得以开发进而提高社会资源的配置效率。但是,发展中国家经济主权权能发生跨国让渡之后,国家经济主权权能的独立自主地位也受到外来因素的巨大冲击。其主要表现为:

第一,国际组织不断增多对民族国家经济主权权能的影响日益加大。国际政治经济学家苏珊·斯特兰奇在分析全球化对国家权威的冲击时指出:"国家的权威主要表现在三个方面:一是防务,即确保社会免于暴力;二是金融,即维持货币的存在,使之成为可靠的交换手段、结算单位和保值工具;三是提供福利,确保大量财富的某些收益能转到老弱贫穷者手中……而在大多数国家,政府在这三方面的权力都严重的衰落了。"②由此,在经济全球化日益深化的条件下,国际经济组织急剧膨胀,国际经济行为体数量不断增多以及职能不断扩展,对民族国家经济主权权能形成了一定的限制或替代,特别是经济、环境等全球问题的出现,不仅推动全球人民意识的提升,而且对国家解决跨国界的经济与环境问题的能力提出质疑,迫使各个国家被迫让出部分国家经济主权权能。③ 与此同时,一些重要的国际政治经济规则日益具有普遍的有效性,违反这些规则、决议与公约所要承受的代价不断增加,因而得到了越来越多民族国家的遵守。所以,在民族国家让渡部分经济主权权能与认可国际规则的过程中,民族国家经济主权权能受到严重的制约。

第二,跨国公司不仅操纵经济全球化的历史进程,也在相当程度上左右或制约民族国家经济主权权能的行使过程。跨国公司是经济全球化的发动机和主要操纵者,有利可图是跨国公司跨国生产、经营和流动的本质。当民族国家的政治、经济和文化等壁垒阻碍跨国资本的活动时,打破这些壁垒就成为跨国公司的内在要求。然而,全球市场和跨国组织在本质上与传统的国家主权观念是相冲突的,资本的全球流动和跨国公司的全球活动客观上要求冲破领土和主权的束缚。当国家的领土疆界与主权性质与资本的全球要求相矛盾时,跨国公司和其他跨国组织就会想方设法使国家主权要求服务于资本扩张要求。所以,民族国家的制度安排与跨国

---

① 萨缪尔森.诺德豪斯:《经济学》,萧琛主译.人民邮电出版社,2003 年,第 4 页。

② [英]苏珊·斯特兰奇:《全球化与国家的侵蚀》,载王列、杨雪冬编译:《全球化与世界》,中央编译出版社,1998 年,第 118 – 120 页。

③ 徐泉:《国家经济主权论》,人民出版社,2006 年,第 101 页。

资本的利益要求发生冲突时,要么民族国家的政府自愿地改变国内相关的制度和政策,允许全球资本享有特殊的政策待遇或制度环境,以吸引这些国外资本;要么跨国公司直接插手国际内部事务,强制性地改变民族国家的权力结构或国内政策。① 民族国家无论采取何种情况,其经济主权权能的行使过程必定受到很大的限制。

第三,全球市场一体化的强大扩张力严重地削弱民族国家经济主权权能的独立自主地位。在经济全球化日益泛化的背景下,世界市场的不断发展与成熟,使得民族国家原来对市场的调节和管理职能在很大程度上让位于跨国组织,在世界市场面前民族国家对国内市场的治理往往变得无能为力。尤其在金融市场方面,资本在全球范围内的自由流动,对民族国家金融体系构成重大的冲击,民族国家的货币政策、关税政策、汇率政策和利率的调整与制定必须考虑国际资本市场的需求,这些在不同程度上都对民族国家的核心经济职能构成了无形的制约。所以,经济全球化的不断发展,使得民族国家的国内经济政策几乎在所有主要方面,都处于全球性的张力之中,而通过具体经济职能而发生实际作用的国家经济主权权能,在行使过程中难以完全独立自主运行,必定受到很大程度的限制与削弱。

由此可见,经济全球化是一把"双刃剑",它在推动民族国家经济快速增长的同时,也给民族国家经济主权权能的制定与行使产生巨大的挑战。正如彼得·伊文斯所说:"全球化的经济逻辑本身并不注定(国家)的销蚀。虽然全球化确实使国家丧失一些发展经济的主动性,但它也提高了国家有效行动的潜在收益以及国家整体性乏力的成本。"②但"经济'全球化'是世界经济发展的客观趋势,谁也回避不了,都得参与进去。问题的关键是要辩证地看待这种'全球化'趋势,既要看到它的有利的一面,又要看到它的不利的一面。这对于我们中国这样的发展中国家来说尤为重要。"③所以,经济全球化是当今世界政治经济发展的历史潮流,任何一个国家都不能躲避这一潮流来谋求自身发展,必须积极地融入经济全球化历史进程之中。这就要求民族国家在参与经济全球化进程中如何做到趋利避害,进而要求其经济主权权能跨国让渡必须做出理性选择。

① 俞可平等:《全球化与国家主权》,社会科学文献出版社,2004年,第39-40页。
② Peter Evans,"The Eclipse of the State? Reflections on Stateness in an Era of Globalization",World politics, No.50,Oct.,1997.
③ [德]赖纳·特茨拉夫主编:《全球化压力下的世界文化》,吴志成等译,江西人民出版社,2001年,第93页。

三、国家经济主权权能排他性与可让渡性的均衡分析

(一)国家经济主权权能排他性与可让渡性的均衡模型构建

在现实生活中,排他性和可让渡性是一个国家维护其经济主权权能的一般选择。国家经济主权权能排他性主要指该国对其全部财富、自然资源和经济活动的所有权与其各个权能,基本上聚集于国家或政府一身,标志着国家处于闭关锁国状态。但是,绝对排他性的国家经济主权权能意味着国家自然资源和经济活动没有参与国际分工与竞争,其资源配置效率低下,经济增长速度缓慢,国民收入较低。从长远来看,如果国家长期处于闭关锁国状态导致生产力严重滞后,其经济主权权能因于缺乏雄厚的物质基础而没有得到有效地保护。而国家经济主权权能的可让渡性,主要指该国对其全部财富、自然资源和经济活动的所有权,与占有权、使用权、收益权和处分权等权能发生自主有限的分离与让渡,意味着国家自然资源和经济活动参与国际分工和竞争,其生产技术获得很大改进,资源配置效率有所提高,国家经济增长速度较快。绝对可让渡性的国家经济主权权能往往表征为该国处于全开放状态。当然,在历史长河中,有些贫穷与落后民族国家的自然资源和经济活动也出现完全让渡的事实,但这种让渡并没有在国家独立的前提下通过自主有限方式来展开,而是西方发达国家坚船利炮和掠夺战争的结果,使该国完全沦为半殖民地和殖民地而被迫完全让渡国家主权权能。诚然,沦为半殖民地或殖民地国家,其国家主权失去其对外独立、对内自主的本质特征,不属于自主有限让渡的范围,所以可让渡性所指的是民族国家在独立的前提下以自主有限方式的让渡。实践表明,在民族国家获得主权独立的前提下,民族国家经济主权权能在参与经济全球化过程中没有绝对的排他性和可让渡性,仅有其排他性大于、等于或小于可让渡性的选择。

一般而言,排他性是一国维护其经济主权权能独立性和自主性的重要方式,同时也是国家经济发展滞后的重要根源。换言之,当国家经济主权权能排他性越强,意味着国家自然资源和经济活动开放的领域越少,国家维护其经济主权权能的独立性和自主性就越强。可是,当其排他性越强,国家自然资源和经济活动参与国际分工、全球竞争的机会就越少,资源配置效率大大降低,国家经济增长速度有所放缓,国家越容易陷入贫困状态。由此,排他性与国家经济主权权能的强化呈正相关,与国家经济发展呈负相关。

可让渡性是一国经济快速发展的重要手段,也是发展中国家丧失国家经济主权权能独立性和自主性的重要因素。当国家自然资源和经济活动的权能让渡越

多,表明其自然资源和经济活动开放的领域越大,参与国际分工和全球竞争机会就越多,其经济发展速度就越快,国民生产总值就越大,国家就越发展。由此,可让渡性与国家经济发展呈正相关。可是,国家经济主权权能的可让渡性越多,国家自然资源和经济活动与别国的相互依存度就越高,但国家经济主权权能并没有完全地或绝对地弱化,也有强与弱之分。也就是说,当一国经济主权权能的可让渡性越多,意味着本国自然资源和经济活动开放领域越多,使得与别国经济活动相互依存度越高,该国政府调整经济活动的独立性和自主性难度就越大,呈现国家经济主权权能相对弱化的趋势。与此相反,当一国经济主权权能可让渡性越多,使得该国社会资源得到新的整合,资源配置效率获得提高,经济增长速度加快。该国在让渡的过程中其经济突飞猛进,从而为国家经济主权权能的强化提供了雄厚的物质准备,国家经济主权权能不但没有被弱化,反而得到进一步的增强。所以,在国家经济主权权能跨国让渡的过程中,维护国家经济主权权能的强弱主要依据于经济发展价值与让渡所失去那部分权能价值的权重。当让渡所带来经济发展的价值大于其失去权能所产生的价值,国家经济主权权能在较强的综合国力支撑下将会得到强化;否则,国家经济主权权能就会弱化。①

如果从生产力的长期发展而言,维护国家经济主权权能独立性和自主性的决定性因素是综合国力的提升,而综合国力的提升必然要求该国参与国际分工和全球竞争,就得自主有限让渡国家经济主权权能。只有在让渡中谋求发展,否则"落后就要挨打",国家经济主权权能失去雄厚的物质基础而变得弱化。为此,让渡是一国发展经济的重要手段,也是维护国家经济主权独立性和自主性的必然选择。因此,在经济全球化之前,一国经济主权权能不是考虑能不能让渡的问题,而是考虑怎样让渡的问题,即其可让渡性小于、等于或是大于排他性。由此可见,从生产力为强化国家经济主权权能提供雄厚物质基础的层面上,快速推动生产力发展的可让渡性与国家经济主权权能的强化呈正相关。

基于以上的考察,为了便于分析,我们用量化方式来表示国家经济主权权能的强弱。也就是说,对排他性而言,一国掌握国家经济主权权能的数量越多,意味着该国需求国家经济主权权能数量就越多,排他性就变得越大,国家经济主权权能强

---

① 值得注意的是,维护国家经济主权权能的强弱与其让渡的客体存在密切联系。当一国经济主权权能让渡给予该国生产力水平基本一致的国外市场主体,该国经济主权权能的独立性和自主性不但没有减弱,反而变得强化;当一国经济主权权能让渡给予比该国生产力水平高的国外市场主体,该国经济主权权能的独立性和自主性受到外来强力冲击变得弱化。所以,国家经济主权权能维护强弱与让渡的关系,主要依据让渡的客体决定。这在后文中有所阐述。

化程度就越大;对于可让渡性而言,一国掌握国家经济主权权能数量越小,意味着该国供给国家经济主权权能数量越多,可让渡性就变得越多,国家经济主权权能也变得越强(根据生产力的角度)。对于一国而言,我们可以假设:

(1)以国家经济主权权能的数量为纵坐标(OP),以一国经济发展总量为横坐标(OQ);排他性曲线为D,可让渡性曲线为S。

(2)排他性是一国维护其经济主权权能独立性和自主性的重要原因,排他性与国家经济主权权能数量呈正相关,与国家经济发展总量呈负相关,因而排他性曲线向下倾斜;可让渡性是国家快速发展经济的重要手段,也是维护国家经济主权权能独立性和自主性的重要因素,为此可让渡性与国家经济发展总量呈正相关,与国家经济主权权能数量也呈正相关,因而可让渡性曲线向上倾斜。

(3)排他性与可让渡性是相互制约和相互作用的统一体。也就是说,对于一个国家而言,其经济主权权能排他性越多,可让渡性就越少;反之,可让渡性越多,排他性就越少。

根据供给需求的模型原理,国家经济主权权能排他性和可让渡性的均衡模型构建(如图5-1)。

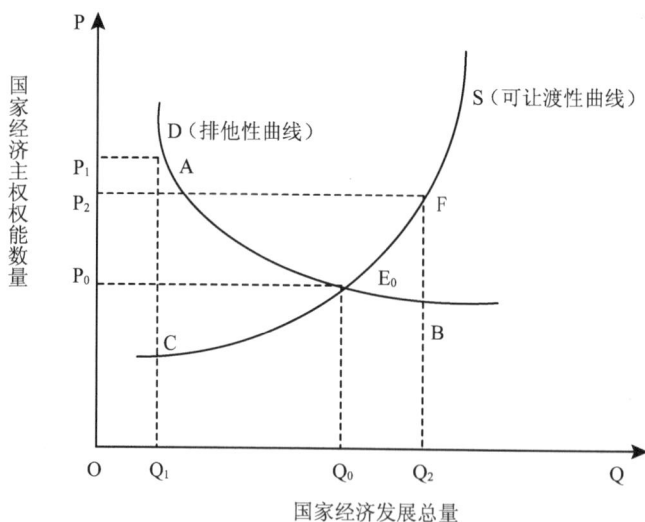

图5-1　国家经济主权权能排他性和可让渡性的均衡

(二)国家经济主权权能排他性与可让渡性的均衡模型分析

在图5-1中,排他性曲线D上的点A,表明该国掌握国家经济主权权能数量在手里越多(即为P_1),意味着国家经济主权权能的排他性越强,但该国国家经济主权权能的可让渡性变得很小,即点 C(与可让渡性曲线 S 的交点);由此,国家经济主权权能的排他性大于可让渡性,且 A > C;但在点 A 或点 C 上,由于国家资源没有参与国际分工与竞争,资源配置效率低下,国家经济发展总量就越少,即 OQ_1(与横坐标 OQ 的交点)。在现实社会中,该国一般表征为闭关自守状态。

在可让渡性曲线 S 上的点 F,表明该国掌握国家经济主权权能数量相对在手里越少(即为 P_2),意味着国家经济主权权能的可让渡性越大,其排他性变得越小,即点 B(与排他性曲线 D 的交点)。为此国家资源有足够的机会参与国际分工与竞争,资源配置效率得到大大提高,国家经济发展总量就越大,即 OQ_2(与横坐标 OQ 的交点)。由此,国家经济主权权能的可让渡性大于排他性,且 F > B;但该国经济主权权能的独立自主地位受到巨大的威胁。在现实生活中,类似的国家一般是具有依存度较高、缺乏自主创新的发展中国家,尤其以旅游产业为主的小国就更为明显,它的经济发展动力往往依赖于别国的经济发展势头。一旦别国经济发展态势有所放缓,该国由于缺乏自主能力其经济将会受到巨大的打击。

所以,在经济全球化日益深化的条件下,一国不仅积极参与国际分工和全球竞争,强调国家经济主权权能的可让渡性,提高资源的配置效率。但更要强调国家经济主权权能的排他性,适当地保护国内民族企业的发展,特别是加强和孕育国家自主创新能力,提高自身生产技术,避免本国经济发展完全依赖于别国经济的发展,在缺乏外来经济力量援助的条件下能够自力更生。这就要求一国不能盲目地选择国家经济主权权能排他性大于可让渡性(闭关锁国),或者可让渡性大于排他性(完全依赖),而应当选择其可让渡性与排他性均衡点,即排他性曲线 D 与可让渡性曲线 S 的交点 E_0。只有这样,一国在让渡国家经济主权权能的过程中既能获得国家经济的快速发展,又能避免国家经济主权权能的独立性和自主性的丧失。

然而,在现实生活中,给我们感觉的是:有些国家(特别是发达国家)经济主权权能让渡的领域很多,并且国家经济主权权能的独立性和自主性也得到加强。这是国家经济主权权能的排他性大于可让渡性,抑或小于可让渡性? 其实,发达国家由于生产力发展水平较高,国家经济主权权能的排他性与可让渡性的均衡点发生右移[1],并非其排他性大于或小于可让渡性,而是排他性与可让渡性发生右移的均衡发展(如图 5-2)。

---

[1]　因为市场发展水平的提高,内在的表征为排他性曲线,所以排他性曲线向右提升,其均衡点跟着右移。

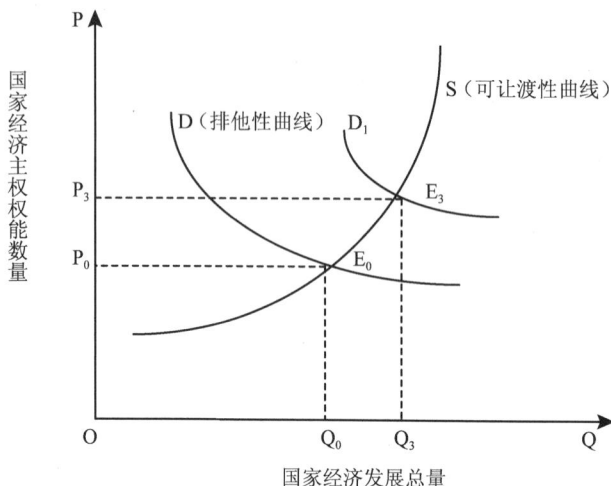

图 5-2 国家经济主权权能排他性和可让渡性的均衡点右移

对于发达国家而言,当其让渡本国自然资源与经济活动时,由于其拥有雄厚的资金、先进的生产技术和管理经验,在市场经济活动上占据着绝对的控制力和支配力,尽管其经济主权权能让渡的范围有多大,开放的领域有多宽,仅为国家经济发展的补充,其国家经济主权权能的独立性和自主性不但没有被削弱,反而是被强化。由此,发达国家由于具有雄厚经济实力的优势,其排他性和可让渡性的均衡点向右移动,即点 E_3(排他性曲线 D_1 和可让渡性曲线 S 的交点)。在点 E_3 上,发达国家让渡的经济领域越多,经济发展总量也变得越大,并且其经济主权权能的维护不但没有被削弱,反而是被强化。因此,发达国家部分学者或人士所鼓吹的国家主权"终结论"、"淡化论",其根源在于他们占据了全球市场的绝对控制力,在国家经济主权权能排他性和可让渡性的均衡点发生右移的条件,进而以种种方式模糊民族国家的市场权利边界,利用全球资源补充本国经济的发展,实现排他性和可让渡性所带来的价值的"双丰收"。

四、发展中国家经济主权权能跨国让渡的理性选择

目前而言,经济全球化是发达国家资本主义所主导的经济全球化,他们利用自身种种优势在发展中国家市场攫取大量的物质财富,在阻力较弱的市场大力推行经济霸权主义,在很大程度上表现为新经济殖民主义的倾向,从而对发展中国家的核心权力体系产生严重地侵害。但是,经济全球化也给发展中国家的经济发展带来前所未有的机遇,尤其对发展中国家资金短缺的填补、产业结构的调整、前沿技术的研发、人力资源的开发、市场竞争的激烈以及资源配置效率的提高带来很大的

促进作用,从而为国家经济主权权能的强化储备雄厚的物质条件。为此,在经济全球化同时带来的"挑战"与"机遇"之前,发展中国家面临着两难选择。

　　一般情况下,发展中国家经济主权权能发生跨国让渡之后,有足够的机会参与国际分工与全球竞争,在一定程度上给国内经济发展带来了新的活力,从而为国家经济主权权能的强化储备雄厚的物质条件。如果发展中国家一味地强调国家经济主权权能的排他性,必将失去参与国际分工、竞争与资源整合的机会,国内经济不但没有得到快速增长,国家经济主权权能的独立自主地位也未能得到有效的维护和巩固。基于这样的思维逻辑,在经济全球化初见倪端之时,特别是在西方原教旨主义、"民族国家终结论"、国家主权"淡化论"、"过时论"的鼓吹下,发展中国家对经济全球化的消极后果缺乏理性的认识,盲目地快速地融入经济全球化之潮流,无限度地让渡国家经济主权权能而乐观的追求与国际接轨。但现实的结果却表明发展中国家大部分市场份额被发达国家跨国公司的垄断和吞并,国家根本利益和国家经济主权权能不但没有得到有效保护,反而受到严重的侵害。正因为如此,全球化陷阱的舆论与反全球化的潮流在全球中日益增强。因此,鉴于深刻地历史教训,发展中国家必须要辩证地面对经济全球化,既要看到它的有利一面,又要看到它的不利一面。这就迫使发展中国家在跨国让渡国家经济主权权能时必须作出理性选择,即不仅要强调国家经济主权权能的可让渡性,也要强调它的排他性。

　　对于发展中国家而言,要使国家经济主权权能在扩大让渡范围的条件下,既要促进国民经济的快速发展,又要更好地维护国家经济主权权能的独立性和自主性,就要在国家经济主权权能排他性和可让渡性实现均衡的条件下,极力把可让渡性曲线和排他性曲线的均衡点向右推移。只有这样,发展中国家才能推动国家经济快速增长的同时,有效地维护国家经济主权权能的独立性和自主性。诚然,国家经济主权权的可让渡性曲线和排他性曲线的均衡点向右移动,并非一朝一夕之事。它需要国家必须培育自主创新能力、提高自身生产技术的同时,积极组建区域经济联盟及其区域经济组织,以此提高国内市场的发展水平以及国际市场的谈判力量,从而切实把国家经济主权权能可让渡性曲线和排他性曲线向右推移,实现排他性和可让渡性所带来的价值的"双丰收"。

第二节　国家经济主权权能的市场产权之演变

　　市场产权是国家经济主权权能的核心领域,市场产权制度安排的独立制定与行使是国家经济主权权能得以强化的重要体现。但是,发展中国家由于自身综合国力的弱小、市场发展水平的滞后以及发达国家经济霸权主义的盛行,其市场产权制度安排的制定与行使受到很大的削弱或替代,国家根本利益没有得到应有的保障。为了提高自身综合国力以及市场发展水平,能与经济霸权主义相抗衡,切实维护国家根本利益,发展中国家必须积极组建区域经济联盟组织,而区域经济联盟组织的组建必然推动了国家市场产权向区域市场产权的路径演变。

一、市场产权演变的重要根源

在经济全球化日益深化的背景下,国家经济主权权能的跨国让渡已是不争的事实。因为经济主权权能的可让渡性是一国发展经济的重要手段,在生产力层面上也是维护国家经济主权权能独立性和自主性的必然选择。但是,由于各国生产力发展的差异引致各国市场经济发展水平的不平衡,使得国与国之间在权能让渡的过程中所带来的利益分配有失公平。这就要求发展中国家经济主权权能在让渡的客体上必须作出理性选择,即权能让渡给予谁才能实现国家利益最大化的问题。然而,经济实力薄弱的发展中国家通过利弊权衡之后,选择的最终结果就是他们必须组建区域经济联盟以及建立区域经济组织,以此提高全球市场的谈判力量,进而维护国家经济主权权能的独立性和自主性以及自身的国家利益。

(一)在市场经济发展平衡条件下国家间经济主权权能让渡的利弊分析

在市场经济发展水平相对平衡的条件下,国与国之间的企业发展程度、生产技术水平以及劳动力成本基本一致,产品价格基本保持在同一水平上,充分反应产品的应有价值。当国与国之间经济主权权能发生了跨国让渡,充分反应其价值的产品在各国市场的竞争就显得比较公平,它不仅可以避免跨国垄断现象的出现,而且有利于激活国内市场的竞争氛围,提高国内生产技术的改进以及资源的配置效率,增进国民福利,从而强化其国家经济主权权能。如果市场经济发展水平基本一致的国与国之间仍然采取排他性的闭关自守状态,而不实施对外开放的发展战略,国家资源就没有足够的机会参与别国的分工与竞争,生产效率大大降低而陷入贫困,其经济主权权能的独立自主地位必定因于缺乏雄厚物质基础的支撑而变得弱化。由此,对于一国而言,当国家经济主权权能与自身市场发展水平基本一致的国家发生跨国让渡,该国就有足够的机会参与别国的分工与竞争,从而促进国民经济的快速增长,强化国家经济主权权能,实现国家利益最大化之目的。

对于发展中国家来说,其经济主权权能让渡的客体尽可能是与自身发展水平基本平衡的国家。虽然它们之间的相互让渡并没有分享全球最前沿的技术和最为发达的社会分工,在一定程度上不利于本国经济的快速增长,使得本国经济增长速度有所放缓。但从维护国家根本利益的角度而言,它们之间的让渡其国民经济发展的独立自主地位完全掌握在自己手中,市场安全和国家经济安全不但没有承担很大的风险,而且得到相当程度上的保障,使得国民经济的发展在长期中保持了稳定性和可持续性。由此,发展中国家之间的经济主权权能相互让渡,从整体上来看其利大于弊。所以说,国与国之间在市场经济发展水平相对平衡的条件下,其经济主权权能相互让渡其利大于弊。

(二)在市场经济发展不平衡条件下国家间经济主权权能让渡的利弊分析

在全球中,由于各国政治经济发展不平衡,引致各国市场发展水平也存在很大差异,市场发展水平的不平衡性已是全球中的客观事实。一般而言,发达国家由于生产力的高度发展其市场发展程度较高,发展中国家因于生产力的滞后其市场发展程度较低。正因为发达国家与发展中国家的市场发展水平极度不平衡,各国的企业发展程度与生产技术水平也存在很大差异,在让渡形成的一体化市场中,各国产品的竞争力并不处于同一起跑线,意味着各国产品之间的竞争也并不公平。

当发展中国家与发达国家发生经贸往来时,虽然发展中国家分享了全球最前沿的技术和最为发达的社会分工,在一定程度上为自身生产技术的改进以及资源配置效率的提高起到了很大的促进作用。但发达国家因于资本的扩张以及对国家利益最大化的追逐,必定积聚各种优势逐步蚕食发展中国家国内市场所有份额,自然而然地形成跨国垄断,使得发展中国家市场收益向外流失严重,国内市场发展成本不断增加,国民经济发展赖以存在的物质基础受到极其强大的冲击,市场安全和国家经济安全受到严重威胁。一旦市场安全和国家经济安全的临界点被突破,发展中国家国内市场起伏不定、混乱不堪,甚至爆发经济危机,其国民经济不但没有获得快速发展,反而陷入新的贫困,国家主权和国家安全面临崩溃的边缘。

虽然发展中国家与发达国家在贸易过程中建立了统一的国际贸易规则,以此约束各国的经济行为,从而维护各国贸易利益的分配公平。然而,由于发展中国家生产力还比较滞后,制定国际贸易规则的主导权依然掌握在发达国家手中,使得发展中国家经贸利益在国际政治经济旧秩序的环境下面临重大的经济损失。所以,在当前国际贸易规则由发达国家主宰的条件下,发展中国家极力主张建立国际政治经济新秩序,建立和完善公平、公正的国际贸易规则,并通过其规则的公平性弥补市场经济发展落后所带来的经济损失。但是,发达国家为了实现国家利益最大化,不但没有改变当前国际贸易规则的制度安排,甚至借势种种压力迫使发展中国家遵守现时的国际贸易规则,从而攫取发展中国家大量财富,导致发展中国家的市场安全和国家经济安全面临崩溃的边缘。所以说,从长期来看,发展中国家与发达国家由于市场发展水平的极度不平衡,其经济主权权能在相互让渡过程中其弊往往大于利。

可见,在经济全球化日益深化的今天,发展中国家经济主权权能让渡的客体应当是与自身市场发展水平基本一致的国家,而不是与自身发展水平极度不平衡的国家。但这一战略选择的局限性在于该国未能分享全球最前沿的技术和最为发达的社会分工,在一定程度上不利于本国经济的快速增长,使得本国经济增长速度有所放缓。所以,作为理性人的发展中国家必须依据自己国情以及利弊的权衡,在让渡经济主权权能的过程中既要能够分享全球最前沿的技术和最为发达的社会分工,又要有效地维护国家市场安全和国家经济安全,就必须与发展中国家积极组建区域市场联盟及其区域市场经济组织,以此弥补市场经济发展的滞后性,提升全球市场的谈判力量,从而建立公平、公正和公开的国际贸易规则,实现国家经济主权权能可让渡性所带来的经济价值相匹配。只有这样,发展中国家在让渡国家经济主权权能获得国民经济快速发展的同时,才能有效地维护国家经济主权权能的独立性和自主性。然而,发展中国家之间的区域经济联盟,就必然发生了国家市场向区域市场的过渡,进而推动国家市场产权也在向区域市场产权发生演变。

二、区域市场产权的出现

肯尼思·沃尔兹在《国际政治理论》中认为,国家将为他们的生存而担忧,自助是国家生存的必要原则。在一个无政府的世界中,国家不得不首先依靠他们自身和其他任何有价值的目标来谋求本国的生存。"自助系统是这样一个系统:在这个系统中,那些不自助的行为主体或者在自助方面不如其他行为主体有效的行为主体,就不能繁荣,就会面临危险,就会遭受损失。"[①]为此,追求安全保障的国家将制衡正在出现的主导力量;或者,在一个存在主导力量的世界当中,弱小国家将彼此联盟以制衡主导力量。这种均势政策可以采取两种形式:内部均衡和外部均衡。前者依赖于各国自身实力的提升,后者则依赖建立国际同盟。[②] 所以,对于发展中国家而言,它在全球一体化市场的竞争力还比较脆弱,其利益经常遭受经济霸权主义国家的侵害,这就要求发展中国家加强孕育自主创新能力提升自身竞争力的同时,积极与发展中国家建立区域联盟的经济组织,以此提升自身在全球市场的谈判

---

① Kenneth N. Waltz, Theory of International Politics, pp. 118. 载陈志敏、[加]崔大伟主编:《国际政治经济学与中国的全球化》,上海三联书店,2006 年,第 96 页。

② Kenneth N. Waltz, Theory of International Politics, pp. 168. 载陈志敏、[加]崔大伟主编:《国际政治经济学与中国的全球化》,上海三联书店,2006 年,第 96 - 97 页。

力量,维护自身在全球市场的应有利益。因此,建立区域经济联盟以及制定区域市场产权制度安排成为发展中国家自助行为的迫切要求。

(一)国家市场向区域市场的过渡

随着经济全球化的不断发展,发展中国家与发达国家在国际贸易方面出现失衡的现象比比皆是,以致发展中国家在经济全球化之前望而怯步。但是,可让渡性是发展中国家发展经济的重要方式,是本国提高资源配置效率的外在动力。这就迫使发展中国家在让渡国家经济主权权能过程中必须理性地选择让渡的客体。通过以上分析表明,当发展中国家让渡国家经济主权权能之时,选择与自身生产力发展水平基本一致的让渡客体或国家,其结果出现了国民经济获得快速发展的同时,国家经济主权权能的独立性和自主性得到更好的维护。当发展中国家与发达国家的经济主权权能发生跨国让渡之时,从长期来看,发展中国家国民经济不但没有获得可持续性的发展,反而陷入新的贫困格局,市场安全和国家经济安全受到严重威胁。所以,发展中国家为了能够分享全球最前沿的技术和最为发达的社会分工,又能有效地保障国家市场安全和国家经济安全,就必须与发展中国家进行区域经济联盟,以此提高区域市场发展水平,之后再以统一的经济实体与发达国家发生经济主权权能跨国让渡,从而实现国民经济持续发展和国家经济主权权能强化的目的。如图 5-3:

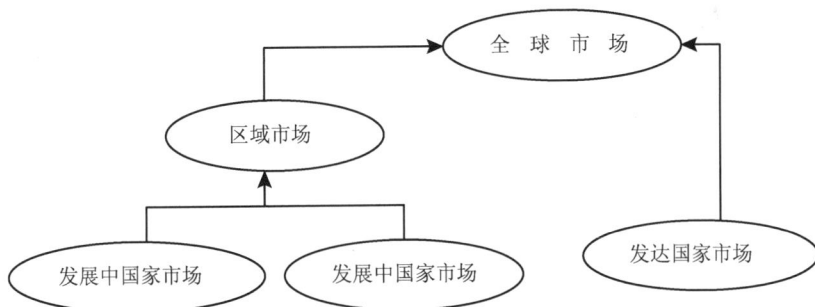

图 5-3　发展中国家之间组建区域市场的逻辑

在图 5-3 中,发展中国家之间组成的区域市场,市场发展水平得到很大的提高,进而提升其在全球市场的谈判力量,足以制衡全球市场主导力量。只有这样,区域市场主体与发达国家发生国际贸易时,国际贸易规则的制定才有可能公平、公正,区域市场主体在国际贸易中的预期收益才得以实现,其经济主权权能和国家利益才得以维护。所以,发展中国家之间区域经济联盟的组建以及区域市场制度安排的制定,自然推动了发展中国家的国家市场沿着区域市场的方向演变。

但是,在现实生活中,由于地缘政治、交易成本以及文化差异的重要因素,展现在人们眼前的区域经济联盟以及区域市场并非都是发展中国家之间,而是发达国家与发展中国家之间、发展中国家与发展中国家之间相互交错的局面。如欧盟、亚太经合组织等等。所以,在地缘政治、交易成本以及共同价值取向的相互作用下,区域市场的组建自然出现相互交错的局面。但是,作为理性的发展中国家,为了实现国民经济持续发展和国家经济主权权能强化之目的,应当有步骤地有选择性地建立区域市场(如图5-4)。

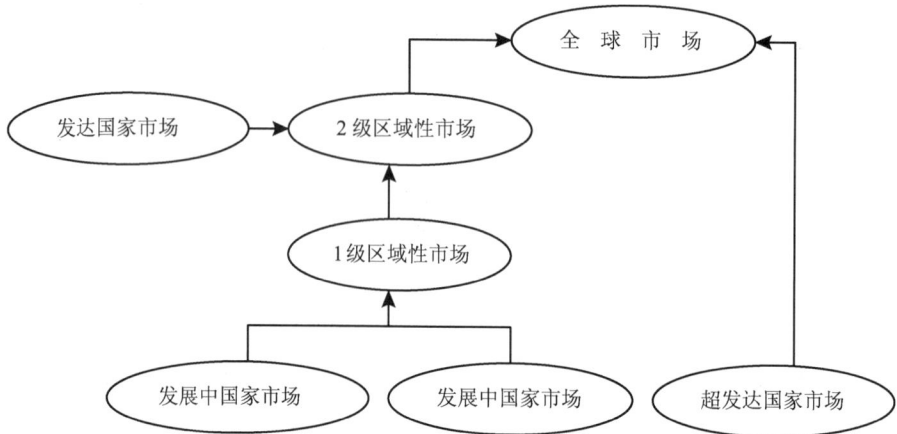

图5-4 发展中国家与发达国家组建区域市场的逻辑

在图5-4中,发展中国家之间进行同盟构成1级区域市场,足以制衡地缘政治版图内的一般发达国家,切实维护国家经济主权权能的独立性和自主性以及国家根本利益,并在此基础上与地缘政治版图内的一般发达国家组成新的区域市场(2级区域市场),使得2级区域市场的力量足以制衡超发达国家在全球市场的绝对控制力,从而实现2级区域市场主体的经济利益,进而维护地缘政治版图内的各国经济利益。

当然,发达国家特别是超发达国家为了维持其在全球市场的霸权力量,一方面千方百计瓦解或分离发展中国家之间联盟的区域市场,以及发展中国家与一般发达国家联盟的区域市场;另一方面积极与一般发达国家进行联盟,形成特超发达经济实体,企图维持其在全球市场的绝对控制力。因此,在全球市场中,各国为了制衡市场中的主导力量,或者维护市场中的主导力量,必然出现多种区域市场类型的并存,从而推动国家市场向区域市场的过渡。

（二）国家市场产权向区域市场产权的演变

发展中国家寻求外部制衡是国家市场向区域市场过渡的重要根源,也是区域市场产权形成的主要动力。由于各国生产力发展的差异以及市场经济发展的不平衡性,在经济全球化背景下国与国之间的贸易利益很难实现公平和公正。尤其是超发达国家依仗自身强大的经济实力与军事力量,在全球市场推行经济霸权行为,以致一些国家特别是发展中国家在贸易过程中其利益受到巨大的损失,进而扩大超发达国家与发展中国家的贫富差距。如果这种趋势未能得以改变,发展中国家必定遭受超发达国家推行新一轮的经济殖民主义,其后果不堪设想。为此,寻求外部制衡来维护国家根本利益是发展中国家迫切解决的战略任务。但面对强大超发达经济实体或国家,发展中国家采取"单打独斗"战略往往无济于事,必须进行发展中国家之间的联盟。因为发展中国家之间的联盟使得内部资源实现优势互补,提高资源及产品在全球市场的竞争力,进而提高他们在全球市场的谈判力量,打破超发达国家和经济组织在全球市场的经济霸权主义,为建立公平、公正与公开的国际贸易规则奠定了雄厚的支撑力。所以,发展中国家为了制衡外部强大经济实体或国家,以及维护国家利益与国家经济主权权能的独立性和自主性,迫使他们之间在政治、经济与法律方面的联盟,从而促进区域一体化市场产权的形成。

区域市场产权所产生的法律效力须以国家市场所有权权能让渡为前提。欧盟的奠基人让·莫内认为,二战后西欧国家面临着共同困境,只有通过让渡主权把各国主权逐步转移到共同权力机构手中,才能实现欧洲的统一,而保持民族独立和主权的转移是相互促进的。煤钢联营正是这种思路的产物,并且成为西欧国家走向政治统一的关键。[①] 所以,国家市场所有权权能的转移和让渡是区域市场产权产生的前提,否则,区域市场产权制度安排将缺乏有效的法律效力,成为空洞无物、名存实亡的区域制度安排。当然,国家市场所有权权能的转移和让渡是在尊重主权国家根本利益以及全民意志的基础上,依据自愿原则和自主原则来完成,并非以强加的形式迫使某国市场所有权权能的转移和让渡,否则区域市场产权的形成将会违背主权国家对内独立、对外自主的主权原则,与霸权主义行为没有本质区别。因此,区域市场产权在地缘政治与面临共同危机等因素的作用下,形成以主权国家为独立个体进行联盟的区域一体化市场的制度安排,以此行使主权国家让渡或转移部分的权利与职能,进而维护区域内各成员国的国家利益。

---

① 戴维·米勒、韦农·波格丹诺编:《布莱克维尔政治学百科全书》,中国政法大学出版社,1992年,第482页。

　　区域市场产权的建立和发展是维护国家市场根本利益的制度保障。区域市场产权的建立,其主旨通过主权国家自愿转移和让渡部分国家市场所有权权能,在区域内使各国政治、经济领域更紧密地融合,避免对抗和实现地区稳定,实现各国国家利益在一体化市场框架内的共赢;在区域外以同一个声音、以统一的意志和利益提升全球市场的谈判力量,谋求区域国家的国家利益最大化。比如,今天人口近5亿的欧盟,已是世界上第一大经济实体,也是经济一体化程度最高的区域性组织之一。为了推动欧洲一体化进程,谋求欧盟作为一个整体在国际舞台上有更大的发言权,欧盟领导人急于制订并推行欧盟"宪法",即从《欧盟宪法条约》到《里斯本条约》。《里斯本条约》的生效对"引领欧盟成为一支真正的全球性力量"具有重要意义,对世界多极化格局将产生深远影响。总之,欧洲一体化市场实现了480多万平方千米的疆域统一,拥有近5亿人口的巨大经济实体,成为全球最大区域性市场之一。在欧盟区域市场范围之内,成员国国家市场产权的边界功能日趋缩小,逐渐让渡给予欧盟组织共同行使,在一定程度上实现国家市场产权与区域市场产权的统一。其宗旨是通过建立无内部边界的空间,加快区域资源自由流动,提高资源配置效率,加强区域经济的合作与协调,一方面促进成员国政治经济的内部均衡发展,另一方面通过实行共同外交和安全政策,提高全球市场的谈判力量,实现外部经济的均衡发展。所以,区域市场产权的建立和发展,对国家市场内部均衡与外部均衡的共同发展提供了坚实的制度保障。

三、区域市场产权的基本内容

(一)区域市场产权是国家市场产权的延伸

　　国家市场产权是主权国家对国家市场的所有权,它的制度安排的制定是主权国家在经济领域对内自主、对外独立的根本表现。然而,区域市场产权的出现,要求国家市场产权制度安排的制定权力以自主有限方式让渡给予区域组织主体,在一定程度上对主权国家的权力行使带来普遍性的约束和限制。但区域经济组织并非超国家组织,而是在尊重各个主权国家的基础上在经济领域寻求共同利益的自由意志的体现。比如,"欧盟有其独立的法律机制并对成员国的一定权利造成了约束,但主权国家的性质并未发生根本性的变化。在主权是否让渡、让渡的多少这一关键问题上,欧盟各成员国仍然握有最终决定权。根据欧盟相关条约的规定,成员国既有加入欧盟参与一体化的选择权力,同时亦有退出一体化组织的权力,这就从根本上体现了欧盟成员国在主权让渡问题上的主权意志并没有因其成为欧盟成员国的身份而受到限制,欧盟成员国的主权在对外自主决策与选择上仍然是拥有话语权的。"①所以,区域性市场产权的产生,并不意味着国家市场产权的割让或消失,而是在尊重国家市场产权的基础上为了谋求共同利益达成协议的集合式的市场产权,在权能层面上是国家市场产权的延伸。

首先,区域性市场制度安排并非凌驾于各成员国国家市场产权之上,而是在尊重各国市场产权制度安排的基础上,为了克服共同危机、实现共同利益而制定的统一的区域性的市场制度安排。在一体化市场制度安排的框架内,各国的市场产权制度安排具有一定的独立性和自主性。比如,欧盟 27 个成员国全部批准的《里斯本条约》所规定,成员国若想退出欧盟,须同其他成员国就退出条件进行谈判。如果谈判成功,自动退出欧盟。这就充分表明成员国在一体化市场制度安排的认可上享有独立自主的自由权利。当然,区域市场产权制度安排对成员国具有普遍的约束力,一旦某成员国背离这种制度安排,欧盟对之可以进行协调、惩处或罚款,这才能确保区域市场制度安排的正常运行。因此,区域市场制度安排完全体现主权国家在市场领域对内自主、对外独立的自由权力。

其次,区域市场制度安排的形成是区域内各国多层面博弈的一个结果,而这个结果是各国国家市场产权的延伸。从国际法上看,国家主权的权利与义务是相对而言的。在主权国家参加的国际社会中,国家间的权利与义务不可能是相互孤立或割裂存在的。②为此,在区域一体化市场制度安排的制定上,各成员国让渡部分的国家经济主权权能,并非意味着它的放弃与割让,而是它承载着权利与义务的延伸。各成员国以自主有限方式让渡国家经济主权权能,是在经济全球化趋势下审时度势的理性选择,以让渡部分经济主权的方式参与国际组织,由一个集体认同的机构集中来行使这一部分权利,实现经济主权共享,这是国家经济主权在目前国际形势下寻求合作、扩大影响的战略选择。③所以,"国家间的多边合作对于全球经济的协调运行越来越重要,多边合作代表着国家政府间的利益共享,在合作过程中创设和实施一些规则来协调分歧并监督相互的经济体制,这种多边合作确认了一个国家与另一个国家在相互的政策和行为上是利益相关的主张。国家间的多边合作是一个规则制定的过程,包括约束性协议的谈判、相互的监督、条约的解释和争端的解决。"④因此,在经济全球化加速发展的形势下,区域一体化市场制度安排的制定不应当被看作为目的,而是被视为实现区域整体利益以及各成员国利益最大

---

① 徐泉:《国家经济主权论》,人民出版社,2006 年,第 235 页。
② 余敏友:《以新主权观迎接新世纪的国际法》,《法学评论》2000 年第 2 期。
③ 徐泉:《国家经济主权论》,人民出版社,2006 年,第 231 页。
④ 伍贻康、张海冰:《论主权的让渡》,《欧洲研究》2003 年第 6 期。

化的一种手段。

（二）区域市场产权实质上是区域市场所有权

区域市场产权是在国家市场产权基本内容的基础上深化与拓展起来的。从产权角度而言,区域市场产权主要是指区域性组织主体对区域市场的所有权,包括区域市场占有权、使用权、收益权和处分权等权能。在通常情况下,区域市场产权制度安排是成员国国家市场产权制度安排的"交集"。因为区域市场产权主体的合法性是各成员国以委托代理的契约形式而产生,区域组织与各成员国之间在严格意义上不存在控制与被控制、支配与被支配的关系。当各成员国面临共同危机、利益诉求一致之时,并必须采取一致行动才得以解决的情况下,各成员国才把让渡的权利予以区域组织合法行使。否则,各成员国索取利益方向不一致或者发生冲突,也可以通过各自行动获取,成员国就不可能也不愿意把经济主权权能让渡给予区域组织,区域性组织主体的经济行为将会失去其合法性的效力,成为一个名义上并没有法律效力的行为。所以,在各成员国索取利益一致的情况下,区域性组织主体行使的权力才获以合法性存在;当各成员国利益相左的时候,区域性组织的权力效用将会荡然无存。然而,国家市场产权主体是该国中央政府及其政府机构,对国家市场具有绝对的支配权,国家市场产权制度安排的制定权可以按照国家意志来行使。因此,区域市场产权与国家市场产权,在所有权层面上既有区别又有联系。确切地说,区域市场产权在各成员国利益诉求一致情况下产生法律效力,区域性组织对区域市场产权享有绝对的支配权,而在各成员国利益相左的情况下,名义上区域市场产权的控制权和支配权掌握在各成员国手中。为此,区域市场产权所指的是在各成员国利益诉求一致的情况下的区域市场所有权,包括区域市场占有权、使用权、收益权和处分权等权能。①

第一,区域市场占有权是区域市场所有权的基本权能之一,主要是指区域性组织对市场经营主体或企业的资本、产品或劳务等在区域市场份额占有比例的权利。欧盟竞争法就充分体现这一权能。欧盟为了建立确保欧共体内部市场竞争不被扭曲,鼓励所有经济资源如货物、人员、服务和资本的自由流动,不受国界的阻碍,建立一个单一或统一的市场,维持一个合理的市场结构,提高经济效率。在1957年,德国、法国等6个欧洲国家在罗马签署《欧洲经济共同体条约》,主要包括禁止限制竞争协议(欧共体条约第81条)、禁止滥用市场支配地位(欧共体条约第82条)原则、禁止国家补贴(欧共体条约第87-89条)。在1989年12月,欧共体部长理事

---

① 注:文中出现的区域市场产权概念均指这一含义。

会制定了针对企业合并管制的《欧共体企业合并控制条例》，指出凡是在欧共体范围内造成影响的合并都是条例的适用对象。此外，在欧共体的整个竞争法律体系中，除了欧共体条约制定外，还包括据此制定的部长理事会和委员会的条例、指令和决定，主要包括《关于实施欧共体条约第81、82条竞争规则的第1/2003号决议》《关于控制企业集中的第139/2004号决议》《关于在控制企业集中的理事会条例下评估横向合并的指南》等。总之，如今欧盟竞争法起源于欧洲经济共同体条约，它经过多年的实践逐渐形成了一套完备的竞争法律体系，以此维持一个合理与高效的区域市场结构。

比如，在禁止限制竞争的方面上，欧盟条约第81条第（1）款原则禁止一切可能影响成员国之间贸易，以阻止、限制或扭曲竞争为目的或产生此结果的协议、决定或协同一致的行动。同时第（3）款规定了限制竞争协议的豁免须符合四个条件：一是有利于提高产品的生产销售或有利于经济发展和技术进步；二是消费者可以分享效率提高带来的收益；三是为达到上述目的而限制竞争是不可避免的；四是没有排除相关企业产品竞争的可能性。另外还有附加条件：对竞争造成的影响必须是可见的。对于横向协议（如不同产品）市场份额不超过10%，纵向协议（如相同产品）市场份额不超过15%，混合协议市场份额不超过10%的。所以，欧盟条约在禁止限制竞争方面上有着严格的规定，其主旨是建立有效竞争的一体化市场。

在禁止滥用市场支配地位的方面上，根据欧盟条约第82条规定，构成滥用市场支配地位需要三个条件：一家或多家企业在共同市场具有支配地位；滥用支配地位；对成员国之间的贸易具有现实或潜在的影响。并且，支配地位、滥用和滥用获得的利益包括在相邻市场。第82条还列举了过高定价、掠夺性定价、价格歧视、拒绝交易、搭售、限制生产销售或技术开发等滥用支配地位的行为，都并不限于这些情形。在欧盟新《合并条例》第2条规定，"集中如果在共同市场或其大部分将严重妨碍有效竞争，特别是通过产生或加强市场支配地位的形式，将被宣布与共同市场不相容"。从这些规定表明，欧盟委员会更加重视合并对竞争的影响，并根据市场份额评估企业合并后并对竞争的影响。如果合并后企业的市场份额超过75%，虽然不是绝对垄断，但一般会被认为产生或者加强市场支配地位，故而对此采取积极的应对政策。

可见，欧盟竞争法严格规定企业在欧盟市场的市场份额比例，其目的是阻止部分企业在区域市场的垄断，尤其阻止外来经济霸权行径的蔓延和扩张，促进区域市场的有序竞争，进而有利于提高区域市场生产技术的改进和创新，维护区域市场安全以及成员国国家市场安全，从而维护各成员国的经济利益。所以欧盟界定了区域市场占有权,对于建立统一的欧盟大市场以及维护区域利益发挥了重要的作用。

第二,区域市场使用权是区域市场所有权的重要权能,主要是指区域组织规定企业利用区域市场的权利与义务关系。在区域市场的框架内,区域市场使用权主要体现为企业在区域市场准入的层面上。比如,欧盟是企业和产品评估指标最多的经济实体之一,它对外来企业、产品和劳务进入欧盟市场有着严格的规定,并且这些规定具有很大的弹性和随意性,在很大程度上限制外来企业、产品和劳务进入欧盟市场。虽然这种规定阻碍了全球资源的自由流动,但从区域利益最大化出发是维护区域市场安全的根本表现。

比如,在反倾销措施方面上,欧盟为了保护欧盟产商免受来自第三国产品的低价竞争,制定了反倾销法。该法规定,在满足以下四项条件时,欧盟可以对倾销产品征收临时或长期的反倾销税。(1)当一种产品的出口价格低于相同或相似产品的正常价值,构成倾销;(2)有证据表明该进口对共同体工业正在造成或可能造成实质性损害;(3)该损害必须是对一整个行业和主要部分的实质性损害;(4)所采取的补救措施基于共同体的利益考虑。① 当欧盟接到欧盟生产者的倾销指控后,委员会可以展开立案调查。在此期间,委员会与成员国协商后可以对被指控产品征收临时反倾销税。如果调查结果证明存在倾销,且该倾销对有关行业的重大损害已经存在或可能出现,欧盟理事会可以根据委员会的提案,以简单多数原则决定征收最终的反倾销税。

虽然欧盟是 WTO 成员之一,它一方面积极响应还未健全和完善 WTO 规则的宗旨,推动全球资源的自由流动,另一方面设置种种市场评估指标、非关税壁垒等,以此阻碍具有竞争力的外来资本、企业、产品与劳务进入欧盟市场,确保欧盟区域市场的安全以及成员国的经济安全。犹如在 2009 年 9 月 24 日,欧盟决定对产自中国的无缝钢管和铝箔征收为期五年的正式反倾销税,税率分别高达 39.2% 和 30%。正式反倾销税是在为期六个月的临时关税到期后实施。欧盟采取这一措施对我国无缝钢管和铝箔的出口及进入欧盟市场带来很大的影响,迫使我国厂商提高无缝钢管和铝箔产品的生产技术和质量,从而增加无缝钢管和铝箔产品的生产成本。但从欧盟自身利益最大化出发,这一措施在很大程度上是保护欧盟区域市场安全以及成员国经济安全的一种表现。

第三,区域市场收益权是区域市场所有权在经济上的实现形式,主要指区域组织以契约的形式把区域市场让渡予以市场经营主体占有和使用而获取法定收益的

---

① 陈志敏、古斯塔夫·盖拉茨:《欧洲联盟对外政策一体化》,时事出版社,2003 年,第 155 页。

权利。区域市场收益权的收益主要来源于税收。在欧洲一体化市场中,欧盟实施了关税同盟政策。在1958年1月1日生效《罗马条约》的第2条,规定了欧共体的目标,即"通过共同市场的建立和各成员国经济政策的逐步接近,在整个共同体内促进经济活动的和谐发展,不断的和平衡的扩张,日益增长的稳定,生活水平的加速提高以及各成员国之间发生更紧密的关系"[①]。为此,6个创始成员国决定建立关税同盟,在成员国之间相互取消商品的进口和出口关税以及一切具有同等作用的捐税,并对第三国实行共同的关税率。

共同体预计在1970年1月1日完全取消成员国之间的相互关税,并建立共同的对外关税。通过共同体六国的积极努力,关税同盟的目标提前18个月在1968年7月1日便告实现。在1958~1970年间,共同体成员国的出口量增加了3.2倍,进口量增加了3.4倍。同时期,共同体的内部贸易量也增加了3.6倍,与第三国的贸易量增加了3倍。所有这些都是最显著的指标,表明六国经济正朝着一体化的方向发展。[②] 通过建立共同的对外关税,共同体在国际贸易领域成为一个单一的关税区和统一的谈判力量,大大增强了共同体各国在国家贸易谈判中的讨价还价地位,使共同体在地区和全球贸易体制的构建中扮演了与美国平起平坐的角色。从1973年到1995年,共同体从6国扩大到15国。这些新成员国在加入后,经过几年的过渡期,也相继成为关税同盟的正式成员。

2004年5月欧盟成功实现东扩,扩大后的欧盟税制体系更加复杂。虽然新成员国在过渡期内对本国税制进行了较为彻底的改革,但到2004年加入欧盟时,原欧盟15国与新10国由于经济上的绝对差距,两者间的税制仍差别很大,这不但反映在总税收负担上,也反映在税收结构和不同经济类型的税负差别上。[③] 所以,欧盟实现东扩后,关税同盟的政策任重而道远。

总之,区域市场收益权是区域市场所有权的经济形式,也是区域组织财政收入的主要来源。区域组织可以通过区域市场收益权的制度安排约束和限制外来企业、产品与劳务对区域市场的使用和占有,进而维护区域市场的经济安全和成员国的经济安全。

第四,区域市场处分权是区域市场所有权的核心权能,主要指区域组织以契约的形式把区域市场让渡予以市场经营主体占有和使用而享有法律上的处分的权利。比如,欧共体所享有的共有权力根据其权力行使的结果可分为替代性共有权

① 陈志敏、古斯塔夫·盖拉茨:《欧洲联盟对外政策一体化》,时事出版社,2003年,第151页。
② [法]拉哈:《欧洲一体化史(1945—2004)》,彭姝祎、陈志瑞译,中国社会科学出版社,2005年,第63页。
③ 常世旺:《欧盟东扩后的税收政策取向与启示》,《社会科学辑刊》2008年第4期。

力和平行(或互补)共有权力两类。替代性共有权力是指,在某一事项领域,欧共体和成员国分享管辖权,在欧共体未能获得行使其权力时,成员国可行使其权力;但是,当欧共体行使该权力,则成员国将失去行使该权力的可能。而平行权力主要存在于一体化建设的初期或某一新纳入一体化范围的领域,其主要目的在于避免法律真空现象的出现,随着一体化进程的加速,这种权力将逐渐过渡到由欧盟独占行使。①

在《里斯本条约》中,欧盟的处分权利将分为三大类别:第一类是欧盟独享的管辖权,在此领域只有欧盟才有权制定有关法律法规(共同贸易政策、使用欧元国家的共同货币政策等),这就是上文中所说的替代性共有权力。比如,将目前的欧盟负责外交和安全政策的高级代表和欧盟委员会负责外交的委员这两个职权交叉的职务合并,统归为欧盟外交和安全政策高级代表一职,全面负责欧盟对外政策。第二类是欧盟与成员国分享的管辖权(农业、能源、运输、环境等领域),这就是上文所说的平行权力。第三类是成员国保留的完全管辖权。如欧盟实施支持、协调行动或补充行动(工业、文化、旅游、教育等领域)。所以,欧盟由于成员国的政治经济发展不平衡,其处分权限也变得错综复杂。当成员国面临共同危机、利益诉求一致的情况下享有区域市场独占的管辖权;当成员国利益相左的情况下,市场的管辖权掌握在各成员国手里。但从欧洲一体化市场的发展趋势,区域市场的管辖权将越来越集中在欧盟组织手里。

总的来说,区域市场产权主要指区域市场所有权,包括区域市场占有权、区域市场使用权、区域市场收益权和区域市场处分权等权能,并且各个权能的相互制约相互作用的辩证关系,确保区域市场所有权的完满状态。区域市场产权的出现,对区域市场经济安全以及成员国经济安全的维护有重要的理论意义与现实意义。

四、区域市场产权对国家经济主权权能强化的作用

区域性市场产权的制定,其宗旨是在成员国利益诉求一致情况下打破国家市场产权的边界与壁垒,实现市场区域的共享。曾繁华教授认为,市场区域共享制,是指几个(一般指两个或两个以上)在地理或经济利益上有某种共同利益偏好的国家,通过建立区域性的经济组织或经济机构,在区域范围内实现某种经济一体化,扩大市场资源整合边界,从而实现对这些国家市场资源的共同配置与集体调节。实施这种一体化调节的结果,必然是使参与该经济一体化组织的国家或地区

① 陈志敏、古斯塔夫·盖拉茨:《欧洲联盟对外政策一体化》,时事出版社,2003年,第145页。

比不参与一体化组织的国家或地区能获取更多更大的社会经济利益。① 为此,区域市场产权的建立,在区域市场内则加快了资源自由流动,提高资源配置效率,增进成员国公民福利;在区域市场外,则提高了全球市场的话语权以及谈判力量,强化区域组织经济主权权能的独立性和自主性,维护成员国经济安全。

首先,在区域市场内,区域市场产权的建立打破了成员国之间的贸易壁垒,扩大了成员国之间的内部贸易量,促进成员国以及整个区域的经济发展,为区域市场安全的维护奠定了雄厚的物质基础。比如,在 1958 年,欧共体面积只有 116 万平方千米,人口为 1.68 亿,国内生产总值为 2050 亿埃居,进出口总额将近 350 亿埃居。经过 40 多年发展后,在 2001 年,欧盟 15 国的面积扩展为 315 万平方公里,是 1958 年的 2.71 倍;人口增加为 3.78 亿,是欧共体初期的 2.25 倍;国内生产总值增加为 88400 亿欧元,是欧共体时期的 43 倍;进出口总额增加为 20133 亿欧元,是欧共体时期的 57 倍;对外直接投资从零增长到 2073 亿欧元。② 从欧盟建立区域市场产权的实践来看,各成员国的生产率得到大幅度提高,经营方式也大多实现了现代化,使得区域市场的竞争、稳定和安全得以坚实保障,并向消费者提供合理的物价。所以,区域市场产权的建立对成员国经济发展以及经安全提供了有效的保障。

其次,在区域外,区域市场产权的制定提高了区域组织在全球以及其他国际组织的地位,对区域市场经济主权与安全的维护和巩固有着重要的促进作用。在经济全球日益深化的背景下,国家游戏规则虽然被视为国家间、组织间相互博弈的结果,但它的制定往往以实力来支撑,规则的最终制定多半参与实力强劲者的意志和利益,否则就不了了之。没有实力的博弈方最终将处于被动或从属地位。作为区域性国际组织的欧盟获得了国际法上的主体资格,欧盟作为独立的国际法主体承担国际法所赋予的权利与义务。徐泉指出,在欧洲一体化市场的发展进程中,欧盟在世界上的影响力日益增强,欧元作为欧盟的正式货币不仅经受住了考验,而且正在成为世界公认的第二大货币,在很大程度上削弱了美元的霸权地位,特别是在 WTO 体制下欧盟用同一个声音主张诉求他们的利益,在 WTO 重大事项的决策问题上,欧盟以这种集体联合的优势在经贸领域中有效地抗衡美国、日本,在维护欧盟成员国的集体利益上已经取得了明显的成效。不仅如此,在对美国奉行的经济霸权斗争中,欧盟以集体经济主权对抗美国的经济霸权,从"301 条款"案到农业补贴,从谈判议题到具体协议的主要内容,无不折射出欧盟集体共享经济主权的优势

---

① 曾繁华,鲁贵宝:《基于市场产权的国家竞争优势研究——一个新的经济全球化"游戏规则"及其博弈框架》,经济科学出版社,2008 年,第 56 页。

② 陈志敏、古斯塔夫·盖拉茨:《欧洲联盟对外政策一体化》,时事出版社,2003 年,第 319 页。

所在。^①因此,区域市场产权的建立,使得区域组织以同一个声音说话的方式提升自身在国际市场的谈判能力,强化了自身在世界上以及其他国际组织的独立地位,赢得国际游戏规则的制定体现公平、公正原则,从而更加维护和巩固区域市场组织的经济主权和成员国的经济主权。

第三节 发达国家强化国家经济主权权能的重要经验

　　主权是国家的根本属性,国家经济主权是国家主权的重要内容。在纷繁的大千世界中,由于各国政治经济发展不平衡以及文化价值取向的差异,各国维护和强化国家经济主权权能的途径和手段也千差万别,没有统一的模式和路径。对于超发达国家而言,他们拥有雄厚的经济实力在国际贸易中处于优势地位,进而推行国家主权过时论、淡化论的经济霸权行为,甚至认为主权边界是国际动荡的重要根源,从而否定别国国家主权的存在。对一般发达国家而言,他们的经济实力弱于超发达国家,但又强于发展中国家,这就迫使他们进行区域联盟足以制衡超发达国家在全球市场的霸权行为,维护自身在国家贸易的应有利益,而对经济实力较弱的发展中国家则积极实施扩大自由贸易政策,企图垄断发展中国家市场的所有份额。而处于全球经济实力最底层的发展中国家,由于生产力发展的滞后,在积极融入经济全球化之中而不知不觉地陷入了经济全球化"陷阱",使得国家经济主权权能的独立自主地位受到极大的侵害,国家经济主权与国家经济安全受到严重威胁。所以,为了维护和强化国家经济主权权能,发展中国家必须对超发达国家与发达国家强化国家经济主权权能的经验要有理性的认知,并从中汲取有益的成分。

一、美国强化国家经济主权权能的手段

　　美国是超发达国家,按一般理解不应该存在主权受到侵蚀、损害和限制的问题。因为美国具有强大的经济、政治和军事实力,主宰着经济全球化的历史进程,左右着国际游戏规则的制定和实施,成为经济全球化的最大受益者。在全球一体化市场中,美国经济主权权能受到威胁或侵蚀的可能性极低。但美国政府及其理论界历来都重视对国家经济主权权能的维护和强化,并且他们的理论逻辑为:击垮对手,或侵蚀和限制别国经济主权权能是维护本国经济主权权能的前提。为此,美

①　徐泉:《国家经济主权论》,人民出版社,2006年,第239页。

国大多数学者积极倡导主权过时论、主权淡化论,企图模糊别国市场领土边界和权力边界,依仗美国经济实力和军事实力优势,推行全球经济霸权主义,实现美国利益最大化进而强化其经济主权权能。此外,美国又是一个法律制度健全的国家,利用国内贸易法的权威性凌驾于国际贸易规则的制定,并在规则的解释和仲裁方面强制性的实施,以此维护本国贸易利益,强化国家经济主权权能。所以,从整体来看,美国维护和强化国家经济主权权能主要体现在以下两个方面:

(一)推行经济霸权主义

1.美国推行经济霸权行为并非历来就有。美国在独立战争期间,其经济实力和军事实力与欧洲列强相比还比较弱小,它主要采取积极灵活外交政策与欧洲强国打交道,积极寻求同盟,同时又与俄国、北欧国家相继发表"武装中立"宣言。美国在此期间以出色的外交活动赢得了自己的独立。在 1782 年 11 月,美英代表在《巴黎和约》草案上签字,合约中英国正式承认美国独立。但美利坚合众国诞生之后,世界政治、经济、军事和文化中心依然在英国,美国与欧洲列强相比仍然是弱小的国家。在这一时期,美国由于政治上四分五裂,政府权力薄弱,致使其外交在国际上十分软弱无力。松散的邦联没有征税的权力,无法建立海军,国家债务累累,无论在公海上还是在主要的国外市场上,美国的商业利益都无法得到保护,在很大程度上受到英国与欧洲列强的控制和制裁。这就迫使美国建立孤立主义的外交原则,一方面避开欧洲的纠纷,另一方面摆脱欧洲列强的控制。1796 年 9 月,华盛顿在致全国人民《告别词》中指出,"欧洲有一系列与我们无关或关系非常微小的根本利益,……欧洲必然经常陷入纷争,而这些纷争在实质上与我们毫不相干",我们应该"在发展我们的商业关系时,尽可能避免同外国发生政治联系"。"我们真正的政策乃是避免同任何外国订立永久性同盟。"①美国建立孤立主义的外交原则,主要强调了美国避免卷入欧洲冲突与战争,反映了美国竭力挣脱欧洲列强羁绊的要求,不受欧洲列强的控制和影响,在同欧洲列强的争夺和竞争中保持行动自由。

欧战结束后,美国的对外政策及时调整,它一方面强调自己避免卷入欧洲纷争,采取不干涉欧洲列强一切事务的中立政策;另一方面强调"美洲是美洲人的美洲",反对欧洲列强尤其是英国对美洲进行政治、经济和文化的渗透。在 1823 年 12 月 1 日,门罗总统宣布了三项原则(后人称为门罗原则或门罗宣言):(1)今后任何欧洲列强不得把美洲大陆已经独立自由的国家作为将来殖民的对象;(2)欧洲的政治制度与美洲的政治制度本质上不同,欧洲列强把它们的政治制度扩展到西

---

① 刘丽云、张惟英、李庆四:《美国政治经济与外交概论》,中国人民大学出版社,2004 年,第236 页。

半球的任何企图都将危及美国的和平与安全,美国现在不干涉任何欧洲列强的现存殖民地和保护国,将来也不干涉;(3)对于那些已经宣布独立,并且已经得到美国承认的美洲国家,任何欧洲列强进行的任何干涉,美国只能认为是对合众国不友好的表现。① 门罗原则在反对欧洲列强对美洲殖民地干涉和扩张的同时,也隐含美国对美洲扩张的企图,在"美洲是美洲人的美洲"的幌子下,美国把美洲视为它的势力范围。

2.经济霸权地位的建立。在第一次世界大战之前,美国的工业生产在世界上已跃居首位,垄断资本在美国确立了统治地位,托拉斯帝国主义的美国向外扩张的欲望更加强烈。美国不仅放弃了孤立主义,积极推行"大棒政策"和"金元外交"②,通过巨额贷款方式和经济渗透来影响和控制拉美国家,从而在整个西半球建立美国霸权。第一次世界大战爆发时,美国对欧洲战事实行中立外交政策,一方面利用中立地位同交战国大做生意,扩大贸易市场和经济实力。据统计,一战前美国欠英国债务30亿美元,一战后英国倒欠美国47亿美元;法国在战争结束时也欠美国债款16.48亿美元。美国控制了世界40%的黄金,逐渐取代了英国为世界金融中心的地位。③ 与此同时,美国图谋在交战双方两败俱伤之后,以最高仲裁者身份收拾残局,左右国际局势。在1917年年底,俄国爆发布尔什维克革命,英法集团和德奥集团在战争中两败俱伤,战争结果逐渐明朗。美国抓住时机提出了"十四点"计划④,积极为第一次世界大战后的世界秩序进行谋划,准备按照美国的设想实行世界和平。一战后,美国虽然没有批准《凡尔赛条约》,没有加入国联,却比以往更加积极地参与世界事务。英、法、德等欧洲列强在战争中力量都受到极大的削弱,而美国在世界政治经济中的地位和影响却日益加强,取代了英国成为世界霸主。

二战后,美国利用自己在反法西斯同盟中的主导地位,以此抓住时机进而扩大自己在世界的影响,寻求一个有利于美国发展的战后世界环境,积极谋划建立美国领导的世界秩序。尤其美国拥有强大的经济实力和军事实力,垄断着核武器,以此逐渐控制着联合国、国际货币基金组织与泛美同盟等国际组织,这些条件和手段为美国确立全球霸权战略奠定了基础,开始了美国在全球范围内推行霸权扩张的进程。

---

① 刘丽云、张惟英、李庆四:《美国政治经济与外交概论》,中国人民大学出版社,2004年,第237页。
② "大棒政策"是美国总统西奥多·罗斯福所提出的,他的名言是"说话温和,但带根大棒"。"金元外交"是美国总统塔夫脱所提出的,其目的是通过向对象国提供巨额贷款方式,强行干涉该国经济,并趁机获得该国各种经济特权,进而控制该国经济。
③ 刘丽云、张惟英、李庆四:《美国政治经济与外交概论》,中国人民大学出版社,2004年,第246页。
④ "十四点"计划主要内容包括:公开外交、公海航行自由、消除一切经济壁垒、建立平等贸易条件、裁减军备、公道地处置殖民地(民族自决),成立国联等。这是后人所谓的"威尔逊主义"。

3. 经济霸权主义的推行。冷战初期，美国的经济、科技和军事实力突飞猛进，完全取代了欧洲世界政治经济中心的主导地位，开始在世界政治经济舞台上扮演着"领导"的角色，逐步由美洲霸权国向世界霸权国的推进。为此，美国总统罗斯福曾提出，美国有力量居于领导世界的地位，美国不能推卸这种领导责任。但是，苏联在战后国际地位不断提升以及东欧一批国家人民民主政权的建立，使美国按照自己意愿构筑世界秩序的企图受挫。因而美苏关系迅速逆转，世界两极格局最终形成。在冷战期间，美国一方面推行以经济制裁为主的外交政策，对一些国家尤其是社会主义国家进行打击、报复、限制、破坏，以达到美国称霸世界的战略目标；另一方面广泛开展对外援助，尤其是对战后损失惨重的资本主义国家的援助，通过各种形式的援助增强美国的地缘政治优势，扩大美国对一些发展中国家和资本主义国家的影响和控制。

冷战结束后，美国以胜利的姿态成为世界唯一的超级大国，进而加快其称霸全球的步伐。与此同时，新保守主义势力对美国政权的影响日益扩大，认为美国在世界上是"一超独霸"，并制定种种方案维持美国的霸权地位。美国大战略理论家布热津斯基在其《大棋局》书中便直言不讳地指出，"今天美国全球力量的范围和无所不在的状况是独一无二的。美国不仅控制着世界上所有的海洋，而且还发展了可以海陆空协同作战控制海岸的十分自信的军事能力。这种能力是美国能够以在政治上有意义的方式把它的力量投送到内陆。美国的军事部队牢固地驻扎在欧亚大陆，还控制着波斯湾。美国的仆从国和附庸国分布在整个欧亚大陆，其中一些还渴望与华盛顿建立更加正式的联系。""美国在全球至高无上的地位，是由一个的确覆盖全球的同盟和联盟所组成的精细体系所支撑的。""美国至高无上的地位就这样制造出一个新的国际秩序。这个新的国际秩序不仅在国外重复了美国体系本身的许多特点，而且使这些特点固定了下来。"①布热津斯基这样描绘美国在当今世界的地位和作用，其主旨推行美国新型的霸权政策，企图创造一种"美国治下的和平"的"帝国蓝图"。

随后"9·11"恐怖袭击的发生，使美国大多数人感到惊慌失措，并认为是美国推行霸权主义遭到报复的必然后果，以此唤醒推行霸权主义的政治家和理论家的反思。但新保守主义却看到了另一种"希望"，即向世人展示美国军事实力之时已到，于是阿富汗战争、伊拉克战争接踵发生。美国依仗其强大的军事实力在世界各地拉开战场，企图通过武力方式解决和维护其经济利益和国家经济主权，进而维持

---

① 布热津斯基：《大棋局》，中国国际问题研究所译，上海人民出版社，1998 年，第 31、33、38 页。

其在世界的霸权地位。

总的来说,美国经济霸权主义的形成过程是漫长而复杂的,开始时是为了国家生存而努力,后来是为了利益的扩张,这一切又伴随美国独特的"历史使命感"到了现代,美国在对外战略中一直维护自己的霸权,并防止其他地区出现同样的"霸权"当作自己对外战略的最主要目标,为此美国才参加了两次世界大战,才热衷于与苏联集团的"冷战"。而当美国受到了"9·11"恐怖主义袭击之后,布什政府准备在全球向恐怖主义及为恐怖主义提高庇护的国家发起攻击时,维护美国霸权的政客们也纷纷为此出谋划策,"先发制人"的武力征服便是他们提出对付"混乱"世界秩序的手段以及维护国家经济主权的重要工具。此外,美国经济霸权行径的另一个突出特征,是对联合国、国际货币基金组织以及世贸组织的控制,并通过对这些机制的控制成功地维护了自身的利益和霸权地位。

(二)制定"201 条款"和"301 条款"①

"201 条款"和"301 条款"是美国调整国家间贸易利益的重要原则,以及维护和强化国家经济主权权能的重要工具。美国贸易法"201 条款"的核心内容是指:如果美国认为从外国进口的某项物品,其数量增长到足以对美国国内生产同类物品的产业造成严重损害,或使其面临严重的威胁,则美国总统有权采取一切措施,包括在一定时期内对该有关进口物品加征额外关税或限制进口数量,借以帮助美国国内产业针对进口产品开展竞争。② 而美国贸易法"301 条款"的核心内容是指:美国依据任何贸易协定所享有的权利遭到否定;或外国的某些立法、政策或做法违法贸易协定、与协定不相一致,或虽未违背有关协定,但被美国单方面认定为"不公平"、"不公正"或"不合理",以致限制或损害了美国的商业利益,美国贸易代表署则有权不顾国内其他法律以及国际条约准则作何规定,径直依照美国贸易法"301条款"规定的职权或程序,凭借美国经济实力上的强势,采取各种单边性、强制性的报复措施,以迫使对方取消上述立法、政策或做法,消除其对美国商业所造成的限制或损害,或提供能令美国官方和有关经济部门感到满意的赔偿。③

陈安指出,就其法律功能而言,"201 条款"的主旨和效应,在于充分保护美国

---

① "201 条款"和"301 条款"原是 1974 年《美国贸易法》的第 201 条(Section 201)和 301 条(Section 301),其后几经修订,扩充了内容,习惯上仍统称为美国贸易法"201 条款"和"301 条款"。参见陈安:《美国单边主义对抗 WTO 多边主义的第三个回合——"201 条款"争端之法理探源和展望》,《中国法学》2004 年第2 期。

② 陈安:《美国单边主义对抗 WTO 多边主义的第三个回合——"201 条款"争端之法理探源和展望》,《中国法学》2004 年第 2 期。

③ 徐泉:《国家经济主权论》,人民出版社,2006 年,第 211 页。

国内产业及其国内市场的"高度安全",使其免受外国进口产品的强劲竞争;"301条款"的主旨和效应,则在于保证美国产品能够长驱直入和充分占领其他国家的国内市场。前者是用以保障美国本国市场的坚壁和高垒,后者则是用以攻入他国市场的坦克和大炮。就其立法特色讲,"201条款"和"301条款"在实质上和实践中,都是在维护美国国家经济"主权"的幌子下在全球推行美国经济霸权,具有强烈的单边主义①色彩,置美国已经承担的多边主义国际义务于不顾。②

在现实中,美国"201条款"和"301条款"表面上以国际贸易规则为基准,但"201条款"所规定进口产品对美国产业安全的威胁,以及"301条款"所规定"不公平"、"不公正"或"不合理"的贸易现象,均属于美国单方面认定,而它的认定往往以美国国家利益最大化为目的,在很大程度上以牺牲别国根本利益为代价。况且,美国贸易法的"201条款"和"301条款"在解释和仲裁方面具有很大的随意性和主观性,实质上是美国推行经济霸权主义的根本表现。另外,美国"201条款"和"301条款"都属于美国的国内法。一般说来,一国的国内法只在本国范围内发生效力,只对本国国民具有管辖权。而美国贸易法的"201条款"和"301条款"却在某些问题上强迫外国政府与美国进行谈判,影响了甚至极大地改变了其他国家的有关立法,显然具有域外法律效力。而让自己的国内立法具有域外法律效力,这是违背国际法准则的。因此,美国贸易法的"201条款"和"301条款",实质上是强迫国际经济组织接受的"霸王"条款。

在国际贸易中,国际贸易规则的制定往往是双方或多方相互妥协的结果,标志着贸易国之间的经济利益处于相对均衡的状态,同时也意味着一国利益的增加将会导致另一国利益的受损。假如每个国家均以利益最大化作为制定规则的准绳,协议或规则必定难以达成。所以协议往往是双方或多方相互妥协而处于相对均衡状态。但美国"201条款"和"301条款"的相关规定,实质上依仗自身的经济、政治和军事的优势,处处推行美国利益最大化作为制定规则的前提,本质上置别国利益于不顾,致使与之发生贸易的国家经济利益和经济主权受到严重的损害。从贸易的公平、公正性质而言,美国的"201条款"和"301条款"都是以牺牲别国利益实现本国的利益最大化,本质上是在国际贸易规则推行经济霸权的表现。

---

① 陈安认为,"单边主义"(unilateralism)是一种温和的措辞和文雅的译法。它实质上含有自私自利、刚愎自用、一意孤行、专横独断等多重意义。它是"多边主义"(multilateralism)的对立面。《WTO协定》是一项全球性的多边国际条约,依据这个国际条约建立起来的全球性多边贸易体制,提倡全体成员互利互惠、互相尊重、平等协商、民主决策,可概括地称之为"多边主义"。

② 陈安:《美国单边主义对抗WTO多边主义的第三个回合——"201条款"争端之法理探源和展望》,《中国法学》2004年第2期。

由此可见,美国维护和强化国家经济主权权能的主要途径,归根结底是推行经济霸权主义。从国家利益最大化及国家市场安全的层面上讲,美国的贸易法是其维护和强化国家经济主权独立性和自主性的根本体现,但它的"201 条款"和"301条款"的主旨和精神,并非单纯地阻止或防范别国或经济组织对其经济主权权能的侵蚀和损害,而是依仗自身强大的经济与军事实力以侵害和牺牲别国或经济组织利益来维护和强化其国家经济主权权能,其意图违反 WTO 规则提倡全体成员互利互惠、互相尊重、平等协商、民主决策的主旨和精神,本质上是在全球市场上推行经济霸权主义的行为。

二、欧盟强化国家经济主权权能的经验

(一)推动欧洲一体化市场的形成和发展

欧盟的奠基人让·莫内认为,二战后西欧国家面临着共同困境,只有通过让渡主权把各国主权逐步转移到共同权力机构手中,才能实现欧洲的统一,而保持民族独立和主权的转移是相互促进的。欧共体煤钢联营正是这种思路的产物,并且成为西欧国家走向政治统一的关键。① 所以,欧盟在地缘政治与面临共同危机等因素的作用下,积极构建欧洲一体化市场及其欧盟组织,以此行使主权国家让渡或转移部分的权力与职能,有效地维护欧盟成员国的根本利益。但是,欧盟区域一体化市场的形成,并非一蹴而就,而是经历了漫长而艰辛的历史过程(见表 5 - 1)。

表 5 - 1　欧盟组织发展历程一览表

时　　间	签订条约名称	参与国家
1951 年 4 月 18 日	《欧洲煤钢联营条约》,即《巴黎条约》	法国、联邦德国、意大利、荷兰、比利时、卢森堡
1951 年 7 月 25 日	《巴黎条约》正式生效	法国、联邦德国、意大利、荷兰、比利时、卢森堡
1957 年 3 月 25 日	《建立欧洲经济共同体条约》和《建立欧洲原子共同体条约》,通称《罗马条约》	法国、联邦德国、意大利、荷兰、比利时、卢森堡

---

① 戴维·米勒、韦农·波格丹诺编:《布莱克维尔政治学百科全书》,中国政法大学出版社,1992 年,第 482 页。

续表

时　间	签订条约名称	参与国家
1965 年 4 月 8 日	《布鲁塞尔条约》,统称为欧共体	法国、联邦德国、意大利、荷兰、比利时、卢森堡,即欧共体成员国
1967 年 7 月 1 日	《布鲁塞尔条约》正式生效	欧共体成员国
1973 年		英国、丹麦和爱尔兰加入,成为欧共体成员国
1981 年		希腊加入,成为欧共体成员国
1986 年		葡萄牙、西班牙加入,成为欧共体成员国
1991 年 12 月 11 日	《欧洲联盟条约》,即《马斯特里赫特条约》,简称《马约》	欧共体成员国
1993 年 11 月 1 日	《马约》正式生效	欧共体成员国改为欧盟成员国
1995 年		奥地利、瑞典和芬兰加入,成为欧盟成员国
2004 年 5 月 1 日		塞浦路斯、匈牙利、捷克、爱沙尼亚、拉脱维亚、立陶宛、马耳他、波兰、斯洛伐克和斯洛文尼亚加入,成为欧盟成员国
2007 年 1 月 1 日		罗马尼亚和保加利亚加入,成为欧盟成员国
2007 年 12 月 13 日	《里斯本条约》	欧盟成员国
2009 年 11 月 3 日	《里斯本条约》正式生效	欧盟成员国

资料来源:http://baike.baidu.com/view/19788.htm

　　欧盟经过六次扩大之后,其成员国数量已从最初的 6 国发展到目前的 27 国,成为一个成员国总面积达 480 多万平方千米、人口总数达到 4.997 亿、国民生产总值高达 12 万亿美元的大型区域一体化组织,等于在和平情况下实现了 480 多万平方千米的疆界统一,①欧洲一体化市场基本形成。

　　为了推进欧盟经济一体化进程以及制定具有普遍约束力的区域性规则,于 2007 年 12 月 13 日,欧盟 27 个国家领袖在葡萄牙里斯本签署《里斯本条约》,随后交由各成员国批准。各国批准后该条约于 2009 年 1 月生效。但各国批准进程比预想困难许多,一直到 2009 年 11 月 3 日,捷克总统克劳斯宣布他已经签署了《里斯本条约》,成为 27 个成员国中最后的一个签署国,至此欧盟 27 个成员国已全部

---

　　①　董欣洁:《从欧盟一体化看经济全球化时代的国家边界》,《云南师范大学学报》2009 年第 5 期。

批准该条约。

从欧盟的发展史来看,欧盟从最初只涉及个别部门的煤钢共同体,到后来包括整个经济领域的经济共同体,推动欧洲一体化市场的形成。但是,在欧洲一体化市场形成过程中,欧盟各成员国也在向一体化组织(欧盟组织)让渡国家职能与职权的过程,而这种国家职能与职权的让渡必然意味着国家经济主权的让渡或转移。阻断了这种让渡或转移就阻断了一体化进程。① 比如,1989 年欧共体部长理事会制定了《欧共体企业合并控制条例》,根据该条例,如果合并被视为对共同体或对共同体的一个重大部分具有影响,应当由欧共体委员会作出决定,是否批准合并。这就充分表明欧共体组织在一定程度上行使各成员国让渡或转移部分经济主权权能。再如,1999 年 1 月 1 日欧元启动后,欧盟成员国已不再拥有独立的货币政策,特别是作为国家重要经济主权象征的本国货币已被"欧元"所取代。另外,其他经济政策(如财政政策)的制定与执行虽名义上仍属各成员国,但一国的经济情况一旦背离了欧共体的监控指标,欧共体有权要求该国调整经济政策,并可以在其不服从此要求时,对之进行惩处(包括罚款)。② 所以,欧洲一体化市场的形成,必然要求欧盟成员国让渡或转移部分国家经济主权权能给予欧盟组织统一行使,进而推动欧洲一体化市场产权的形成。

(二)建立区域市场产权

建立欧洲一体化市场的统一制度安排,是欧盟成员国积极探索和努力的主要目标。在经济全球化日益深化的条件下,由于国与国之间竞争异常激烈以及经济霸权主义在全球中盛行,欧盟各个成员国本身的能力或力量,使他们已无法应对他们所面临的竞争与挑战,他们有形成联合力量的共同需求。而地域上的相邻或相近,政治制度的相同或相容,经济发展水平的接近,社会文化价值取向上的近似,将为他们的联盟提供了必备的条件。③ 所以,为了治理共同危机实现共同利益,或者说是实现成员国单独不能实现的利益,成员国之间的联盟便由此产生。诚然,成员国在联盟的进程中尽管存在着矛盾与冲突,但正是他们根本利益的一致与需要,欧盟组织的组建以及欧洲一体化市场制度安排的建立仍在不断发展之中,并且欧洲一体化市场制度安排的初步建立,如关税同盟的实施、欧元的正式启动等,已为欧盟成员国带来巨大的经济利益,给欧盟人民生活水平带来很大的实惠。正因为欧洲一体化市场统一制度安排的积极作用,至今还有不少国家要求加入进来,这充分

---

① 戴炳然:《欧洲一体化中的国家主权问题》,《太平洋学报》2000 年第 4 期。
② 徐泉:《国家经济主权论》,人民出版社,2006 年,第 221 - 222 页。
③ 徐泉:《国家经济主权论》,人民出版社,2006 年,第 224 页。

证明了建立欧洲区域统一市场产权制度安排是欧洲人民的众望所归。

在近半个世纪的时间,欧洲一体化经历了关税同盟、共同市场、经贸联盟三个阶段的发展,还开始了政治联盟的建设。欧洲一体化的每次深化都是以更深层次的国家经济主权权能的转移或让渡为条件,可以说没有各国经济主权的转移或让渡就没有欧洲一体化的今天。欧洲一体化市场形成所伴随的这种主权转移与让渡,构成了欧洲一体化发展的前提与基础。这种转移或让渡是成员国在自愿的基础上作出的,或是在符合各国根本利益基础上自愿作出的选择。主权说到底是民族利益最高与集中的反映,它是随着民族利益的转移而转移。促使它们作出这种选择的根本动因在于,经济全球化的继续发展和欧盟成员国间经济相互依存关系的不断加深,要求突破主权国家国界,实行更高层次和更大范围的国际调节与协调。[1] 因此,欧盟成员国自愿转移或让渡部分经济主权权能给予欧盟组织的共同行使,并不意味着国家经济主权的丧失和割裂,而是标志着国家经济主权权能在新形势下的延伸和拓展,以及维护国家经济主权权能独立性和自主性的崭新方式。

至今,欧洲区域统一市场产权制度安排还在不断建立和完善之中,虽然前面存在种种困难,但随着经济全球化的日益发展以及各国人民的积极能力,统一市场产权制度安排必将日趋成熟。况且,目前欧洲一体化市场在市场占有权、市场使用权、市场收益权和市场处分的建立已初步成型。

首先,在市场占有权方面,欧盟竞争法有着明确的规定。欧盟竞争法为了确保欧洲一体化市场的公平竞争不被扭曲,制定了禁止限制竞争协议(欧共体条约第81条)、禁止滥用市场支配地位(欧共体条约第82条)以及制定了《欧共体企业合并控制条例》,其目的是严格规定和控制企业在欧盟市场的占有份额比例,阻止和打破实力强劲企业的垄断行为,培育和促进市场的有序竞争,进而有利于提高市场生产技术的改进和创新,从而维护区域市场安全以及成员国的国家市场安全。

其次,在市场使用权方面,欧盟对企业、产品和劳务使用区域市场的权利与义务有着严格的规定,尤其在市场准入上的规定更为严厉。比如对第三国产品进入市场的价格有最低的限价、检测外来消费品对区域生态环境影响的苛刻指标以及反倾销措施的种种条件等。总之,欧盟通过纷繁庞大的指标体系,限制具有竞争力的外来企业、产品和劳务的进入,维护区域市场的稳定与发展。

再次,在市场收益权方面,欧盟实施了关税同盟政策。欧盟制定关税同盟政策,一方面取消了成员国之间商品的进口和出口关税,通过共同市场的建立和各成

---

① 徐泉:《国家经济主权论》,人民出版社,2006年,第224页。

员国经济政策的逐步接近,在整个区域内促进经济活动的和谐发展;另一方面,通过建立共同的对外关税,在国际贸易领域成为一个单一的关税区和统一的谈判力量,大大增强了欧盟各国在国家贸易谈判中的讨价还价地位,使欧盟在地区和全球贸易体制的构建中扮演了重要的角色。

最后,在市场处分权方面,欧盟设立了理事会、委员会、欧洲会议以及欧洲法院,处理区域市场复杂内外事务。理事会包括欧盟理事会和欧洲理事会。欧盟理事会是欧洲一体化市场的决策机构,拥有绝大部分的立法权。欧洲理事会即欧共体成员国首脑会议,为欧共体内部建设和对外关系制定大政方针。在《里斯本条约》的规定中,欧盟组织有制定共同贸易政策、使用欧元国家的共同货币政策的权力。随着欧洲一体化市场的加速发展,区域市场的管辖权将越来越集中在欧盟组织手里。

总之,欧洲区域市场产权的制定,其宗旨是在成员国利益诉求一致情况下打破国家市场产权的边界与壁垒,通过建立区域性经济组织与机构,在区域内实现联盟性质的经济一体化市场,实现区域国家利益共享;在区域外以同一个声音说话的方式提升自身在国际市场的谈判能力,强化自身在全球市场与其他国际组织的独立地位,巩固和强化区域市场组织的经济主权以及成员国的经济主权。

第六章　强化我国市场产权权能的对策与建议

市场产权,狭义上是指市场所有权,包含市场占有、市场使用、市场收益和市场处分的权能。强化市场产权权能,实质上是强化市场所有权的相关权能。自我国加入 WTO 以来,国际市场对国内市场的影响进一步加大,国内市场不确定性因素不断增多,特别是我国长期以出口导向为主的市场模式,其不确定性因素日益泛化,标志着国民经济可持续发展的风险日趋加大。与此同时,发达国家跨国公司依仗优势技术逐步蚕食我国市场所有份额,跨国垄断频繁发生,特别是它们借势国际"游戏规则"的平台而无限制地开采我国自然资源,过度地占有和使用市场资源,国内市场内部失衡较为严重,国家经济主权和经济安全受到严重威胁。为此,在国家市场处于内忧外患的情况下,我国必须建立市场产权制度安排保障市场的可持续性,维护国民经济的和谐发展。这就要求我国健全和完善政府经济职能,健全和完善市场产权权能制度安排,规范市场经营主体在国内市场的权利与义务关系,强化我国政府调控市场权力的独立性和自主性,维护国内市场安全以及国家经济安全。并且,积极组建区域市场产权制度安排,提高我国及联盟国家在全球市场的谈判力量,扼制全球经济霸权主义的蔓延,切实维护我国域外经济主权权能在全球市场的独立自主地位,进一步维护国家经济主权与国家经济安全。

第一节　健全和完善我国政府经济职能

政府职能是国家职能的具体实施和国家本质的外在表现,其实质是通过国家行政权力的执行,实现国家意志,为其赖以产生与发展的经济基础服务。而政府经济职能,主要是指以政府机构为行为主体,从社会生活总体的角度,对国民经济进行全局性的规划、协调、服务和监督的职能。它是政府为达到一定的经济发展目标而采取的协调和组织经济活动的各种方式和手段的总称。[1] 近年来,随着我国社

---

① 王晓峰:《美国政府经济职能及变化研究》,吉林人民出版社,2007 年,第 3 页。

会主义市场经济体制的不断建立和完善,行政体制改革也在逐步推进,各级政府机构改革取得了新进展,政府经济职能转变有了新突破。但是,社会主义市场经济体制的建立和完善是一个漫长的历史过程,行政体制改革和政府职能转变也是一个逐步推进和不断深化的长期过程。当前,我国深化行政体制改革,转变政府经济职能的任务仍然很艰巨,存在一些亟待解决的问题。

由于我国正处于计划经济体制向市场经济体制转型的关键期,政府经济职能的定位既受到计划经济惯性的困扰,又受到市场经济条件下不可避免的矛盾威胁,因而政府"应该做什么,不应该做什么"的定位较为模糊,使得政府特别是地方政府在干预经济过程中越位、错位和缺位现象屡见不鲜,资源配置失误及其效用损失比比皆是,从而抑制国民经济快速发展。对此,党的十七大报告明确指出:"要抓紧制定行政管理体制改革总体方案,着力转变政府职能、理顺关系、优化结构、提高效能,形成权责一致、分工合理、决策科学、执行顺畅、监督有力的行政管理体制。"[1]因此,在经济转型期,明晰市场和政府的权利边界,健全和完善政府经济职能,成为维护社会主义市场经济体制有序运转的迫切需要,以及强化国家经济主权权能和推动国民经济又好又快发展的内在要求。

一、健全规则型政府经济职能:明晰市场产权边界

规则型政府经济职能,主要是指政府在"以市场机制为主、以政府干预为辅"的前提下,通过完备法律体系和财政、货币政策来规范与调控市场高效运转的经济职能。改革开放以来,社会主义市场经济体制在我国已基本建立,但由于长期实施计划经济体制所带来的惯性力量,社会主义市场经济规则在很多领域还不够规范和完善,规则型政府的构建依然成为我国长时间的战略任务。但市场经济本身就是法制化经济,建立和完善市场经济规则是市场经济正常运转的基本前提。一旦市场经济规则及契约关系被破坏,那么市场机制就会失效,因而"政府的作用首先在于维护市场的竞争性和规则"[2]。因此,在市场经济条件下,政府的一个最首要最基本经济职能就是建立市场规则和维护市场秩序,通过立法来保证市场高效运转,政府充当裁决员,为市场公平竞争创造良好的制度环境。

首先,建立和完善市场规则是规则型政府经济职能的根本。关于市场规则对

---

① 胡锦涛:《高举中国特色社会主义伟大旗帜,为夺取全面建设小康社会新胜利而奋斗》,人民出版社,2007 年,第 32 页。
② 林毅夫、蔡昉、李周:《比较优势与发展战略——对"东亚奇迹"的再解释》,《中国社会科学》1999 年第 5 期。

市场机制正常运转的重要性,布坎南指出,"在正确设计的法律和制度约束内,市场中追求个人利益的个人行为产生出一种自然秩序。"因为"市场秩序只有在市场各个个人参与者之间自愿交换的过程中才能产生",而自愿交换行为须以适当的法律和制度为基础,"如果没有包含有作了明确规定的无论是受到尊重的还是依靠强制实施的私人所有权,以及包含有保证契约得以实施的程序的适当的法律和制度,市场将不会产生一种价值极大意义上的'有效率'的自然秩序"。① 所以,完备的市场法律制度是市场自然秩序产生的必要条件,而统一的市场秩序是市场机制有效运行的基础。为此政府应当建立和健全市场运行所需要的各种法规与制度,以明确产权关系,规范市场经营主体经济行为,确保市场交易和市场竞争的公正与效率,实现市场机制的有效运作,使得政府成为市场经济规则真正的制定者和守护者。

其次,明晰市场权利边界是建立和完善市场规则的必要条件。有学者认为,"市场秩序是强制性制度安排和非强制性制度安排相结合的产物,而市场经济中最基本的制度安排就是产权制度。"②因而产权制度安排是维持市场经济良性运行的根本。但是,在现实生活中产权往往无法得到完整和清晰界定,市场失灵偶有发生。而市场失灵的客观存在是政府干预经济的逻辑假设,但政府"应该做什么,不应做干什么"由于市场配置资源权利边界以及目标定位的模糊,在干预经济过程中也同样出现失灵的状况。所以,政府失灵与市场失灵在现实生活中是一个问题的两个方面,同样导致资源配置不合理。这就要求我们建立完备的法律体系,健全和完善市场产权制度安排,通过明确市场配置资源的权利边界以此映射政府干预经济的权利边界,寻求市场机制与政府干预之间更好的结合点和结合方式,使得市场规则得以健全和完善,以最大限度地促进市场经济的发展。为此阿马蒂亚·森提出,经济增长主要依赖于政府与市场的良性互动。③

再次,明晰市场权利边界是完善规则型政府经济职能的前提和基础。因为建立市场经济规则是规则型政府经济职能的根本,明晰市场权利边界是建立和完善市场规则的必要条件,所以明晰市场权利边界是完善规则型政府经济职能的前提和基础。自我国入世以来,我国建立规则型政府经济职能的压力更为严峻。"入世,最重要的一点是要求政府着重于正式规则层面进行开放性的的制度创新、制度建设,构建与 WTO 相一致、相兼容的新规则,以规范政府的行为。""由于中国政府

---

① 詹姆斯·M. 布坎南:《自由、市场与国家》,平新乔等译,上海三联书店,1989 年,第 126 页。
② "中国经济体制转轨期间市场秩序法制化、规范化问题研究"课题组:《完善市场秩序的政策研究》,《财贸经济》2000 年第 1 期。
③ 王廷惠:《加入 WTO 与政府经济职能转变》,《上海经济研究》2002 年第 7 期。

为入世是承诺了接受 DSB(DSB 是 WTO 的一个争端解决机制,英文是 the Dispute Settlement Body,简称 DSB)的,所以,国内的立法和执行须与 WTO 的规则保持一致,过去的有关规定与 WTO 协定不一致的,也须进行修改。"①因此,建设与 WTO 规则一致的市场经济规则是我国入世后面临的迫切任务。目前,我国相应地制定了一系列经济法律制度,如《公司法》《合伙企业法》《个人独资企业法》《商业银行法》《反垄断法》等,初步形成了以宪法为基础的社会主义市场经济法律体系。但在市场领域中还存在诸多法律制度尚待建立的问题,产权制度还不够健全和完善,特别是市场本身缺乏产权制度安排,使得政府部门或机构在干预经济中行使权力边界模糊,越位、错位和缺位现象普遍存在,成为资源配置不合理及其效用损失的重要根源。如果市场产权制度安排的制定问题长期悬而未决,政府干预市场权利边界仍然模糊,必将严重阻碍我国市场经济的健康发展。所以,建立完备法律体系,特别是建立市场产权制度安排,以此反射和照应政府干预经济的权利边界,从而抑制政府干预市场的越位、错位和缺位行为的发生,实现建立规则型政府之目的。只有政府发挥作用的机理必须与市场逻辑所规定的市场经济内在法则相吻合,政府经济职能演进的规律必须坚持以市场机制为基础,这样,市场配置资源的权利和政府干预经济的权力才得以清晰界定,规则型政府经济职能才可能实现。为此世界银行在《1996 年世界发展报告:从计划到市场》中指出,"明晰的产权,健全的法律与金融制度以及有效的政府,对促进市场的有效运行和促进增长都是必不可少的。"②由此,建立市场产权制度安排是我国维护社会主义市场经济体制有序运转以及政府有效干预经济的重要基础。

可是,当前有多数学者普遍认为,明晰和界定政府干预经济的权利边界,市场机制就会自然运行,市场失灵不复存在。但是,既然市场和政府是经济发展的两个方面,偏废任何一方并不可取,否则必定产生经济发展大幅度波动甚至经济危机的爆发。况且政府干预经济的权利边界,在古典经济学理论中是相对市场机制权利边界而派生的,如果市场配置资源权利边界没有得以完整界定,政府干预经济的越位、错位和缺位现象将会发生,市场失灵与政府失灵同样不可避免。所以,要使政府干预经济权利边界得以清晰界定,必须建立和完善市场本身的产权制度安排,通过市场权利边界来规范和确立政府干预经济的权利边界,实现政府干预经济权利与市场配置资源权利发生匹配,使得政府与市场的分工明确,促进经济的可持续发

---

① 李萍:《论加入世界贸易组织后中国政府经济职能的调整》,《经济评论》2003 年第 4 期。
② 世界银行:《1996 年世界发展报告:从计划到市场》,中国财政经济出版社,1996 年,第 22 页。

展。因此,建立和完善市场产权制度安排成为建立规则型政府经济职能的前提和基础。

二、完善服务型政府经济职能:政府干预经济权利边界的确定

党的十七大报告明确提出,"加快行政管理体制改革,建设服务型政府"。那么"何谓服务型政府? 它是在公民本位、社会本位理念指导下,在整个社会民主秩序的框架下,通过法定程序,按照公民意志组建起来的以为公民服务为宗旨并承担着服务责任的政府。"①服务型政府的核心内容是要求政府从过去的管理主导型向服务型转变,就是要政府承担起为公民提供公共产品的各种责任和义务。

然而,由于我国正处于经济转型关键期,指令性计划经济的思维定势固然存在,"全能型"政府模式在一定时期内未能得到彻底转变,建立服务型政府面临前所未有的压力。这主要表现在:其一,经济法律制度制定相互冲突,有些法律规章同上位法相抵触,法规、规章之间相互矛盾和冲突仍然较为严重,地方保护主义和行业垄断等问题仍未得到有效解决;其二,在行使过程中,屡屡出现内部文件的权威大于部门法规政策,部门和地方规定大于国家法律法规,寻租、腐败现象依然存在;其三,行政执法混乱、行政行为不规范、乱收费、乱摊派、乱设卡等问题屡禁不止。如果这些问题长时间存在必将进一步扩大资源配置不合理状况以及影响市场经济的健康发展。所以,健全和完善政府行为的法律体系,用法制化轨道规范政府本身的行为,纠正政府行为中的不合理性与不规范性。虽然市场化过程需要加强领导,并不意味着政府权力无限伸延,相反,市场化进程更需要政府权力边界得到有效控制和制约。政府权力范围的任意扩展,很容易扭曲甚至取代市场机制的作用,导致资源配置不合理。这就要求我国健全和完善政府经济职能,在建立市场产权制度安排以此折射和显现政府干预市场权利边界的基础上,通过完备法律体系规范政府的经济行为,实现真正意义上的服务型政府。

首先,健全和完善与市场经济相适应的法律体系,是构建服务型政府的首要条件。因为"市场经济是依法规范的经济,法制是市场经济运行和发展的基本条件。只有在政府对产权予以明确界定下的市场,才能形成有效率的供给,除了产权制度外,确定交易预期和降低交易成本的法律基础也至关重要,而法律基础的构建和维护都是政府安排的结果。"②所以,政府的作用首先在于维护市场的竞争性和规则,

① 刘熙瑞:《服务型政府——经济全球化背景下中国政府改革的目标选择》,《中国行政管理》2002 年第 7 期。
② 王廷惠:《加入 WTO 与政府经济职能转变》,《上海经济研究》2002 年第 7 期。

而政府所发挥作用的机理必须与市场逻辑所规定的市场经济内在法则相吻合,政府经济职能演进的规律必须坚持以市场机制为基础。只有"良好的法律及其有效的实施手段。包括建立规则并加以实行,降低交易成本,增加商业确定性,刺激生产效率的提高并控制犯罪和腐败,这样工商业才能集中从事生产活动"。① 为此政府应当要做好以下工作:要为私有领域的发展创建法律框架,如财产法、合同法、公司法及外国投资法、破产法和竞争法;要建立值得信赖的法庭以及证券委员会、反垄断机构等专门的司法机关,以便为法律的实施提供实质的基础;要提高自身的信任度,为此政府也必须受法律的限制,政府必须控制腐败和制止有组织的犯罪。②

其次,依法行政是服务型政府完善其经济职能的重要途径。长期以来形成的政府通过直接或间接的方式控制主要的经济资源和生产要素,运用行政手段干预市场和企业的定势思维还没有完全转变过来,这不仅阻碍了市场体系的完全形成,干扰了市场配置资源的功能,还造成了大量的寻租和贪污行为。并且,自我国入世后,WTO 要求各国政府所制定的有关经济政策、法规、行政决定等内容要迅速公布,以增加经济活动的可预见性和透明度,意味着依法行政受到国际组织的严格监督。为此,在计划经济思维惯性的作用下及 WTO 规则的压力下,为了提高政府干预经济的高效性,我国政府必须依法行政,避免内幕交易、寻租和贪污行为的发生,提高政府干预经济的透明度,增强政府在人民经济生活中的信用度。可见,依法行政是政府干预市场以及一切经济生活的前提,也是实现服务型政府的重要途径。只有通过法治来保护市场免受任意的政府行为的干预,并对政府的权力范围加以限制,将政府行为纳入法制化轨道,注重公共决策与公共政策执行的法制化,以最大程度减少政府行为的任意性和随意性导致的不公正与腐败,提高公共政策制定和执行的质量。③

当然,构建服务型政府并不是取消政府管制。"政府管制,也称公共管制,是指为纠正市场失灵,政府的有关行政机构依据一定的法规对企业行为的干预,它包括经济性管制和社会性管制。"④"任何政府都会有管制。因为任何社会都会有一些人,他们唯私利是图,并为此而千方百计地侵害他人和公共的利益,侵害社会利益。他们是社会发展的破坏者。对这部分人不管制是不行的。""对破坏社会发展的那部分人的管制,正是对构成社会发展动力的这部分最基本群众的服务。因为没有这种管制,他

① 世界银行:《1996 年世界发展报告:从计划到市场》,中国财政经济出版社,1996 年,第 87 页。
② 杜创国:《政府职能转变论纲》中央编译出版社,2008 年,第 126 页。
③ 王廷惠:《加入 WTO 与政府经济职能转变》,《上海经济研究》2002 年第 7 期。
④ 程启智:《内部性与外部性及其政府管制的产权分析》,《管理世界》2002 年第 12 期。

们就不能有正常的生活,从而也就不能完成推动历史发展的任务。从这个意义上说,管制就是服务,甚至只有实现了这种管制才能彻底完成服务。"①

可见,明晰政府干预经济行为权利边界是构建服务型政府经济职能的必要条件,而政府干预经济权利边界的完整界定,是通过市场配置资源权利边界的界定来反射和照应的。这就充分表明建立市场产权制度是构建服务型政府经济职能的前提和基础,也是规则型政府向服务型政府过渡的重要工具。因为"服务型"政府是以"规则型"政府为前提,没有"规则"的"服务"必定倒回"全能型"政府的历史状况。只有建立市场产权制度安排,明晰政府干预经济权利边界,实行依法行政,才能实现维护市场经济有效运作的规则型、服务型政府经济职能的预期目标。

第二节　健全和完善我国市场产权制度安排

从产权角度而言,国家市场产权主要指国家或政府对本国市场的所有权,包含市场占有、市场使用、市场收益与市场处分等权能。在经济全球化和全球一体化市场的背景下,为了引进外来资金、先进技术以及提高资源配置效率,国家市场所有权与其权能发生分离,进而以自主有限让渡方式予以国外市场经营主体行使。但由于我国是一个发展中国家,生产力较为落后,市场经济还不发达,市场制度安排仍未健全和完善,引发富可敌国跨国公司在国内市场跨国垄断现象的产生,从而阻碍我国国内市场竞争秩序的培育与构建,特别是跨国公司在有失公平、公正的WTO 规则的庇护下,依仗雄厚资金、先进技术以及知识产权各种措施强化其在我国市场的垄断地位,使得国家调控国民经济自主性和稳定性难度急剧扩大,国家经济主权受到严重威胁。为此,建立国家市场产权制度安排,尤其是健全和完善市场占有权、市场使用权、市场收益权和市场处分权的制度安排,控制国外市场经营主体占有国内市场份额的一定比例,规范市场经营主体使用市场的权利与义务关系,进而完善和健全国家市场收益和处分原则,强化我国经济主权权能的独立性和自主性,从而实现国内市场的稳定、健康和持续发展。

一、国家市场所有权是我国强化经济主权权能的制度保障

市场配置资源的高效性已是当今世界各国政府的普遍共识,市场经济体制已

---

① 刘熙瑞:《服务型政府——经济全球化背景下中国政府改革的目标选择》,《中国行政管理》2002 年第7期。

是各国发展经济的主流模式。为此,市场基础设施、规章制度以及开放领域往往成为衡量一国经济发展水平的重要标志,也是吸引外商直接投资力量强弱的重要尺度。在经济全球化日益深化的条件下,市场正日益成为推动国民经济快速发展的发动机,也是一国提升国家竞争力的力量源泉。2002 年 12 月,国务院召开中央经济工作会议明确指出,"我国国内市场潜力大,经济发展的回旋余地大,这是我们的优势,在全面建设小康社会乃至整个现代化建设进程中,我们要始终发挥好这个优势"。由此说明,国内大市场是我国现阶段发展经济的优势所在,也是我国推动国民经济快速增长的重要资本。

与此同时,随着全球一体化市场的不断发展,国内市场与国际市场相互依赖进一步加深,国家间经济利益日益相互渗透,一国经济体系面临不确定因素也日益增多,风险也日趋加大。当某国市场发生内部失衡将以蝴蝶效应波及别国市场,甚至蔓延到整个国际经济体系,导致全球性经济危机的爆发。然而,爆发的全球性经济危机对一国危害程度,往往与该国市场开放程度密切相关。一般而言,国家市场开放度越高,其受到危害程度就愈大,反之就愈小。所以,为了应对全球一体化市场所带来的负面效应,一些国家和地区迅速调整自己的经济发展战略,制定出保障其市场安全和国家经济安全的新规划。在我国,党和政府对全球一体化市场的负效应也给予高度重视。党的"十五大"报告明确指出,我们要"正确处理对外开放同独立自主、自力更生的关系,维护国家经济安全"。十六届五中全会也指出,要"在扩大对外开放中,切实维护国家经济安全"。在经济全球化背景下,维护国家市场安全和国家经济安全是我国长期的战略任务。

由此看来,在经济全球化迅猛发展的条件下,开放市场是一把"双刃剑",一方面为引资国国民经济快速增长注入了新的活力,另一方面也给该国经济发展带来了巨大的风险甚至埋藏了灾难性的隐患。这就要求我国在积极融入全球化一体化市场中要做到趋利避害,就必须建立国家市场产权制度安排,以此界定国家市场产权边界与国际市场产权边界,阻断国际市场经济危机对国内市场的波及与蔓延,强化国内市场独立自主地位进而保障国内市场均衡。因为国内市场危机和国际市场危机的相互波及与蔓延,其重要根源在于市场权利边界没有得以完整的界定。假如世界各国都建立和完善国家市场产权制度安排,明晰国内市场一切经济活动的权利边界,就避免了国内市场发生失衡而向国际市场的蔓延和扩展;与此相反,如果建立和完善国际市场产权制度安排,界定国际市场一切经济活动权利边界,将会制止国际市场失衡以蝴蝶效应蔓延到国内市场。因此,建立国家市场产权与国际市场产权的制度安排,对保障国内市场均衡与国际市场均衡具有重大的现实意义。

当然,在经济全球化迅猛发展以及国家间相互依赖日益深化的条件下,明晰国家市场产权边界与国际市场产权边界是一个世界性的巨大难题。但正因为它的纷繁复杂及重大难度而引来市场经济行为权利边界的模糊与消失,导致国内市场失衡与国际市场失衡的相互影响。诚然,建立国家市场产权制度安排并非搞贸易保护主义,与贸易保护主义有着本质区别。因为搞贸易保护主义的实质是以牺牲别国市场利益为前提,在一定程度上无条件地攫取别国市场成本所带来的收益。在全球一体化市场背景下,它与经济霸权主义没有本质区别,虽然两者属于两种极端的经济行为,但其本质基本一样,均不利于全球经济的健康发展。而建立市场产权制度安排,犹如水塘与水缸之间的阀门。当水塘遭受洪水泛滥而使水质变浑之时,通过关掉水阀以此阻止水塘浑水对水缸的污染,待到水塘浑水沉淀变清便打开阀门任水自由流动。相反,当水缸之水受到污染也是采取同样的原理。所以,市场产权制度安排就是水塘与水缸之间的水阀,建立市场产权制度安排就是强化水阀自由调节的作用与功能,以此明晰国家市场产权(水缸)与国际市场产权(水塘)的权利边界,从而保障全球经济的健康发展。所以,建立国家市场产权制度安排对国内市场危机和国际市场危机的相互传染具有特别的现实意义。

从产权角度而言,国家市场产权主要指国家及其政府对本国市场的所有权,包含市场占有、市场使用、市场收益与市场处分等权能。建立国家市场产权制度安排,就是在国家市场所有权的前提下,建立国家市场占有、使用、收益和处分等权能的制度安排,以此规范市场经营主体占有和使用国家市场权利的重要原则,避免市场经营主体无条件地占有市场份额引发垄断或跨国垄断的发生,以及过度使用市场资源导致市场生态环境大面积的破坏,阻止市场经营主体经济行为在市场经济条件下的权利与义务的脱节,实现国家市场所有权享有权利与履行义务的匹配,强化国家或政府调控国家市场权力的独立性和自主性,进而强化国家经济主权权能,切实维护国家市场安全及国家经济安全。因此,只有建立国家市场产权制度安排,才能正确处理对外开放同独立自主、自力更生的关系,从而促进我国经济又好又快地发展。

二、国家市场占有权是我国扼制跨国垄断的重要保证

国家市场占有权主要是指市场经营主体或企业的资本、产品或劳务等,在国家市场所有权制度安排的前提下享有对市场份额占有一定比例的权利。国家市场占有权是企业实现收益的前提和基础。企业只有拥有国家市场占有权,才能使其资本、产品在市场上享有合法融资、销售的权利,索取应有的市场收益。假如企业资

本、产品并非享有国家市场占有权或超越占有国家市场原则的权限边界,国家或政府则视为非法占有行为,将依法处置进而没收其非法收益。一般而言,在国家规定的范围内,企业产品在国家市场占有率越高,标志着企业竞争力和生命力越强,反之越小。所以市场占有率往往成为企业能否生存于国家市场的晴雨表。

在全球一体化市场的推动下,全球市场占有率的争夺刺激了跨国公司的迅速发展。截至 2002 年,全球跨国公司达 6.4 万家,其海外子公司达 87 万家,这些公司所控制的全球 FDI 存量在该年增长了 10%,达到了 7 万多亿美元。海外子公司的总产值为 3.437 万亿美元,估计占世界 GDP 的 1/10;全球销售额达 17.685 万亿美元。跨国公司在海外雇佣了大约 5300 万名员工。[①] 跨国公司的迅速发展在给发展中国家带来了资本、先进技术以及经济增长的同时,也为它垄断发展中国家市场提供了可能。特别是发达国家跨国公司迅速崛起,以其迅雷不及掩耳之势覆盖发展中国家国内市场,控制发展中国家绝大部分市场份额,跨国垄断频繁发生,特别是发达国家跨国公司实施战略联盟进而强化其在发展中国家市场的垄断地位,致使发展中国家民族企业纷纷关门、破产而退出市场,从而挖掉发展中国家国民经济赖以存在的物质基础,其经济主权面临巨大挑战,国家经济安全受到严重威胁。

如今,我国为了阻止跨国垄断现象发生,保障市场良性竞争以及国家经济安全而制定了《反垄断法》,在其第十九条中对"经营者具有市场支配地位"有着严格的规定:(一)一个经营者在相关市场[②]的市场份额达到 1/2 的;(二)两个经营者在相关市场的市场份额合计达到 2/3 的;(三)三个经营者在相关市场的市场份额合计达到 3/4 的。如经营者有符合以上情形之一均可以推定为经营者具有市场支配地位,将依法处置。但我国制定的《反垄断法》刚刚起步,还不够健全和成熟,跨国垄断现象在我国国内市场依然较为严重。

据北京交通大学产业安全研究中心近期发布的《2009 中国产业外资控制报告》称,近 10 年来,外资对中国第二产业即工业的市场控制程度稳步上升,平均控制率已接近 1/3,超过一般行业市场控制度的警戒线。在制造业上,外资对制造业市场控制度基本在 30% 以上,2005 ~ 2007 年达到 35% 以上。尽管 2008 年这一数字有所下降,但仍高于 30%。以汽车产业为例,外资企业市场控制率 1998 年以来稳定在 30% 左右,股权控制率 2006 年已升至 43.62%。无论是整车还是零配件领域,外资企业股权控制度都在上升,尤其发动机领域,外资股权控制度 2006 年高达

---

① 曹荣湘:《经济安全:发展中国家的开放与风险》,社会科学文献出版社,2006 年,第 30 页。

② 相关市场在我国《反垄断法》定义为:本法所称相关市场,是指经营者在一定时期内就特定商品或者服务(以下统称商品)进行竞争的商品范围和地域范围。

78.26%,将对我国汽车工业安全造成一定危害。在钢铁行业上,外资市场控制度 2008 年为 12.9%;石化产业外资市场控制度 18.8%;激烈竞争的纺织产业领域里外资市场控制率超过 28%,其中服装、鞋帽制造领域,外资市场控制度在 45%～50%之间;轻工业产业外资控制率近 10 年也超过了 37%。特别值得警惕的是,电子信息产业外资企业对中国市场的控制度 2004 年以后均在 80% 以上,外资在该领域发明专利控制度平均达到 36%。另外,作为经济发展新的决定性因素,高技术产业总体外资控制度近几年已经达到近 70% 的水平。①

从以上数据显示,外资企业在我国第二产业市场控制率确实很高。按国际通行的外资市场控制率警戒线标准(通常为 20%,一般行业为 30%,少数竞争性行业 50%)来衡量当前外资对我国第二产业市场控制率,则亮起红灯的外资企业已经很多。如果对此不予以采取积极有效措施,必将进一步威胁我国市场安全和国家经济安全。这就要求我们依据我国国情严格规定外资企业市场控制率,健全和完善市场占有权制度安排,从而保证我国市场健康发展以及国家经济安全。

建立国家市场占有权制度安排,就是明确和规范经营者占有国家市场份额的根本原则,特别是明确和规范外来经营者占有国家市场与地方市场份额的根本原则。尽管我国《反垄断法》制定了惩罚"经营者具有市场支配地位"的相关规定,但其规定还比较笼统和模糊,尤其是对地方市场控制率的相关规定有待细化和完善。因为我国是一个发展中国家,正处于经济转型期,并且各个地区市场发展水平存在很大差异,东部地区市场发展水平高于中部地区,中部地区市场发展水平高于西部地区,从整个国家市场层面而言我国地方市场呈现梯度式的发展局面。如果对外来经营者市场控制率或占有率的规定仅停留于国家市场层面,比较落后的地方市场将被外来经营者基本上完全垄断,地方市场的独立性和自主性受到严重侵害,地方市场安全、国家市场安全和国家经济安全将受到重大威胁。古人云,"大河有水小河满,大河无水小河干"。这充分论证了国家市场与地方市场相互作用相互影响的辩证关系。只有地方市场安全了,国家市场才能安全,只有国家市场安全了,地方市场安全才能有保障。因此,权衡经营者在市场的支配地位,或是说是经营者在市场的控制率,不仅停留于整个国家市场层面,必须具体落实到各个地方市场,并且依据地方市场发展水平的差异而制定不同的市场控制率,以此稳定和巩固地方市场的有序竞争和运转,维护地方市场的独立性和自主性以及市场安全,从而切实维护我国经济主权和经济安全。

---

① 网址:http://www.lawyee.net/Legal_Book/Legal_Book_Display.asp?

可见,建立市场占有权制度安排就是建立国家市场占有权制度安排和地方市场占有权制度安排,通过国家市场和地方市场的市场控制率的双重指标度量外资企业占有市场份额的比例。比如,按国际通行的外资市场控制率警戒线标准:通常为 20%,一般行业为 30%,少数竞争性行业为 50%。这些数字比例不仅以整个国家市场来度量的同时,也以地方市场来度量,使得外资企业的市场控制率完全限制于国家市场和地方市场的双重指标体系范围之内,进而维护地方市场和国家市场的有序竞争,切实维护市场安全和国家经济安全。所以,健全和完善国家市场占有权制度安排是阻止跨国垄断发生或蔓延的重要保证。

三、国家市场使用权是我国匹配经济主体权利与义务的主要依据

国家市场使用权主要是指国家或政府严格规定市场经营主体在时空上使用市场的权利与义务的制度安排。它是国家市场所有权的基本权能之一,也是市场产权制度安排的重要内容。目前,关于市场使用权的概念虽然在相关文献还未出现,但从市场作为一种稀缺性的物质实体及物权法的角度而言,市场使用权在市场经济中固然存在。并且,市场准入制度的出现,严格规范了市场主体进入市场和使用市场的基本权利,在很大程度上展现了市场使用权的基本内涵。

市场准入概念在《服务贸易总协定》中第 16 条有所使用,但它对市场准入概念却没有明确定义,至今 WTO 各成员国对市场准入及其原则的解释均有很大的弹性。但是,对一国市场而言,市场准入原则是国家对市场进行干预的基本制度,它作为政府管理的第一环节,既是政府管理市场的起点,又是一系列现代市场经济条件下的一项基础性的、极为重要的经济法律制度。因而市场准入概念的界定成为学者们一直争论的焦点。有学者指出:"所谓市场准入就是世界贸易组织各成员之间互相承诺开放自己国内的市场,给予国外企业和产品相同的市场条件,使它们有机会在平等的基础上开展市场竞争。"① 有的人也认为,"市场准入制度是关于市场主体和交易对象进入市场的有关准则和法规,是政府对市场管理和经济发展的一种制度安排"。② 也有学者认为,"市场准入制度,相当于经济学中所称的进入壁垒(Barriers toentry),是指那些能够阻止进入市场,导致竞争减弱的因素,如法律规定、管制或歧视性的规则等。具体地说,就是指政府部门或行业组织出于公共利益的需要,以矫正和改善市场机制内在问题为目的,制定的对社会经济活动主体进行

---

① 顾彤春:《如何理解世界贸易组织的市场准入原则?》,《理论与学习》2000 年第 4 期。
② 盛世豪:《试论我国市场准入制度的现状与改革取向》,《中共浙江省委党校学报》2001 年第 3 期。

限制的各种规则。"①由以上定义中表明,市场准入制度意旨国家或政府规范市场经营主体进入市场的制度安排,在很大程度上规范了市场经营主体进入和使用市场的基本权利。但在他们的定义中对市场经营主体进入和使用市场之后所发生的一切经济行为所承担的相应义务却没有进一步的阐述。在《服务贸易总协定》第16条中,市场准入制度安排也仅侧重于规范成员国在WTO规则框架下所承担的义务,从市场经营主体的角度上相应地规范了市场经营主体进入市场的权利,而对市场经营主体随意撤离市场及其所带来的经济损失却没有明确规定。所以,从严格意义上讲,市场经营主体经济行为的权利与义务在市场准入制度框架下没有得到明确的规定和解释,其结果必然使市场经营主体在市场的经济行为的权利与义务发生脱节,进而引致市场的局部失衡从而带来市场的紊乱,甚至演化为市场危机和经济危机。20世纪90年代东南亚经济危机的爆发充分论证这点。如今股票市场的动荡及市场生态环境不断恶化,其根源在很大程度上是市场主体经济行为的权利与义务发生脱节所致。为此,在经济全球化日益深化的条件下,规范市场经营主体使用市场权利与义务的匹配,成为我国维护国内市场安全和国家经济安全的迫切要求。

虽然市场准入原则与市场使用权存在密切联系,但两者又有一定的区别。市场准入原则是市场经营主体使用市场的前提和基础,使用市场是市场经营主体进入市场的目标和要求,也是市场经营主体实现资源优化配置和获取市场收益的重要条件,所以市场准入原则隐约地规范了市场经营主体享有使用市场的基本权利和原则。但是,市场准入原则与市场使用权又存在一定的区别。因为市场准入原则在《服务贸易总协定》中是相对于WTO成员国所承担的义务而提出的,即"每一成员对任何其他成员的服务和服务提供者给予的待遇,不得低于其在具体承诺减让表中同意和列明的条款、限制和条件"。它主要从成员国所承担的义务折射出市场准入的原则,也就是从另一角度规定市场经营主体进入市场的基本原则和条件,而对市场经营主体撤离市场行为却没有相应的限制和约束,其结果必然导致市场经营主体没有承担随意撤离所给市场带来的经济损失的义务,最终酿成市场经营主体权利与义务发生脱节以及市场局部失衡,市场安全和国家经济安全受到严重威胁。所以,市场准入原则隐约地展现市场经营主体使用市场的权利,而对其使用市场所承担的义务却没有明确规定,这就要求我们在市场准入原则的基础上,健全和完善国家市场使用权制度安排,实现市场经营主体使用市场权利与义务的匹配,

---

① 焦玉良:《对市场准入制度的经济学分析》,《改革》2004年第2期。

切实维护市场安全和国家经济安全。

但是,发达国家跨国公司的实力日益增强,我国建立国家市场使用权制度安排必将面临前所未有的压力。因为发达国家跨国公司的实力不断增强,已具备了与我国或国际组织等对话的能力,并且,跨国公司凭借自身的种种优势在我国市场的垄断,甚至由垄断地位而聚集的优势力量在我国市场的滥用,对我国产业安全和产业发展形成了很大的障碍。虽然从 20 世纪 70 年代后期开始,世界各国越来越认识到对跨国公司活动进行引导和控制的必要性,准入政策作为东道国和跨国公司正面交锋的第一环节,一度成为最主要的政府规制手段。但在 WTO 规则之下,跨国公司的母国成为其代言人和保护者,利用 WTO 争端解决机制为跨国公司在东道国滥用优势地位的行为扫清障碍,使其免受东道国的本国规制。所以,在当前国际游戏规则还由发达国家主宰的情景下,我国建立国家市场使用权制度安排面临很大的压力。

因此,我国必须强化国家经济主权权能,建立国家市场使用权制度安排,规范市场经营主体在国家市场经济行为的权利与义务,才能切实维护国内市场安全和国家经济安全。这主要表现为:

首先,健全和完善外资企业在时间上使用市场权利与义务匹配的制度安排。对于外资企业或经营者而言,其进入和退出国家市场必须有个时间表,否则将纵容其在国家市场的长期支配地位,对民族企业的培育和市场的有序竞争均为不利。

其次,健全和完善外资企业在空间上使用市场权利与义务匹配的制度安排。由于国家市场由若干地方市场构成,而地方市场之间没有完整的权利边界,其制度安排均由国家市场制度安排统一约束,这就容易产生了外资企业在某地方市场安营扎寨,进而以"规模效益"扩大其优势地位,垄断现象越演越烈。如果规范外资企业经营和使用市场的空间边界,将会阻止其优势地位扩展到别的地方市场,有效遏制其垄断行径。

再次,依据成本收益原则度量外资企业的经济行为。当前,地方政府在"招商政绩"的驱动下,个别官员盲目地降低引资门槛,或者为了索取某些利益大胆地给外商打开绿灯,进一步纵容和包庇外商的不合理行为,使得市场资源过度占有和使用进而威胁市场生态安全。虽然 2007 年我国修订的《外商投资产业指导目录》中,明确规定我国稀缺或不可再生的重要矿产资源不再鼓励外商投资,一些不可再生的重要矿产资源不再允许外商投资勘查开采,限制或禁止高物耗、高能耗、高污染外资项目准入。但个别官员因于有法不依,执法不严,甚至在制度真空攫取私人收益,导致我国市场生态环境受到严重破坏,市场稳定、健康和可持续发展受到威胁。

由此,只有从市场时空上界定外资企业的经济行为权利,并且依据成本收益匹配原则衡量外资企业的经济行为,使其使用市场权利与义务的匹配,才能真正做到维护我国经济主权和经济安全。

四、国家市场收益权和处分权是我国维护市场持续发展的主要基石

(一)健全和完善国家市场收益权是我国维护市场可持续发展的重要基础

国家市场收益权是国家市场所有权在经济上的实现形式,主要指国家或政府以契约的形式把国家市场让渡予以市场经营主体占有和使用而获取法定收益的权利。对于外资企业而言,国家市场收益权涵盖的范围十分宽广,并且其内容也比较复杂,它不仅包含关税、增值税、营业税、消费税等,还包含外商投资企业和外国企业所得税。由于税收是国家财政收入的主要来源,也是国家调节市场稳定发展的重要因素。对国家市场实施征税和收益的权利,是一国在其经济主权具体实践和运用的本质体现。以下以企业所得税为例,从中窥见我国建立国家市场收益权制度安排的必要性和紧迫性。

20世纪90年代初,为了扩大引资规模及引进先进技术,我国在1991年颁布了《中华人民共和国外商投资企业和外国企业所得税法》和1993年颁布了《中华人民共和国企业所得税暂行条例》,对外资企业和外国企业实施税收优惠政策,外资生产企业征收的税率一般为24%或15%,外资非生产企业征税的税率一般为33%,而对内资企业征收的税率一般为33%。在此期间,由于外资企业的税率低于内资企业的税率,吸引了大量外资举进,这为我国资金缺口的弥补有一定的积极作用。但是,外资企业正因为享受了"超国民待遇",增强其在国内市场的竞争优势,逐步地瓜分和垄断国内市场份额。所以,为了推动我国市场的有序竞争以及市场成本与收益的匹配,调整内外资企业所得税的统一税率,势在必行。

2008年1月1日,我国正式实施《中华人民共和国企业所得税法》,对内外资企业所得税进行并轨,在国内市场内外资企业都统一征收的税率一般为25%,部分非居民企业及小型微利企业为20%。我国对企业所得税税率调整后,国内市场内外资企业处于同一个竞争平台,为我国营造公开、公平和公正的市场竞争环境有很大的促进作用。然而,企业所得税税率的调整并未抑制外资企业在华投资及其垄断。随着国内市场开放领域日益拓宽,开放程度日益加深,全球跨国公司以惊人速度布满我国国内市场。至今为止全球跨国公司500强中已有400家在中国投资了2000多个项目。正如荷兰专家所指出,"人们瞄准中国这一块投资热土,说到底

税收优惠不是决定性因素,决定性的因素是广阔的市场潜力和廉价的劳动力成本。"①

可是,跨国公司数量日益增多及其实力日益强劲,特别是跨国公司以战略联盟的形式强化其在我国市场的垄断地位,甚至演变为由垄断地位而聚集的优势力量的滥用,进而过多过大的占有和使用我国市场,从而攫取垄断超额利润,使得我国市场成本与收益发生严重失衡,市场生态环境严重破坏,市场发展成本大大增加,市场可持续发展战略目标的推进受到严重阻碍。所以,抑制跨国公司在华垄断是我国政府维护市场可持续发展的紧迫任务,而抑制垄断有效措施之一在于通过调节企业市场收益或税收的市场收益权来实现。

目前,我国税收制度在社会主义市场经济体制下不断完善之中,但对外资企业或跨国公司的垄断行为还未纳入税收范畴。这就要求我们在 WTO 规则下,利用 WTO 的例外原则对外资企业或跨国公司过多过大占有和使用市场所获取的收益适当地以税收形式来征收,或把外资企业或跨国公司过多过大占有和使用市场所带来的成本纳入税收范畴,或把市场生态环境的治理成本纳入企业成本,以此严格规范外资企业或跨国公司在国内市场经济行为的权利与义务,实现市场成本与收益的匹配,切实维护和推进市场可持续发展。由此,健全和完善国家市场收益权,实现市场成本与收益的匹配,是维护国家市场可持续发展的物质基础。

(二)健全和完善国家市场处分权是强化我国市场独立自主地位的重要保证

国家市场处分权主要是指国家或政府以契约形式把国家市场让渡予以市场经营主体占有和使用而享有法律上的处分的权利。国家市场处分权是国家市场所有权的最核心权能,它不仅包含对国家市场的构建、发展以及安全享有独立处置的权利,还包含对国内市场各个市场经营主体经济行为享有处分的权利。当然,为了激活国内市场有序竞争和高效运作,提高资源配置效率,国家政府机构及其部门对市场经营主体经济行为设置了相应的指标体系,但对这些指标体系必须严格贯彻。一旦市场经营主体经济行为触及或越过国家颁布的相关规定,国家政府机构和部门将依据国家市场支配权对其依法处分,维护市场安全和国家经济安全。所以说,国家市场处分权是国家经济主权在市场领域的具体实践和运用的根本体现。

然而,由于我国市场经济发展比较滞后,与发达国家成熟市场经济相比还存在很大差距,在全球一体化市场推动下,我国民族企业因于生产技术的滞后在全球市场激烈竞争中往往处于劣势,一方面使得我国企业难以走出国门,另一方面国内市

① 吕竺笙:《试论我国涉外税收优惠制的重构》,《财经论丛》1996 年第 5 期。

场份额基本上被发达国家跨国公司所垄断,在市场经济优胜劣汰根本法则的规制下我国民族企业逐渐被边缘化,国家经济主权和国家经济安全受到严重威胁。这就要求我国在 WTO 规则下,应当根据我国国情制定维护国家市场安全和国家经济安全的一系列制度安排。目前,美国和欧盟为了维护本国市场安全以及实现国家经济利益最大化,在 WTO 规则下设置种种非关税壁垒,较为隐蔽地阻止我国企业及其产品进入他们市场,对我国长期以出口导向为主的市场模式的市场收益造成巨大损失。发达国家所采取非关税壁垒措施,本质上为它们享有国家市场处分权的一种运用。所以,我国应当健全和完善国家市场处分权,效仿发达国家所采取非关税壁垒措施,而且在此基础上进一步制定限制外资企业或跨国公司垄断行为及其滥用的制度安排,恢复我国市场独立自主地位,强化国家经济主权权能,切实维护我国市场安全和国家经济安全。

当然,我国健全和完善国家市场处分权,并不是搞贸易保护主义,而是在 WTO 规则基础上根据我国实际情况采取维护我国市场安全的一些措施与制度安排。这与 WTO 规则没有实质性冲突,并且 WTO 规则的例外原则均有明确规定。所以我国充分利用 WTO 规则的例外原则制定一系列维护我国市场安全和经济安全的制度安排,特别是制定阻止外资企业或跨国公司过多过度占有和使用国内市场的制度安排,营造我国市场公平、公正和公开的竞争氛围,实现市场成本与收益的匹配,强化市场独立自主地位,才能真正意义维护国家经济主权和国家经济安全。

第三节　积极组建区域市场产权制度安排

在全球一体化市场背景下,世界各国积极参与国际分工,国际贸易获得空前发展,但因于各国政治经济发展水平存在较大差距,在国际贸易中利益失衡状况随处可见。特别是经济霸权主义在全球中盛行,弱小民族国家国际贸易利益没有从根本上得到切实保护,使得国际利益格局的两极分化呈现进一步扩大的趋势,因而寻求外部制衡的途径是弱小民族国家维护国家利益的必然选择。本文认为,建立区域市场产权是弱小民族国家目前制衡外部主导力量的最佳方式。从产权角度来讲,区域市场产权主要指由各国以契约方式组成的区域组织对区域市场的所有权,包括区域市场占有权、使用权、收益权和处分权等权能。区域市场产权是国家市场产权的延伸和放大,它的构建意旨打破区域国家的市场边界与壁垒,整合统一区域市场资源,提高资源配置效率,提升区域资源在全球市场的竞争优势,遏制域外经济组织或国家的霸权行为,从而强化区域组织经济主权权能,切实维护区域组织的经济利益以及区域国家的根本利益。所以,对弱小民族国家和发展中国家来说,积极组建区域市场产权,对于经济霸权主义的扼制、国际政治经济新秩序的建立以及国家根本利益的维护具有一定的现实意义。

一、组建区域市场产权为我国打破霸权主义提供新的工具

在人类历史长河中,称霸世界的野心历来就在个别国家中存在。一战后,德意志帝国企图称霸世界导演了第二次世界大战的爆发,最终以失败而告别了历史舞台。二战后,美国称霸全球崭露头角,但由于前苏联在战后军事实力迅猛增强,在一定程度上制衡了美国称霸世界的力量,最终酿成了长达 40 多年的两极世界格局。到 20 世纪 90 年代初,前苏联解体,美国以胜利姿态独占全球,从此拉开美国称霸全球的序幕。从历史事实表明,霸权主义的出现和盛行,其重要根源在于各国力量发生严重失衡所导致,而各国力量的较量往往与全球利益的配给密切联系。一般而言,在全球利益分配中,实力强劲国家分享全球利益份额较大,实力弱小国家分享全球利益份额较小。要使世界各国和谐相处,利益分配相对平衡,归根结底在于各国力量或实力的分配相对平衡。然而,正因为世界各国力量在历史长河中存在很大的悬殊,以及全球利益的激烈争夺,以致霸权主义在全球范围内此起彼伏。

就美国而言,美国依仗强大经济和军事实力为后盾,在全球范围内推行霸权主义为其攫取意想不到的大量物质财富。所以美国在世界范围内处处扮演世界警察,以不同手段和方式主宰国际游戏规则,干涉别国内政以及经济生活从而攫取巨大财富。虽然此类行为遭到世界各国特别是发展中国家的强烈谴责,但目前在全球范围内还没有一个国家或组织能与美国势均力敌,在未来长时间里将难以扼制美国称霸行径,特别是一些发达国家在伴随美国称霸进程中获得了恩惠还将进一步纵容美国霸权行为,导致世界利益格局严重失衡,发达国家与发展中国家贫富差距进一步拉大。如今,在和平与发展已是当今世界主题的年代里,美国改变了以往的霸权模式,即由以军事进攻为主转变为以经济渗透为主,使其称霸手段和工具更加隐蔽。它借助全球一体化市场及国际游戏规则的平台轻易地绕过发展中国家主权壁垒,顺理成章的自然而然的延伸到他们日常经济生活从而攫取他们的物质财富,致使发展中国家国民收益与国民福利受到极大的侵害。所以,在美国经济霸权主义盛行的情境下,制衡美国在全球市场的主导力量是发展中国家维护国家经济主权和国家经济安全的必然选择。这就要求发展中国家在加强培育自主创新能力

提升国家竞争力的同时,必须积极实施区域战略联盟与组建区域市场产权制度安排,以同一个声音说话的方式提升自身在国际市场的谈判能力,强化自身在世界上以及其他国际组织的独立地位,有效地扼制经济霸权主义的蔓延,切实维护区域国家及其人民的根本利益。

对于中国而言,中国是一个发展中大国,正处于经济转型期,并且市场经济体制还不健全,在全球市场激烈竞争中毫无绝对优势可言。虽然廉价劳动力优势在一定时期内刺激我国经济快速增长,但从长远来看不是权宜之计。而在另一方面,霸权主义国家或经济组织抓住我国市场经济正处于转型关键期,借助 WTO 规则纠集各种力量和积聚种种优势打开我国经济主权壁垒,企图扩大而无偿攫取我国物质资源的同时,进一步牵制我国经济快速发展势头,从而强化它们在全球市场的霸权地位。这就要求我国在加强培育自主创新能力提升国家竞争力的同时,积极与区域国家实施联盟从而构建区域市场产权,增强其在全球市场的谈判能力,强化其在国际组织的独立地位,为国际政治经济新秩序的建立奠定了坚实基础,进一步扼制霸权主义在全球市场的盛行,切实维护我国人民根本利益。至今,中国—东盟自由贸易区于 2010 年 1 月 1 日正式启动,标志着中国—东盟自由贸易区的区域市场产权框架基本建立,但组建区域市场产权的机遇与挑战同时并存,意味着中国—东盟自由贸易区的区域市场产权还将不断完善,才能真正意义上提升区域国家的竞争优势,有效扼制霸权主义的盛行,从而切实维护区域国家及其人民的根本利益。

二、组建区域市场产权为我国维护国家利益提供新的手段

在国际贸易中,贸易规则的制定从来就是实力的最终结果,并依靠实力来维持。发展中国家由于先天不足,在体现发达国家意志和利益的国际贸易规则的约束下,国家利益流失较为严重。为了改变这一历史现状,力图建立体现公平、公正和公开的国际政治经济新秩序,发展中国家必须提高或增强国家综合国力。这就要求发展中国家必须积极组建区域市场产权,在域内打破发展水平基本一致的国家市场壁垒,加快资源自由流动,提高资源配置效率,实现资源共享和优势互补。在域外,以同一个声音诉求区域国家在全球市场的贸易利益,改变发展中国家长期依附发达国家贸易利益的从属地位,强化区域国家经济主权权能的独立性和自主性。诚然,发达国家特别是美国为了强化其在全球市场的霸权地位从而聚敛大量物质财富,必定千方百计寻找各种借口以及利用各种手段瓦解发展中国家区域联盟,特别是它借助双边贸易体制诱使区域联盟的解体。因为区域市场产权的组建使区域联盟的影响力日益增强,特别是区域联盟统一货币的建立在很大程度上削

弱了美元的霸权地位,阻碍了美国霸权利益的索取。比如,欧盟组建区域市场产权使其影响力日益增强,欧元的建立在很大程度上削弱了美元的霸权地位,欧盟以同一个声音主张诉求他们的利益,在 WTO 重大事项的决策问题上,聚集联合的优势在经贸领域中有效地抗衡美国、日本,在维护欧盟成员国的集体利益已经获得明显的成效。因此,发展中国家为了制衡外部主导力量必须积极组建区域市场产权,利用联盟市场一体化途径在纵向上大大增进国民利益,通过联盟聚拢的集体优势在横向上有效扼制霸权主义所带来的经济损失,并且进一步加强巩固区域市场产权的稳定性和高效性,才能有效维护区域国家根本利益。

在 20 世纪 90 年代末,我国为了与东盟加强互利合作,推动区域经济一体化,积极筹备组建中国—东盟自由贸易区。2000 年,中国总理朱镕基在新加坡举行的第四次中国—东盟领导人会议上,首次提出建立中国—东盟自由贸易区的构想。于 2002 年 11 月,我国与东盟 10 国(文莱、菲律宾、印度尼西亚、马来西亚、泰国、新加坡、越南、老挝、柬埔寨和缅甸)领导人共同签署了《中国—东盟全面经济合作框架协议》,决定建立中国—东盟自由贸易区。于 2003 年 10 月,温家宝总理与东盟领导人签署了《面向和平与繁荣的战略伙伴关系联合宣言》,意味着中国正式加入《东南亚友好合作条约》,双方政治互信进一步增强。2007 年 1 月,中国与东盟在菲律宾宿务签署了中国—东盟自由贸易区《服务贸易协议》,为中国—东盟自由贸易区如期全面建成奠定了更为坚实的基础。2009 年 8 月,中国商务部部长陈德铭与东盟 10 国的经贸部长共同签署了中国—东盟自由贸易区《投资协议》,标志着双方成功地完成了中国—东盟自由贸易区协议的主要谈判,中国—东盟自由贸易区将如期全面建成。于 2010 年 1 月 1 日,中国—东盟自由贸易区正式启动,标志着由中国和东盟 10 国组成、接近 6 万亿美元国民生产总值、4.5 万亿美元贸易额的区域,开始步入零关税时代。

中国—东盟自贸区启动后,中国与文莱、菲律宾、印度尼西亚、马来西亚、泰国、新加坡六个东盟成员国之间,将有超过 90% 的产品实行零关税,中国对东盟的平均关税将从目前的 9.8% 降至 0.1%,上述东盟成员国对中国的平均关税将从 12.8% 降至 0.6%。越南、老挝、柬埔寨和缅甸四个东盟新成员将在 2015 年对 90% 的中国产品实现零关税的目标。区域关税壁垒的逐渐消除,为中国与东盟的贸易增长创建了更加便利的发展平台。东盟秘书长素林明确指出,中国—东盟自贸区正式启动后,东盟与中国之间的经贸合作将得到进一步加强,双方贸易关税将进一步降低,同时双方的相互投资也会更加自由。新加坡太平洋经济合作委员会主席陈企业也认为,中国—东盟自贸区的启动将促进亚洲国家间的贸易增长,降低对出口欧美的依赖度,这有助于亚洲经济的发展与稳定。马来西亚中国经贸总商会会长杨天培也指出,中国—东盟自贸区正式启动后,东盟国家要向中国出口石化、橡胶、棕榈油等产品的同时,从中国进口物美价廉的机械、电子等产品。区域零关税的突破,货物贸易、服务贸易和投资逐步实现便利化,双方的贸易成本将大幅降低,双方的贸易利润将大幅增加。所以,中国—东盟自贸区的正式启动,货物贸易、服务贸易和投资更加便利,区域人民有更多的机会选择更多的产品,享受更便宜的价格,切实增加人民社会福利。

中国—东盟自由贸易区是世界第三大自由贸易区、人口最多的自由贸易区,也是发展中国家之间最大的自由贸易区。中国—东盟自由贸易区的正式启动,不仅有利于中国建立符合自身利益的产业分工链,还有利于促进国内改革开放,为在更大范围内开展经济技术合作积累经验。对东盟国家来说,则可利用中国强大而稳定的经济实力、工业体系和市场缓冲力,带动东盟国家走出此次美国的金融危机,应对发达国家跨国公司挑战,共同促进对国际市场的出口。在 10 多年前,中国与东盟国家有着成功合作的宝贵经验。当 20 世纪 90 年代末亚洲金融危机爆发时,中国与东盟休戚与共,并肩奋斗,成功地战胜了亚洲金融危机,促进了亚洲地区的稳定与繁荣。因此,随着经济全球化的加速发展以及霸权主义的盛行,中国—东盟自由贸易区应当加快前进步伐,积极组建和完善区域市场产权制度安排,实现区域资源利益共享以及优势互补,充分发展区域资源共同整合的聚集力量,以合力形式在提升国家综合国力的同时,强化其在国际市场的独立自主地位,有效维护和保障自身在国际市场的应有收益。

三、组建区域市场产权为我国提升国家竞争优势创造新的条件

美国哈佛商学院迈克尔·波特(Porter)在《国家竞争优势》书中系统地提出了国家竞争优势理论,该理论的核心内容就是"国家钻石"模型(national diamond model)。他认为,国家能否在某个特定产业的国际竞争中获得成功,取决于每个国家都有的四个环境因素,即生产要素,需求条件,相关产业和支持产业的表现,企业的战略、结构与竞争状态。此外,政府和机遇作为另外两个辅助因素也影响着上述四个因素,也对一国产业国际竞争力产生影响。波特进一步指出,在需求条件方面,国内市场规模的大小对产业竞争力有着不同的影响。当国内市场规模被扩大时,一方面具有激励厂商投资、再投资的动力,因而成为产业国际竞争力的一大优势;另一方面,庞大的国内市场所带来的丰富机会,也可能导致厂商丧失向海外拓

展的意愿,这就形成了不利于国际竞争的因素。① 所以,要使国家竞争优势获得进一步提升,不仅要扩大国内市场的发展规模,更要激发国内市场竞争氛围,强化厂商向海外市场拓展的意愿。

从波特的国家竞争优势理论表明,国内市场规模的扩大对国家竞争优势是一把"双刃剑",它既有激励厂商加大投资动力从而发挥国家竞争优势,又有抑制厂商向海外拓展意愿从而稀释国家竞争优势。这就要求我们在扩大市场规模充分发挥国家竞争优势的同时,积极营造规模市场竞争氛围,以此抑制大规模市场稀释国家竞争优势的消极作用。诚然,区域市场产权制度安排的建立,为这一战略目标的实现提供了理论依据。因为区域市场产权的建立,一方面打破区域国家疆界壁垒和关税壁垒,形成大规模的统一的区域市场,大大降低区域资源自由流动的交易成本,极大地刺激厂商投资动力从而提高贸易流量,实现区域资源优势互补,进而提升区域资源与国家在全球市场的竞争优势。另一方面,通过市场产权各个权能(市场占有权、市场使用权、市场收益权和市场处分权)的制度安排,严格控制市场经营主体在区域市场的占有率和控制率,进一步完善市场经营主体使用区域市场的权利与义务,有效扼制垄断行为在区域市场的发生,实现市场成本收益的匹配,为区域市场的公平、公正和公开的激烈竞争氛围提供了制度保障。由此,健全和完善区域市场产权制度安排,对国家竞争优势的提升具有很大的促进作用。

对我国而言,中国—东盟自由贸易区的构建与启动,标志着东南亚国家的区域市场产权基本框架已经形成,区域优势逐渐明显,但它还不够稳定与成熟,在全球金融市场动荡中其脆弱性日趋暴露,极可能在推进过程中面临夭折的危险。这就迫使中国与东盟国家健全和完善区域市场产权制度安排,特别是建立区域联盟的统一货币,阻止美元的升值与贬值对区域贸易的重大影响,维护区域经济的稳定与繁荣。而且,进一步健全和完善区域市场占有权、区域市场使用权、区域市场收益权和区域市场处分权等制度安排,严格控制市场经营主体在区域市场的占有率和控制率,完善市场经营主体使用区域市场的权利与义务关系,阻止垄断行为在区域市场的出现,从而营造区域市场的公平、公正和公开的竞争氛围。这样,在域内,区域国家实现资源优势互补,切实推进产业结构升级,加快孵化国家自主创新能力,进一步提升国家竞争优势。在域外,区域国家以同一个声音诉求自身在全球市场的根本利益,利用区域优势强化自身在国际市场的独立自主地位,切实维护区域国家经济主权以及经济安全。

① 杨飞虎:《波特国家竞争优势理论及对我国的借鉴意义》,《学术论坛》2007年第5期。

第四节　正确认识和处理市场产权权能的正负效应

一、充分发挥市场产权权能的正效应

国内大市场是我国现阶段发展经济的重要优势,也是推动国民经济快速增长的重要资本,因而维护国内市场安全与稳定是我国经济又好又快发展的基本前提。所以,建立国家市场产权制度安排,严格控制国外市场经营主体占有国内市场份额的一定比例,以及规范国外市场经营主体使用国内市场权利与义务的关系,实现市场成本收益的平衡,这对国内市场跨国垄断的出现与市场负外部性的发生有着很大的扼制作用,从而强化我国经济主权权能的独立性和自主性,进而维护国家经济主权和国家经济安全。特别是我国市场发展水平比较滞后的条件下,建立国家市场产权制度安排,对我国民族企业的培育和发展,以及国民经济的可持续发展有着积极地推动作用。

另外,在全球一体化市场的背景下,由于经济霸权主义在全球中盛行,我国国际贸易应有利益因于经济主权权能的弱化而受到极大地侵害。这就迫使我国为了制衡外部霸权力量而积极组建区域经济联盟以及区域市场产权制度安排,以此增强国家整体经济实力,从而强化其在其他国际组织的独立自主地位,正常索取在国际经贸中的应有利益。所以,在经济全球化日益深化的情境下,为了打破经济霸权主义的盛行以及维护国家根本利益,我国必须积极组建区域市场产权,特别是积极组建与我国市场发展水平基本一致的区域经济联盟及其区域市场产权制度安排,打破区域国家的市场边界与壁垒,提高区域资源的配置效率,提升区域资源在全球市场的竞争力,从而遏制域外经济组织或国家的霸权行为,强化区域国家在其他国际组织的独立自主地位,切实维护区域国家经济利益以及我国人民根本利益。

因此,建立国家市场产权制度安排和区域市场产权制度安排,实现国内市场均衡和国外市场均衡的共同发展,这为我国国民经济又好又快的发展有着积极地推动作用,从而有利于我国社会主义现代化的建设。

二、正确认识和处理市场产权权能的负效应

建立市场产权制度安排,在一定程度上限制国外市场经营主体占有和使用市场的一些权利,往往被演变为贸易保护主义的手段和工具。其实,建立市场产权制

度安排与贸易保护主义有着本质的区别。贸易保护主义是指在对外贸易中实行限制进口以保护本国商品在国内市场免受外国商品竞争,并向本国商品提供各种优惠以增强其国际竞争力的主张和政策。在限制进口方面,主要是采取关税壁垒和非关税壁垒两种措施。前者主要是通过征收高额进口关税阻止外国商品的大量进口;后者则包括采取进口许可证制、进口配额制等一系列非关税措施来限制外国商品自由进口。实质上,贸易保护主义的目的是由公平竞争转变为不公平竞争的行为,以此保护国内市场产品的市场份额。但是,建立市场产权制度安排,其目的是规范国外市场经营主体占有和使用市场的基本权利,说到底是以成本收益相匹配原则来衡量国外市场经营主体的经济行为,特别是依据国内市场安全和国家经济安全的基本原则来衡量国外市场经营主体的经济行为,其主旨和精神是为了营造国内市场公平、公正和公开的竞争氛围。所以,贸易保护主义与建立市场产权制度安排是有区别的。这就要求我们必须正确认识和处理贸易保护主义和建立市场产权制度安排的关系,防止建立市场产权制度安排向贸易保护主义的流变。

参考文献

一、中文部分

［1］［美］A.爱伦·斯密德.财产、权利和公共选择［M］.黄祖辉等译,上海:上海三联书店,1999.

［2］埃瑞克·G.菲吕博顿,鲁道夫·瑞切特.新制度经济学［M］.孙经纬译,上海:上海财经大学出版社,2003.

［3］［英］安东尼·吉登斯.民族、国家与暴力［M］.胡宗泽、赵力涛译,王铭铭校,上海:生活·读书·新知三联书店,1998.

［4］布罗代尔.15 至 18 世纪的物质文明、经济和资本主义(第 2 卷)中译本［M］.顾良译,上海:生活·读书·新知三联书店,1993.

［5］［美］布热津斯基.大棋局［M］.中国国际问题研究所译,上海:上海人民出版社,1998.

［6］保罗·萨缪尔森等.经济学(第 17 版)［M］.萧琛主译,北京:人民邮电出版社,2004.

［7］陈安,刘智中.国际经济法资料选编［M］.北京:法律出版社,1991.

［8］陈安.国际经济法学(第二版)［M］.北京:北京大学出版社,2001.

［9］陈志敏,崔大伟.国际政治经济学与中国的全球化［M］.上海:上海三联书店,2006.

［10］曹荣湘.经济安全:发展中国家的开放与风险［M］.北京:社会科学文献出版社,2006.

［11］程恩富.西方产权理论评析［M］.北京:当代中国出版社,1997.

［12］曹建明,陈治东.国际经济法专论(第 1 卷)［M］.北京:法律出版社,1999.

［13］陈锦华等.论社会主义与市场经济兼容［M］.北京:人民出版社,2005.

［14］程启智.中国:市场失灵与政府规制研究［M］.北京:中国财政经济出版社,2003.

［15］程启智.内部性与外部性及其政府管制的产权分析［J］.管理世界,2002

(12).

[16] 程启智.国外社会性管制理论评述[J].经济学动态,2002(2).

[17] 程启智.我国市场中的造假现状及政府管制分析[J].中南财经政法大学学报,2003(4).

[18] 程启智.建立现代产权制度是完善社会主义市场经济体制的关键[J].学习论坛,2004(8).

[19] 程启智.问责制、最优预防与健康和安全管制的产权分析[J].中国工业经济,2005(1).

[20] 陈安.美国单边主义对抗 WTO 多边主义的第三个回合——"201 条款"争端之法理探源和展望[J].中国法学,2004(2).

[21] 陈永忠.市场产权与股权分置改革[J].西南金融,2006(2).

[22] 程伟等.经济全球化与经济转轨互动研究[M].北京:商务出版社,2005.

[23] 陈正."以市场换技术"的战略相关性——《中国企业技术成长机制及竞争力研究》评介[J].中南财经政法大学学报,2002(1).

[24]《邓小平文选》第三卷[M].北京:人民出版社,1993.

[25] 邓正来.王铁崖文选[M].北京:中国政法大学出版社,2003.

[26] D. 李嘉图.政治经济学及赋税原理[M].北京:商务印书馆,1972.

[27] [美]戴维·卡莱欧.欧洲的未来[M].冯绍雷等译,上海:上海人民出版社,2003.

[28] 戴维·赫尔德等著.全球大变革[M].杨雪冬等译,北京:社会科学出版社,2001.

[29] 杜创国.政府职能转变论纲[M].北京:中央编译出版社,2008.

[30] 道格拉斯·诺斯,罗伯特·托马斯.西方世界的兴起[M].厉以平译,北京:华夏出版社,1989.

[31] 道格拉斯·C·诺斯.经济史中的结构与变迁[M].陈郁等译,上海:上海三联书店,1991.

[32] 戴炳然.欧洲一体化中的国家主权问题[J].太平洋学报,2000(4).

[33] 董欣洁.从欧盟一体化看经济全球化时代的国家边界[J].云南师范大学学报,2009(5).

[34] 弗里德曼.资本主义与自由[M].张瑞玉译,北京:商务印书馆,1986.

[35] [德]弗里德里希·李斯特著.政治经济学的自然体系[M].杨春学译,北京:商务印书馆,1997.

[36] 方向勤. 国际关系中的国家主权若干问题疑析[J]. 政治学研究,1996 (4).

[37] 裴小革. 论马克思主义产权理论的科学性[J]. 胜利油田学报,2004(2).

[38] 郭广辉、王利军. 我国所有权制度的变迁与重构[M]. 北京:中国检察出版社,2005.

[39] [德]格拉德·博克斯贝格、哈拉德·克里门塔. 全球化的十大谎言[M]. 胡善均等译,北京:新华出版社,2000.

[40] [美]格里格·葛兰汀. 弗里德曼与皮诺切特在智利的新自由主义试验[J]. 李春来译,高效理论战线,2007(4).

[41] 顾彤春. 如何理解世界贸易组织的市场准入原则?[J]. 理论与学习,2000(4).

[42] [美]汉斯·凯尔森. 国际法原理[M]. 王铁崖译,北京:华夏出版社,1989.

[43] [德]哈拉尔特·舒曼、汉斯-彼得·马丁. 全球化陷阱[M]. 北京:中央编译局出版社,1998.

[44] 黄志雄. 从欧洲联盟看国际社会组织化与国际法的发展[J]. 中央政法管理干部学院学报,1998(5).

[45] 洪银兴. 从比较优势到竞争优势:兼论国际贸易的比较利益理论的缺陷[J]. 经济研究,1997(6).

[46] [澳]加里·西格利. 中国的政治体制:政府、治理与社会主义市场经济[J]. 刘玉安摘译,载《国外理论动态,2007(10).

[47] 江时学. 何为"全球化"[J]. 学术动态,1997(12).

[48] 焦玉良. 对市场准入制度的经济学分析[J]. 改革,2004(2).

[49] 江国华. 主权价值论[J]. 政治学研究,2004(2).

[50] [美]科斯,[美]阿尔钦,[美]诺斯. 财产权利与制度变迁:产权学派与新制度学派译文集[M]. 刘守英等译,上海:上海人民出版社,1994.

[51] [德]卡尔·海因茨·巴奎. 世界经济结构变化与后果[J]. 张世鹏译,载《当代世界与社会主义》,1998(3).

[52] 梁慧星. 中国物权法研究[M]. 北京:法律出版社,1998.

[53] 李龙. 法理学[M]. 湖北:武汉大学出版社,1996.

[54] [法]卢梭. 社会契约论[M]. 何兆武译,北京:商务印书馆,1980.

[55] 罗纳德·哈里·科斯. 企业、市场与法律[M]. 盛洪、陈郁译,北京:格致

出版社,上海人民出版社,2009.

[56] 李琮. 经济全球化新论[M]. 北京:中国社会科学出版社,2005.

[57] [法]拉哈. 欧洲一体化史(1945—2004)[M]. 彭姝祎、陈志瑞译,北京:中国社会科学出版社,2005.

[58] 罗宾·科恩、保罗·肯尼迪. 全球社会学[M]. 文军等译,北京:社会科学文献出版社,2001.

[59] 刘力、章彰. 经济全球化:福兮?祸兮?[M]. 北京:中国社会出版社,1999.

[60] 卢现祥. 西方新制度经济学[M]. 北京:中国发展出版社,2003.

[61] 卢现详、朱巧玲. 论市场的上层组织及其功能[J]. 财经科学,2007(1).

[62] 卢现祥. 论产权失灵[J]. 福建论坛,2002(10).

[63] 刘伟、平新乔. 经济体制改革三论:产权论、均衡论、市场论[M]. 北京:北京大学出版社,1990.

[64] 刘伟. 经济学导论[M]. 北京:中国发展出版社,2002.

[65] 刘颖、邓瑞平. 国际经济法[M]. 北京:中信出版社,2003.

[66] 李锡鹤. 所有权定义形式之比较:与梁慧星先生商榷[J]. 法学,2001(7).

[67] 李雷、安中业. 孙中山"权能分治"与"五权分立"思想述评[J]. 人大研究,2005(8).

[68] 卢凌宇. 论"主权的不可分割性"——兼论西欧整合中的主权"让渡"[J]. 欧洲研究,2003(3).

[69] 刘静波. 论相互依存条件下的国际关系新特点[J]. 世界经济与政治,1995(4).

[70] 李炳炎. 马克思产权理论创新与我国现代产权制度建设[J]. 南京理工大学学报,2005(1).

[71] 林岗、刘元春. 诺斯与马克思:关于制度的起源和本质的两种解释的比较[J]. 经济研究,2000(6).

[72] 吕竺笙. 试论我国涉外税收优惠制的重构[J]. 财经论丛,1996(5).

[73] 刘熙瑞. 服务型政府——经济全球化背景下中国政府改革的目标选择[J]. 中国行政管理,2002(7).

[74] 李萍. 论加入世界贸易组织后中国政府经济职能的调整[J]. 经济评论,2003(4).

［75］林毅夫、蔡昉、李周. 比较优势与发展战略——对"东亚奇迹"的再解释［J］. 中国社会科学,1999(5).

［76］刘丽云、张惟英、李庆四. 美国政治经济与外交概论［M］. 北京:中国人民大学出版社,2004.

［77］刘大生. 产权基本内容研究［J］. 唯实,1999(8).

［78］《马克思恩格斯全集》第一卷,人民出版社,1956.

［79］《马克思恩格斯全集》第二卷,人民出版社,1957.

［80］《马克思恩格斯全集》第三卷,人民出版社,1960.

［81］《马克思恩格斯全集》第四卷,人民出版社,1958.

［82］《马克思恩格斯全集》第二十三卷,人民出版社,1972.

［83］《马克思恩格斯全集》第二十五卷,人民出版社,1974.

［84］《马克思恩格斯全集》第四十六卷(上册),人民出版社,1979.

［85］《马克思恩格斯全集》第四十六卷(下册),人民出版社,1980.

［86］《马克思恩格斯选举》第一卷,人民出版社,1972.

［87］马克思:《资本论》第一卷,人民出版社,1975.

［88］《毛泽东选集》第3卷,人民出版社,1991.

［89］孟国碧. 经济全球化时代的经济主权研究［M］. 长春:吉林人民出版社,2002.

［90］马友君. 俄罗斯吸引外资的历程及其前景［J］. 西伯利亚研究,2004(1).

［91］［美］曼瑟·奥尔森. 国家的兴衰——经济增长、滞胀和社会僵化［M］. 李增刚译,上海:上海世纪出版集团,2007.

［92］宁金彪. 经济全球化与中国对此探讨［M］. 石家庄:河北人民出版社,2002.

［93］聂名华. 日本对企业并购的法律管制［J］. 亚太经济,2003(6).

［94］彭万林. 民法学［M］. 北京:中国政法大学出版社,1994.

［95］彭五堂. 弗里德曼与他的新自由主义经济学［J］. 当代经济研究,2007(3).

［96］秦永红、戴永红. 浅析发达国家对跨国公司市场准入的规制［J］. 西南民族大学学报,2009(5).

［97］任春玲. 双缺口模型与东北老工业基地的引资战略选择［J］. 商业研究,2006(10).

［98］盛洪. 分工与交易［M］. 上海:上海人民出版社,1994.

[99] 宋刚. 交换经济论[M]. 北京:中国审计出版社,2001.

[100] 萨缪尔森. 诺德豪斯. 经济学(第十七版)[M]. 萧琛主译,北京:人民邮电出版社,2003.

[101] 孙宽平. 转轨、规制与制度选择[M]. 北京:社会科学出版社,2004.

[102] [美]塞缪尔·亨廷顿. 文明的冲突与世界秩序的重建[M]. 周琪等译,北京:新华出版社,1999.

[103] 盛文军、王庆国、田银华. 经济全球化进程中的国家主权[J]//社会主义研究,1999(3).

[104] 盛世豪. 试论我国市场准入制度的现状与改革取向[J]. 中共浙江省委党校学报,2001(3).

[105] 石士均. 成因、特点、趋势——我国对外经贸摩擦探究[J]. 亚太经济,2006(3).

[106] [英]托马斯·霍布斯. 利维坦[M]. 黎思复、黎延弼译,北京:商务印书馆,1986.

[107] 谭崇台. 评曾繁华博士的 < 中国企业技术成长机制及竞争力研究 >[J]. 经济研究,2002(5).

[108] 王铁崖. 国际法引论[M]. 北京:北京大学出版社,1998.

[109] 王沪宁. 国家主权[M]. 北京:人民出版社,1987.

[110] 王泽鉴. 民法物权(通则·所有权)[M]. 北京:中国政法大学出版社,2001.

[111] 王利民. 物权本论[M]. 北京:法律出版社,2005.

[112] 王利明. 国家所有权研究[M]. 北京:中国人民大学出版社,1991.

[113] 王效贤、刘海量. 物权法总则与所有权制度[M]. 北京:知识产权出版社,2005.

[114] 吴兴南、林善炜. 全球化与未来中国[M]. 北京:中国社会科学出版社,2002.

[115] 王晓峰. 美国政府经济职能及变化研究[M]. 长春:吉林人民出版社,2007.

[116] 王列、杨雪冬. 全球化与世界[M]. 北京:中央编译出版社,1998.

[117] 王中宝. 坚持社会主义市场经济改革方向:全国经济规律研究会专题研讨会述要[J]. 马克思主义研究,2006(9).

[118] 伍贻康 张海冰. 论主权的让渡——对"论主权的'不可分割性'"一文的

论辩[J].欧洲研究,2003(6).

[119] 王宏伟,王献枢.经济全球划时代的国家主权[J].法商研究,2002(1).

[120] 王逸舟.国家利益再思考[J].中国社会科学,2002(2).

[121] 吴易风.产权理论:马克思和科斯的比较[J].中国社会科学,2007(2).

[122] 汪斌、陈海达.跨国垄断在中国:现状、影响及规制[J].嘉兴学院学报,2005(4).

[123] 伍贻康、张海冰.论主权的让渡[J].欧洲研究,2003(6).

[124] 文军.西方学科视野下的全球化概念考评[J].国外社会科学,2001(3).

[125] 王廷惠.加入WTO与政府经济职能转变[J].上海经济研究,2002(7).

[126] 魏杰.仅有产权清晰是不行的[J].改革与理论,1998(1).

[127] 吴宣恭.论法人财产权[J].中国社会科学,1995(1).

[128] 徐泉.国家经济主权论[M].北京:人民出版社,2006。

[129] 杨泽伟.国际法析论[M].北京:中国人民大学出版社,2003.

[130] 杨泽伟.主权论——国际法上的主权问题及其发展趋势研究[M].北京:北京大学出版社,2006.

[131] 姚梅镇.比较外资法[M].武汉:武汉大学出版社,1993.

[132] [英]约翰·霍夫曼.主权[M].陆彬译,长春:吉林人民出版社,2005.

[133] [英]伊恩·布朗利.国际公法原理[M].曾令良、余敏友等译,北京:法律出版社,2003.

[134] 俞可平等.全球化与国家主权[M].北京:社会科学文献出版社,2004.

[135] 余劲松、吴志攀.国际经济法[M].北京:高等教育出版社,2003.

[136] 杨紫烜.国际经济法新论——国际协调论[M].北京:北京大学出版社,2000.

[137] 俞睿."文明冲突"与美国的"文化霸权"[J].锦州师范学院学报,2003(3).

[138] 庾莉萍.外资介入我国矿产资源领域的思考[J].中国金属通报,2008(20).

[139] 余敏友.以新主权观迎接新世纪的国际法[J].法学评论,2000(2).

[140] 杨飞虎.波特国家竞争优势理论及对我国的借鉴意义[J].学术论坛,2007(5).

[141] 周林彬.物权法新论——一种法律经济分析的观点[M].北京:北京大学出版社,2002.

［142］曾令良.欧洲欧共体与现代国际法［M］.湖北:武汉大学出版社,1992.

［143］［英］詹宁斯、瓦茨修订.奥本海国际法(第一卷第一分册)［M］.王铁崖等译,北京:中国大百科全书出版社,1995.

［144］曾繁华.中国企业技术成长机制及竞争力研究［M］.长沙:湖南人民出版社,2001.

［145］曾繁华,鲁贵宝.基于市场产权的国家竞争优势研究———一个新的经济全球化"游戏规则"及其博弈框架［M］.北京:经济科学出版社,2008.

［146］赵凌云.市场力论———一个新的理论框架及其在中国经济体制分析中的应用［M］.长沙:湖南出版社,1996.

［147］詹姆斯·M.布坎南.自由、市场与国家［M］.平新乔等译,上海:上海三联书店、上海人民出版社,1989.

［148］曾华群.国际经济法导论［M］.北京:法律出版社,1997.

［149］张维迎.博弈论与信息经济学［M］.上海:上海三联书店、上海人民出版社,1999.

［150］张军旗.主权让渡的法律涵义三辨［J］.现代法学,2005(1).

［151］朱健刚、张来治.文化主权:今天主权斗争的焦点［J］.复旦学报,1998(1).

［152］张兴平.经济全球化背景下的国家文化安全研究综述［J］.宁夏社会科学,2006(1).

［153］张亚斌,周琛影.再论竞争优势与比较优势［J］.国际经贸探索,2002(2).

［154］张亚斌.内部比较优势理论与中国贸易结构转换［D］.中国社会科学院博士论文,2002.

［155］郑秉文.新自由主义对市场本质的解释［J］.经济文献信息,1992(6).

［156］张燕生、毕吉耀.对经济全球化趋势的理论思考［J］.世界经济,2003(4).

［157］曾繁华.论市场所有权［J］.中国工业经济,2002(5).

［158］曾繁华.市场的新功能与市场竞争的新特点［J］.中南财经大学学报,2001(2).

［159］曾繁华.市场所有权的起源与归宿［J］.财政研究,2002(11).

［160］曾繁华.提高企业国际竞争力的途径［J］.中南财经政法大学学报,2002(5).

［161］曾繁华.以"市场换技术"制度安排问题研究［J］.管理世界,2000(5).

［162］曾繁华等.论市场产权及其成本构成要素［J］.中南财经政法大学学报,2007(1).

［163］曾繁华等.市场产权成本及其经济学意义［J］.财政研究,2006(12).

［164］曾繁华.国家经济安全的维度、实质及对策研究［J］.财贸经济,2007(11).

［165］张世鹏.什么是全球化?［J］.欧洲,2000(1).

二、英文部分

［1］Morton A. Kaplan and Nicholas B. Katzenbach, The Political Foundations of International Law, John Wiley & Sons, Inc. , New York 1961, p. 135.

［2］Kenneth N. Waltz, cited by Justin Rosenberg, The Empire of Civil Society London: Verso, 1994, p. 127.

［3］See Sohail H. Hashmi ed. , State Sovereignty: Change and Persistence in International Relations, the Pennsylvania State University Press 1997, p. 17.

［4］Helmut Steinberger, Sovereignty, in R. Bernhardt ed. Encyclopedia of Public International Law, Ameterdam 1987, p. 404.

［5］See Sheldon Kamieniecki etc. , Eco – Cultural Security and Indigenous Self – Determination : Moving Toward a New Conception of Sovereignty, in Karen T. Litfin, The Greening of Sovereignty in World Politics, The MIT Press 1998, p. 257.

［6］Samuel P. Huntington: The Clash of Civilization? Foreign Affairs, Summer93, 72(3), p32 – 33.

［7］Bruce Greenwald and Joseph Stiglitz, "New and Old Keynesians", Journal of Economics Perspectives – Volume 7, Numberl – Winterl 1993, pp. 23 – 24.

［8］Helle Malmvig: State Sovereignty and Intervention – A Discourse Analysis of Interventionary and Non – Interventionary Practices in Kosovo and Algeria, London: New York, Routledge, 2006, pp1 – 18.

［9］B. Malinow ski and Julio de la Fuente, Malinow ski in Mexico, The Economics of a Mexican Market System, London: Routledge & Kegan Paul, 1982.

［10］Balassa, B. The Theory of Economic Integration, Homewood, II: Irwin. 1961.

［11］Baron, D. P. , 1985, "Non – cooperative Regulation of a Non – localized Externality", Rand Journal of Economics, 16, Winter.

[12] Coase, R. H,1960, The Problem of the Social Cost, Journal of Law and Economics, 3.

[13] Che J. Rent Seeking and Government Ownership of Firms : An App lication to China's Township Village Enterprise. Journal of Comparative Economics, 2002,30.

[14] David Andolfatto: A Theory of Inalienable Property Rights, Journal of Political Economy, Apr. 2002.

[15] Demsetz, H, 1966, Some Aspects of Property Rights, Journal of Law and Economics, 9.

[16] Demsetz, H,1964,The Exchange and Enforcement of Property Rights, Journal of Law and Economics, 7.

[17] Edward P L, Sher win R. Rank – order Tournaments as Optimum Labor Contracts. Journal of Political Economy, 1981, 89, no.

[18] Fama, E. F. and Jensen, M. C,1983,Separation of Ownership and Control. Journal of Law and Economics, 26.

[19] Grossman, S. J. and Hart, O. D, 1986, The Costs and Benefits of Ownership: a Theory of Vertical and Lateral Integration, Journal of Political Economy, 94.

[20] Glaeser, Edward, Simon Johnson and Andrei Shleifer, 2001, "Coase vs. Coasians" Quarterly Journal of Economics.